信访工作法治化
学习读本

中央全面依法治国委员会办公室
国　家　信　访　局

中国法制出版社

前　言

推进信访工作法治化，事关人民安居乐业、社会安定有序、国家长治久安，是信访工作的一场深刻革命。党的十八大以来，习近平总书记对信访工作作出一系列重要指示，形成了习近平总书记关于加强和改进人民信访工作的重要思想。习近平总书记强调，信访是送上门来的群众工作，既可以消气，也可以通气，关键是要通过信访渠道摸清群众愿望和诉求，找到工作差距和不足，举一反三，加以改进，更好为群众服务；要综合运用法律、政策、经济、行政等手段和教育、调解、疏导等办法，把群众合理合法的利益诉求解决好；要完善社会矛盾纠纷多元预防调处化解综合机制，把党员、干部下访和群众上访结合起来，把群众矛盾纠纷调处化解工作规范起来。习近平总书记关于加强和改进人民信访工作的重要思想，是我们党深化对信访工作规律性认识的重大成果，是习近平新时代中国特色社会主义思想的重要组成部分，为深入推进信访工作法治化、做好新时代人民信访工作提供了根本遵循和行动指南。

推进信访工作法治化，是以习近平同志为核心的党中央作出的重大决策部署，是学习贯彻习近平法治思想、习近平总书记关于加强和改进人民信访工作的重要思想的必然要求，是推进中国式现代化的必然要求，是贯彻落实《信访工作条例》等法律法规和制度文件的必然要求。推进信访工作法治化，必须坚持以习近平新时代中国特色社会主义思想为指导，深刻领悟“两个确立”的决定性意义，增强“四个意识”、坚定“四个自信”、做到“两个维护”，始终在思想上政治上行动上同以习近平同志为核心的党中央保持高度一致，确保正确政治方向。始终坚持党对信访工作的全面领导，充分发挥党总揽全局、协调各方的领导核心作用，形成解决问题、化解矛盾的合力。始终坚持以人民为中心，依法保障人民权益，更好服务群众。始终坚持群众路线，从群众中来、到群众中去，把群众诉求解决好、情绪疏导好、智慧力量凝聚好。始终坚持和发展新时代“枫桥经验”，立足预防、立足调解、立足法治、立足基层，切实做到预防在前、调解优先、运用法治、就地解决，实现“小事不出村、大事不出镇、矛盾不上交”。

推进信访工作法治化，目标任务就是使群众的每一项诉求都有人办理、群众的每一项诉求都依法推进，实现权责明、底数清、依法办、秩序好、群众满意。权责明，就是各单位职能明确、权责清晰、责任到人；底数清，就是各级信访部门和职能部门对信访事项的受理、分类、流转、办理、办结情况，要素齐全、一清二楚；依法办，就是信访工作依法规范运行，信访事项依照法律规定和程序受理、办理；秩序好，就是各级信访秩序良好，机关单位办理信访事项有力有序，信访人诉求表达依法理性；群众满意，就是群众信访权利得到依法保护，合理合法的诉求得到依法及时有效解决。从 2024 年 1 月 1 日起，信访工作法治化已经全面推开，预防、受理、办理、监督追责、维护秩序每一个环节，统计、通报、考核每一项工作，都要围绕这个目标任务，都要根据信访“路线图”，严格按照法律规定和程序进行。

推进信访工作法治化，重点是要做到“五个法治化”“四个到位”，即推进预防法治化，切实落实源头治理责任；推进受理法治化，做到分清性质、明确管辖，转办督办到位；推进办理法治化，对信访事项依照法律规定和程序按时处理到位；推进监督追责法治化，对滥用职权、玩忽职守的公职人员坚决问责到位；推进维护秩序法治化，对扰乱社会秩序的违法犯罪行为及时依法处理到位。围绕全面推进信访工作法治化，需要把握几个方面：统计、通报、考核工作要符合法治化的要求，重点对该受理不受理、受理后不按法律规定办结、办理后群众不服率高等情况，进行统计、通报、考核；交办督办信访事项要符合法治化的要求，重点督办该受理不受理、逾期不答复群众等方面的信访事项；信访救济要符合法治化的要求，严格按照规定情形和程序，慎重使用信访救济，不能助长“小闹小解决”“大闹大解决”的风气；领导干部接访要符合法治化的要求，领导干部接访的目的是密切联系群众、掌握社情民意，在信访工作中的定位是督促职能部门实质化解问题，但不能超越法律政策，随意开口表态、当场拍板。

推进信访工作法治化，根本是把为人民服务落到实处，重点是职能部门履职尽责，关键是强化监督追责，基础是信息化建设，难点是自我革命。推进信访工作法治化的过程，就是坚持问题导向、自我革命、不断提高、不断完善的过程。这个过程可能会面临这样那样的困难、挑战，但必须坚定不移向前推进，把这件具有重大而深远意义的事做好。

为全面准确学习宣传贯彻落实推进信访工作法治化的各项要求，中央全面依法治国委员会办公室、国家信访局牵头，会同中央社会工作部、中央政法委、最高人民法院、最高人民检察院、公安部、司法部组织编写了《信访工作法治化学习读本》（以下简称《读本》）。《读本》紧扣信访工作全流程法治化，系统梳理有关信访工作党内法规文件和国家法律法规中关于纠纷解决的相关规定，详细阐述信访工作法治化的意义、目标、基本原则、主要内涵和工作保障，为社会各界和人民群众了解信访工作法治化提供简明读本，也可作为信访工作学习培训、理论研究的重要资料。我们要学好用好《读本》，统一思想、深化认识，坚定信心、共同努力，把信访工作法治化的各项要求落到实处，不断提升信访工作法治化水平，在服务党和国家工作大局、维护群众合法权益、促进社会和谐稳定等方面作出新的贡献。

目 录

第一章 总 论

第二章　信访问题预防法治化

第三章 信访事项受理法治化

第四章 信访事项办理法治化

第五章 信访工作监督追责法治化

第六章 维护信访秩序法治化

第七章 健全完善信访工作法治化保障

第一章 总 论

法治是国家治理体系和治理能力的重要依托。只有全面依法治国，才能有效保障国家治理体系的系统性、协调性、稳定性，才能最大限度凝聚社会共识。随着全面依法治国深入推进，法治国家、法治政府、法治社会一体建设不断加速，法治在矛盾纠纷预防化解中的地位和作用越来越凸显。全面做好新时代新征程信访工作，必须紧紧围绕党和国家工作大局谋划推进，用法治思维和法治方式处理信访问题，大力推进信访工作法治化。

第一节 信访工作法治化的意义

深入推进信访工作法治化，是党中央对加强和改进人民信访工作作出的重要决策部署，是贯彻落实新时代党的群众路线的重要举措，对于提升社会治理法治化水平、更好地维护群众合法权益，具有十分重要的意义。

一、深入推进信访工作法治化是贯彻落实习近平法治思想的必然要求

党的十八大以来，以习近平同志为核心的党中央从坚持和发展中国特色社会主义的全局和战略高度定位法治、布局法治、厉行法治，把全面依法治国纳入“四个全面”战略布局，放在党和国家事业发展全局中来谋划、来推进，作出一系列重大决策、提出一系列重要举措，新时代中国特色社会主义法治建设发生历史性变革、取得历史性成就。在这一过程中，习近平总书记以马克思主义政治家、思想家、战略家的深刻洞察力和理论创造力，创造性提出了关于全面依法治国的一系列具有原创性、标志性的新理念新思想新战略，形成了习近平法治思想。习近平法治思想内涵丰富、论述深刻、逻辑严密、系统完备，就其主要方面来讲，集中体现为“十一个坚持”，即坚持党对全面依法治国的领导；坚持以人民为中心；坚持中国特色社会主义法治道路；坚持依宪治国、依宪执政；坚持在法治轨道上推进国家治理体系和治理能力现代化；坚持建设中国特色社会主义法治体系；坚持依法治国、依法执政、依法行政共同推进，法治国家、法治政府、法治社会一体建设；坚持全面推进科学立法、严格执法、公正司法、全民守法；坚持统筹推进国内法治和涉外法治；坚持建设德才兼备的高素质法治工作队伍；坚持抓住领导干部这个“关键少数”。

习近平法治思想是马克思主义法治理论中国化的最新成果，

是中国特色社会主义法治理论的重大创新发展，是习近平新时代中国特色社会主义思想的重要组成部分，是全面依法治国的根本遵循和行动指南。习近平总书记指出：“各级领导干部要提高运用法治思维和法治方式深化改革、推动发展、化解矛盾、维护稳定能力，努力推动形成办事依法、遇事找法、解决问题用法、化解矛盾靠法的良好法治环境，在法治轨道上推动各项工作。”[①] 信访制度是中国特色社会主义民主政治制度的有益补充，是党和国家机关倾听人民群众意见、建议和要求，接受人民群众监督的重要渠道；信访制度是中国特色社会主义法治体系的有机组成部分，承担着社会矛盾纠纷化解和权利救济功能。党的十八大以来，党中央对推进信访工作法治化作出一系列决策部署。党的十八届三中全会提出，“把涉法涉诉信访纳入法治轨道解决，建立涉法涉诉信访依法终结制度”；党的十八届四中全会通过的《中共中央关于全面推进依法治国若干重大问题的决定》提出，“把信访纳入法治化轨道，保障合理合法诉求依照法律规定和程序就能得到合理合法的结果”；党的二十大报告要求，“坚持法治国家、法治政府、法治社会一体建设”，“全面推进国家各方面工作法治化”，并将加强和改进人民信访工作纳入“完善社会治理体系”重要内容。

法治对信访制度改革具有规范、引领和保障作用。推进信访工作法治化是贯彻落实习近平法治思想、全面推进依法治国

① 习近平：《习近平谈治国理政》，外文出版社2014年版，第142页。

的重要内容。要深刻领悟“两个确立”的决定性意义，增强“四个意识”、坚定“四个自信”、做到“两个维护”，在新时代信访工作总体布局中突出法治保障作用，把信访工作法治化摆到更加突出、更加重要的位置，将法治理念和依法治国要求贯彻到信访制度运行全过程，运用法治思维和法治方式深化改革、推动发展、化解矛盾、维护稳定、应对风险，以信访工作法治化的实际成效助力法治中国建设。

二、深入推进信访工作法治化是贯彻习近平总书记关于加强和改进人民信访工作的重要思想的必然要求

我们党历来高度重视信访工作。1931 年在江西瑞金，中华苏维埃政府设立了第一个控告箱，专门受理和接受工农群众的检举揭发信件。1951 年 5 月 16 日，毛泽东同志作出重要指示：“必须重视人民的通信，要给人民来信以恰当的处理，满足群众的正当要求，要把这件事看成是共产党和人民政府加强和人民联系的一种方法，不要采取掉以轻心置之不理的官僚主义的态度”[①]。习近平总书记从在地方工作时起，就十分重视信访工作，并亲力亲为做信访工作。在河北正定工作期间，他在大街上摆桌子听取群众意见建议、发放问卷调查表了解民情；在福建工作期间，首创了“四下基层”（宣传党的路线、方针、政策下基层，调查研究下基层，信访接待下基层，现场办公下基层）、

① 中共中央文献研究室编：《毛泽东年谱（1949—1976）》第 1 卷，中央文献出版社 2013 年版，第 342—343 页。

“四个万家”（进万家门、知万家情、解万家忧、办万家事）等工作模式；在浙江工作期间，他率先在全国实行省委书记、省长与市委书记、市长签订“信访工作责任状”制度，还经常到基层接访下访，解决难题；在上海工作期间，他建立了领导带头、层层落实的信访工作目标责任考核机制。

党的十八大以来，习近平总书记对做好信访工作作出一系列重要指示批示，系统回答了信访工作一系列重大理论和实践问题，形成了习近平总书记关于加强和改进人民信访工作的重要思想，为做好新时代信访工作提供了根本遵循。2022 年 5 月 25 日至 26 日，第九次全国信访工作会议在北京召开，会议的重大成果之一就是将习近平总书记关于加强和改进人民信访工作的重要思想归纳为“九个坚持”：坚持党对信访工作的全面领导；坚持人民至上；坚持为民解难、为党分忧；坚持改革和完善信访制度；坚持把信访纳入法治化轨道；坚持“三到位一处理”工作要求（诉求合理的解决问题到位、诉求无理的思想教育到位、生活困难的帮扶救助到位、行为违法的依法处理）；坚持和发展新时代“枫桥经验”；坚持底线思维；坚持建设高素质信访工作队伍。

坚持把信访纳入法治化轨道是习近平总书记关于加强和改进人民信访工作的重要思想的重要内容。推进信访工作法治化是信访工作改革发展的路径选择，要深入学习贯彻习近平总书记关于加强和改进人民信访工作的重要思想，健全完善符合中国国情、体现法治精神、务实管用有效的信访工作法规制度体系，依法谋划推动信访工作、依法解决信访问题、依法维护信访秩序，教育引导群众依法理性表达诉求，确保信访工作始终在法治化轨道上运行。

三、深入推进信访工作法治化是推进中国式现代化的必然要求

党的二十大提出了以中国式现代化全面推进中华民族伟大复兴的中心任务。党的二十大报告指出，中国式现代化，是中国共产党领导的社会主义现代化，既有各国现代化的共同特征，更有基于自己国情的中国特色。2023 年中央经济工作会议提出，必须把推进中国式现代化作为最大的政治。中国式现代化是人口规模巨大的现代化，是全体人民共同富裕的现代化，是物质文明和精神文明相协调的现代化，是人与自然和谐共生的现代化，是走和平发展道路的现代化。中国式现代化的本质要求是：坚持中国共产党领导，坚持中国特色社会主义，实现高质量发展，发展全过程人民民主，丰富人民精神世界，实现全体人民共同富裕，促进人与自然和谐共生，推动构建人类命运共同体，创造人类文明新形态。

信访制度是扎根中国大地、符合中国国情的制度设计。信访工作是国家治理特别是基层社会治理的重要组成部分、重要平台和抓手。信访工作在我们党领导的革命、建设、改革伟大实践历史过程中，围绕不同时期的中心工作和重点任务，都发挥了重要作用。新中国成立时，百废待兴，人民群众通过信访

渠道向党和政府提出建议、要求，提供重要信息，帮助国民经济实现恢复发展；拨乱反正时期，信访工作在平反冤假错案、解决历史遗留问题、落实党的政策等方面发挥了重要作用；改革开放以来，社会结构深刻变动，利益格局深刻调整，大量的社会矛盾和问题通过信访渠道反映出来，信访工作推动化解了一大批土地征收征用、城市房屋拆迁、国企改制等群体性、政策性问题，在统筹协调各方面利益关系、妥善处理社会矛盾、密切党群干群关系等方面发挥了重要作用。党的十八大以来，以习近平同志为核心的党中央对信访工作作出一系列重大决策部署，信访制度改革和信访法治化不断推进，信访工作解决了大量涉及房地产、集资融资、劳动社保、生态环境等领域的矛盾和问题，在维护群众合法权益、化解信访突出问题、促进社会和谐稳定方面发挥了重要作用。

党的二十大报告指出，必须更好发挥法治固根本、稳预期、利长远的保障作用，在法治轨道上全面建设社会主义现代化国家；强调推进多层次多领域依法治理，提升社会治理法治化水平。国家要走向现代化，必须走向法治化。国家要走向现代化，必然要求社会治理体系和治理能力现代化。信访工作体系是国家治理体系的重要组成部分，在法治轨道上全面建设社会主义现代化国家，必然要求推动信访工作法治化，通过不断提升信访工作科学化、规范化、信息化、制度化水平，把信访制度优势转化为治理效能，为强国建设、民族复兴贡献信访工作力量。

四、深入推进信访工作法治化是坚持践行法治为民的必然要求

习近平总书记强调："推进全面依法治国，根本目的是依法保障人民权益。"[①]《中共中央关于全面推进依法治国若干重大问题的决定》指出，法治建设"以保障人民根本权益为出发点和落脚点，保证人民依法享有广泛的权利和自由、承担应尽的义务，维护社会公平正义，促进共同富裕"。信访制度是维护群众合法权益的重要制度，必须坚持法治思维和法治方式。法律具有确定性、普适性、强制性等特点，能够有效地确定法律关系主体间的权利义务，发挥好法律对人们行为的指引、评价、预测等功能，是解决群众信访诉求、化解矛盾纠纷的底线和关键。如果违背法治的基本要求，漠视法律规则的适用，忽视法律在维护群众合法权益、解决矛盾纠纷中的权威地位，就会产生"大闹大解决、小闹小解决""花钱买平安"等问题，这不仅无助于问题的解决，反而会激化矛盾甚至引发新的矛盾，影响信访工作质效，冲击法律权威。

解决信访诉求、维护群众合法权益，既要做到公平、公正地处理问题，也要做到同样的事情同样对待，这离不开法治原则和法律规范的有效适用。实践中，解决群众信访诉求有多种手段，但都离不开法治思维和法治方式的运用，对于有法律规

① 习近平：《坚定不移走中国特色社会主义法治道路 为全面建设社会主义现代化国家提供有力法治保障》，载《求是》2021 年第 5 期。

定的，应当依照法律规定处理，保证合理合法诉求可以依照法律规定得到合理合法的结果，尊重和体现法律的权威性；对于法律没有明文规定的，应当秉持法治精神和法治原则，情理法并用，综合运用教育疏导、帮扶救助等手段规范化解。同时，要依法保障信访人进行信访活动的权利，对于以信访为名扰乱公共秩序、妨害公共安全和社会管理、侵犯他人合法权益的行为，也要依法追究法律责任，维护信访秩序。只有深入推进信访工作法治化，将法治思维和法治方式运用到信访工作的全过程，充分发挥法治在解决信访诉求中的权威地位，才能更加有效地维护群众合法权益。

五、深入推进信访工作法治化是贯彻《信访工作条例》等法规文件的必然要求

党的十八大以来，以习近平同志为核心的党中央对推进信访制度改革和信访法治化建设作出一系列重大决策部署，推动制定出台一系列法律法规、政策文件等。2022 年 1 月 24 日，中共中央政治局会议审议批准了《信访工作条例》。2 月 25 日，中共中央、国务院印发了《信访工作条例》，明确自 5 月 1 日起施行。《信访工作条例》系统总结了我们党长期以来领导和开展信访工作经验特别是党的十八大以来信访工作制度改革成果，实现了信访工作领域全覆盖，明确了新时代信访工作的总体要求、工作机制和具体信访事项处理程序、监督办法，是新中国成立以来第一部全面规范信访工作的法规制度文件，是信访工

作法治化的标志性成果，为做好新时代信访工作提供了基本遵循。

当前，以《信访工作条例》为主干的信访工作法规制度体系已经基本形成，基本实现了信访工作有法可依。但工作实践中，仍然存在个别“花钱买平安”、以稳控代替化解，极少数信访人缠访闹访、滋事扰序等信访乱象，归根结底是因为没有把相关法律法规和政策文件落实到位，没有严格依法办事。一方面，《信访工作条例》对各级机关、单位如何开展信访工作、如何处理信访事项已经作出明确规定。对于应当或者可以导入其他法定途径处理的申诉求决类信访事项，《民事诉讼法》[①]《行政诉讼法》《刑事诉讼法》《行政复议法》《人民调解法》等法律法规已有具体规定；对于无法导入其他法定途径处理的，适用信访事项处理、复查、复核三级办理程序。另一方面，《信访工作条例》对信访人应当如何反映问题、表达诉求、遵守哪些规定等作了明确要求，《治安管理处罚法》《集会游行示威法》等相关法律法规对于信访秩序的维护、信访活动中违法行为的处理也有明确规定。深入推进信访工作法治化，就是《信访工作条例》等法规制度文件实施的具体化、规范化，把相关规定转化为依法决策、依法行政、依法办事的共识共为，转化为开展工作、处理问题、化解矛盾的路径指引。

---

① 本书引用的法律法规名称中含“中华人民共和国”的，均省去“中华人民共和国”。

第二节 信访工作法治化的目标

信访工作法治化，就是将法治理念和全面依法治国要求贯彻到信访制度中，运用法治思维和法治方式做好信访工作，使信访工作依法运行，契合法治的要求，实现预防、受理、办理、监督追责、维护秩序“五个法治化”，形成“受理部门负责程序推进、办理部门负责实质解决”的局面。推进信访工作法治化，主要是做到群众的每一项诉求都有人办理，群众的每一项诉求都依法推进，实现权责明、底数清、依法办、秩序好、群众满意。权责明，就是上下左右各单位职能明确、权责清晰、责任到人；底数清，就是各级信访部门和职能部门对信访事项的受理、分类、流转、办结情况，要素齐全、一清二楚；依法办，就是信访工作依法规范运行，信访事项依照法律规定和程序受理、办理；秩序好，就是各级信访秩序良好，职能部门办理信访事项有力有序，信访群众诉求表达依法理性；群众满意，就是群众信访权利得到依法保护，合理合法的诉求依法及时有效得到解决。信访工作法治化目标具体包括以下几个方面。

一、信访法规制度体系完备并得到有效实施

“立善法于天下，则天下治；立善法于一国，则一国治。”党的二十大报告强调“以良法促进发展、保障善治”，要求“推

进科学立法、民主立法、依法立法，统筹立改废释纂，增强立法系统性、整体性、协同性、时效性”。完备的信访法规制度体系，是信访工作法治化的前提和基础，是衡量信访工作法治化的重要标准，也是信访工作法治化的首要目标。

完备的法规制度体系，首先要解决有法可依的问题，对群众的信访行为和机关、单位的信访工作进行有效规范，确保信访工作全流程和各环节都有明确的法规制度指引。其次要注重法规制度体系的系统性，提高立法的科学性、针对性、实效性，注重法律法规、政策文件之间的内在一致性、协调性。最后还要符合法治精神，着力保障人民群众合法权益，促进社会公平正义，注重政治效果、法律效果和社会效果相统一，实现良法善治。

党中央、国务院历来重视信访工作，持续推进信访法规制度体系建设。1995 年，国务院发布《信访条例》，并于 2005 年进行修订，这是信访工作领域第一部行政法规，主要规范了行政机关如何开展信访工作。党的十八大以来，以习近平同志为核心的党中央全面推进信访制度改革和信访法治化建设，作出一系列重大决策部署，制定一系列法律法规、政策文件。特别是党中央、国务院发布《信访工作条例》，为做好新时代信访工作提供了基本遵循。为贯彻落实《信访工作条例》规定，提高其可操作性，中央信访工作联席会议及其办公室、国家信访局有针对性地制定了系列配套措施，进一步丰富完善了信访法规制度体系。目前，信访工作领域初步形成了以《信访工作条例》为主，包含《民事诉讼法》《刑事诉讼法》《行政诉讼法》《行政复议法》等法律法规，以及《关于创新群众工作方法解决信访突出问题的意见》《关于依法处理涉法涉诉信访问题的意见》等配套规范性文件的相对完备的信访法规制度体系。

“天下之事，不难于立法，而难于法之必行。”如果有了法律而不实施、束之高阁，或者实施不力、做表面文章，那制定再多法律也无济于事。目前，信访法规制度体系已经基本完备，工作实践中存在的问题主要是由贯彻落实不到位，有法不依、失于规制乃至突破原则、乱开口子、破坏法治造成的。各级机关、单位作为信访工作责任主体，必须切实担负法律法规实施的法定职责，全面深入贯彻落实《信访工作条例》等相关法律法规、政策文件规定，严格依法按政策解决问题，坚决纠正有法不依、执法不严、违法不究现象，坚决整治以权谋私、以权压法、徇私枉法问题，严禁侵犯群众合法权益，坚决维护社会主义法治的统一、尊严、权威。

二、机关、单位信访工作职责法定、权责一致

职责法定、权责一致是现代法治的基本原则。我国《宪法》第二条第一款规定，中华人民共和国的一切权力属于人民。国家机关的职权是人民通过法律授予的，必须在法律规定的范围内行使。国家机关在被法律法规赋予权力的同时，也必须承担义务和责任。在信访工作领域实现职责法定、权责一致，就是要依法明确各级机关、单位的信访工作职责，厘清职责边界，严格依照法律法规规定履行信访工作职责，实现法定职责必须

为、法无授权不可为。同时，依法配置与信访工作职责相应的工作权限，解决工作手段少、处理矛盾方式单一的问题，确保实现信访工作运转的高效、顺畅。

实现信访工作职责法定、权责一致，应注意区分两种关系：一是信访工作职责与机关、单位主管领域的工作职责的关系。依据《宪法》第四十一条的规定，公民对于任何国家机关和国家工作人员，有提出批评和建议的权利；对于任何国家机关和国家工作人员的违法失职行为，有向有关国家机关提出申诉、控告或者检举的权利。对于公民的申诉、控告或者检举，有关国家机关必须查清事实，负责处理。也就是说，所有国家机关都负有信访工作职责，都应当做好信访工作。从性质上而言，信访工作职责与国家机关具体的主管领域密切相关，是国家机关职责的延伸，但在处理原则、处理方式和工作要求上，与主管领域的工作职责相比，具有相对独立性。二是受理机关转送交办的职责与有权处理机关解决问题的职责的关系。工作实践中，有的信访问题是直接向具有主管职责的国家机关提出的，也有相当一部分是向上级部门尤其是党委和政府信访部门提出的，出现了诉求受理机关和实质解决问题主体不一致的情况，信访工作职责没有明确指向对该问题有主管职责的国家机关。如果部分职能部门责任意识不强、不认真履行主体责任，信访人的诉求就往往得不到及时有效的处理。在这个过程中，党委和政府信访部门负有转送交办等职责，对该问题有主管职责的机关、单位是解决信访问题的责任主体，要注意区分这两种不同职责，尤其要强调职能部门依照法律规定，落实解决问题的主体责任。

三、信访工作依法规范运行

信访工作依法规范运行，解决的是法律有效实施的问题，包含两个层面：一是信访工作涉及的各个方面，从信访问题受理、办理到督查督办的各个环节，均按照法律规定的程序、时限规范运行。这是《信访工作条例》等法规制度得到有效实施的结果。二是信访程序与诉讼、仲裁、行政复议等程序界限清楚、衔接配合，在化解纠纷中共同发挥作用。

长期以来，在信访工作程序运转方面，不同程度存在一些不规范的问题。比如，没有按照法定时限的要求进行告知、回复等，对信访事项具有处理权限的机关、单位实体办理信访事项的质量不高等。这些需要通过规范信访工作程序加以改革完善。在具体信访事项处理工作中，信访部门要做到分清性质、明确管辖，转办督办到位，对应当受理的信访事项，要分清建议意见类、检举控告类、申诉求决类事项，分清是否已经进入相关程序、处在哪个环节，分清由哪个地方、哪个部门、哪个层级来负责，做到精准分流、精准转送，让各类信访事项依法有序运转，形成工作闭环，不能笼而统之、大而化之、简单地“打包甩走”，不能让信访问题在层层转交中空转。作为有权处理机关的职能部门要依照法律规定和程序按时处理，做到诉求合理的解决问题到位，依法按政策及时妥善化解，千方百计满足群众合理诉求。诉求无理的思想教育到位，做好解释说明工作，讲清法理、事理、情理，努力做到以法为据、以理服人，明确是非界限、实现定分止争。生活困难的帮扶救助到位，对信访事项已经复查复核和涉法涉诉信访事项已经依法终结的相关信访人，做好疏导教育、矛盾化解、帮扶救助等工作。对因遭受犯罪侵害或民事侵权，无法通过诉讼获得有效赔偿，造成当事人生活困难，符合救助规定的，及时给予司法救助。对给予司法救助后仍然存在实际困难的，通过社会救助、慈善救助等方式帮助解决实际困难。

四、群众信访权利和合法权益得到依法保护

信访权利是公民申诉、批评、建议等法律权利的延伸。群众通过信访渠道向党和政府反映关系切身利益的问题，是对党和政府的信任，必须依法保障信访人的正常信访活动，任何单位、个人都不得阻碍、干涉、压制群众的正常信访活动，更不得非法限制信访人的人身自由、不得打击报复信访人。

在群众信访事项总量中，大多数是申诉求决类信访事项。群众信访权利和合法权益得到依法保护是信访工作法治化的价值取向和目标追求，这既是由全心全意为人民服务的宗旨决定的，是由信访制度以人民为中心的理念决定的，也是基于社会现实需要和人民群众自发选择做出的回应。解决群众合理诉求、维护公民合法权益，离不开法治的规范和保障。信访工作制度的机制和举措，都是围绕保障群众合法权益来设计的。这个信访工作制度的设计，确保了群众信访有畅通的诉求渠道、有相

关部门依法受理办理、有督促解决问题的责任机制，使群众问题能反映、矛盾能化解、权益有保障。比如，为了不断满足公民多样化信访诉求的需求，要求不断健全利益表达机制、创新利益协调机制、完善利益保护机制，切实维护和保障信访人的切身利益。相关法律法规设计的一整套信访诉求受理、办理、督办等工作程序，都是为了更好地解决诉求、维护权益。受理办理环节实行首办负责制，明确时限，要求及时回应诉求、作出答复；如果群众对处理意见不满意，可以申请复查复核，确保上级部门能够对下级部门进行审查和纠错。这一系列机制的设计，既压实了办理责任，又能够层层审核把关纠错，保证了信访群众每一个诉求都能得到负责任的处理，信访群众能够从每一个信访事项处理中感受到公平正义。

信访问题归根到底是人民内部矛盾，是在人民根本利益一致基础上的矛盾，具有非对抗性的明显特征。对这类问题，要把群众合理合法的利益诉求解决好，自觉抵制只盯人、不管事的错误思路；要正确处理维权与维稳的关系，维权是维稳的基础，维稳的实质是维权。涉及维权的信访问题，主要是利益矛盾，但不是根本利益上的冲突。信访工作做好了、群众权益维护好了，可以增强人民的团结、增强国家建设和发展的凝聚力和向心力，促进社会和谐稳定。

五、信访秩序良好、法治信访理念深入人心

权利的行使皆有必要的边界，每个人行使权利都不应对他

人合法权益造成侵害，这便是秩序的价值。良好的信访秩序是确保信访渠道畅通的前提，是充分发挥信访制度效能，更好维护群众合法权益的保证。信访工作法治化既要坚守权利本位，切实维护群众合法权益，也要坚守秩序价值，用法治思维和法治方式规范人民群众的信访活动。换言之，信访工作法治化，既要规范机关、单位及其工作人员的信访工作行为，坚持依法按程序办事、维护好群众合法权益，防止因推诿扯皮、不认真解决群众反映的问题激化矛盾、造成不良影响；也要规范信访人的信访行为，引导依法理性表达诉求。信访群众既有依法反映问题的权利，也要遵守法律法规规定，依法进行信访活动，不得扰乱社会公共秩序，不得捏造或歪曲事实进行诬告陷害，不得损害国家、社会、集体利益和其他公民的合法权益。要通过推进信访工作法治化，使依法信访的理念得到社会普遍认同，社会各界对信访工作的看法更加客观理性，依法信访、规范信访的观念深入人心。

第三节　信访工作法治化的基本原则

信访工作法治化的基本原则是体现信访工作法治化价值理念、指导信访工作法治化实践的基本要求和规则遵循，是在长期实践探索中总结和提炼出来的，对推进信访工作法治化具有重要指导意义。

一、坚持党对信访工作的全面领导

中国共产党是中国特色社会主义事业的领导核心，是国家最高政治领导力量。坚持党的全面领导，是习近平法治思想的核心要义之一，是习近平总书记关于加强和改进人民信访工作的重要思想的首要内容。党的领导是做好信访工作的最高原则、最大优势。只有坚持和加强党对信访工作的领导，才能为加强和改进新时代人民信访工作提供坚强保证。

习近平总书记指出："党的领导是中国特色社会主义法治之魂，是我们的法治同西方资本主义国家的法治最大的区别。"[①] 党的领导是社会主义法治最根本的保证。把党的领导贯彻到依法治国全过程和各方面，是我国社会主义法治建设的一条基本经验。依法治国是我们党提出来的，把依法治国上升为党领导人民治理国家的基本方略也是我们党提出来的，而且党一直带领人民在实践中推进依法治国。离开了党的领导，全面依法治国就难以有效推进，社会主义法治国家就建不起来。只有在党的领导下依法治国、厉行法治，人民当家作主才能充分实现，国家和社会生活法治化才能有序推进。

信访制度是中国特色社会主义法治体系的重要组成部分。党是信访制度的设计者和指引者，信访制度每一项具有明确方

---

① 《在省部级主要领导干部学习贯彻党的十八届四中全会精神全面推进依法治国专题研讨班上的讲话》（2015 年 2 月 2 日），载人民网 http：//jhsjk. people. cn/article/27806556，最后访问日期：2024 年 1 月 24 日。

向性和现实指导性的重大决策部署，都是在党的统一领导下研究、论证、出台、实施并发挥效力的，离开党的领导，信访工作就没有根基、没有方向，也不可能取得应有效果。信访工作法治化是一个系统性工程，涉及方方面面。只有坚持和加强党的全面领导，充分发挥党总揽全局、协调各方的领导核心作用，运用党的政治领导力、思想引领力、群众组织力、社会号召力，才能调动社会各方的力量，统一意志、统一行动，保证党中央关于信访工作法治化的各项决策部署得到不折不扣贯彻落实。因此，信访工作法治化必须把坚持和加强党的全面领导放在最重要、最突出、最关键的位置。明确这一原则是坚决维护以习近平同志为核心的党中央权威和集中统一领导在信访工作领域的具体落实，是信访工作政治性的鲜明体现，是确保信访工作法治化正确政治方向的必然要求。

综上，坚持党对信访工作的全面领导是推进信访工作法治化的根本政治保证。这就要求各级各部门认真贯彻落实党中央关于信访工作的一系列决策部署，自觉担当起信访工作责任，坚定不移推进信访工作制度改革和法治化建设，用严的要求、实的作风抓好改革各项举措落地落实，把党委和政府、职能部门和社会各方的资源有机整合起来，凝聚起强大合力，依法及时就地解决群众合理诉求，更好地担负起为民解难、为党分忧的神圣职责。

二、坚持以人民为中心

坚持以人民为中心是推进信访工作法治化的根本立场。推进全面依法治国，重在依法保障人民权益，做好信访工作，重在千方百计为群众排忧解难。信访工作是党的群众工作的重要组成部分，是送上门来的群众工作，必须牢牢把握以人民为中心的发展思想，把党的群众路线贯穿信访工作的全过程，以更大的力度畅通信访渠道、更认真的态度倾听群众心声、更耐心的服务解答群众疑问，更好地解决群众合法合理诉求，不断提高便民利民为民的能力和水平，全力做好了解民情、集中民智、维护民利、凝聚民心的工作。

一是尊重群众、服务群众，把人民放在心中最高位置。习近平总书记曾指出："信访工作的首义，在于时刻把自己看成人民中的一员，把心贴近人民。"[①] 信访工作坚持以人民为中心，首先要树立尊重群众、服务群众的意识，牢记共产党人的初心，牢记信访工作是为人民服务的工作，尊重信访人的尊严，带着感情和责任做好工作，认真对待、切实保护信访人的权利，将保障信访人权利作为工作机制设计的出发点。做信访工作要对群众有感情，发扬"四家"精神，把群众当家人、把群众来信当家书、把群众诉求当家事、把群众工作当家业，让老百姓感到温暖，带着希望来、带着满意回，带着疑惑来、带着明白回，

---

① 习近平：《摆脱贫困》，福建人民出版社1992年版，第60页。

带着怨气来、带着平和回。做信访工作要有为群众服务的力度，牢固树立全心全意为人民服务的宗旨意识，为信访人提出信访事项提供各种便利条件，积极回应关切，努力在第一时间、第一地点解决好群众的合理诉求。做信访工作要有向群众学习的态度，深入基层、深入群众，问政于民、问需于民、问计于民，尊重人民群众首创精神，自觉拜人民为师，广泛动员人民群众自觉投身到党和政府的事业中来。

二是了解民情、集中民智，把群众意愿转化为执政资源。习近平总书记指出，“我们的工作和决策必须以人民利益为重、以人民期盼为念”①。信访工作是党和政府倾听群众呼声、了解群众意愿环节最少、距离最近的一种方式。信访工作应坚持以人民为中心，建立畅通高效的群众诉求表达机制，倾听人民呼声，及时准确了解、把握人民群众的意愿，真实反映社情民意。注重从群众信访事项中发掘苗头性、倾向性问题，更好掌握社会动态，为科学民主决策提供参考。

三是维护民利、化解民忧，着力解决好人民群众最关心最直接最现实的利益问题。我们党的全部任务和责任，就是为实现人民群众的根本利益而奋斗。习近平总书记指出：“检验我们一切工作的成效，最终都要看人民是否真正得到了实惠，人民生活是否真正得到了改善，人民权益是否真正得到了保障。”②

---

① 《中共中央举行纪念朱德同志诞辰130周年座谈会 习近平发表重要讲话》，载《人民日报》2016年11月30日，第1版。

② 习近平：《习近平谈治国理政》，外文出版社2014年版，第28页。

依法及时就地解决好群众合理诉求，维护好群众权益，是信访工作的核心要求。信访工作坚持以人民为中心，要坚持一切以群众利益为重，进一步站稳群众立场、强化群众意识，以解决好人民群众最关心最直接最现实利益问题的实际行动践行好党的宗旨。在信访工作中，设身处地为群众考虑，千方百计解决群众的困难和问题，使群众相信党委和政府能够公正对待自己的权益，应该得到的能够得到，受到损失的会得到补偿。信访工作坚持以人民为中心，还要坚持从人民利益出发看问题、想对策，谋划工作举措，通过信访工作促进科学决策，完善政策，把握和处理好涉及群众切身利益的重大问题，切实维护群众各项合法权益，维护社会公平正义，使群众成为发展的最大受益者。

四是顺应民意、凝聚民心，把人民满意作为检验工作的标准。民心是最大的政治。“政之所兴在顺民心，政之所废在逆民心。”人民拥护不拥护、赞成不赞成、高兴不高兴、答应不答应是衡量一切工作得失的根本标准。信访问题大多是关乎群众切身利益的民生问题，政策制定得好不好、问题解决得好不好，群众最有发言权。为了解决民生问题，党中央、国务院出台了一系列惠民政策，这些政策的落实情况如何、还存在哪些需要完善的地方等，需要有相应的工作机制及时跟踪了解和反馈，并协调指导推动落实。信访工作就是这样一个有效的检验政策效果、推动政策落实完善的渠道。通过信访工作，可以了解各项政策制定得合不合理、各项工作执行得到不到位、群众满意不满意，针对群众提出的政策不完善、不落实情况进行分析，及时完善政策、改进工作，达到让人民群众满意的效果。同时，信访工作本身也要把人民满意作为检验标准，不断提高信访工作的质量和效率，做到解决问题到位、人文关怀到位，从而凝聚民心，赢得群众的信任和支持。

三、坚持和发展新时代“枫桥经验”

党的二十大报告明确提出，健全共建共治共享的社会治理制度，提升社会治理效能。在社会基层坚持和发展新时代“枫桥经验”，完善正确处理新形势下人民内部矛盾机制，加强和改进人民信访工作，畅通和规范群众诉求表达、利益协调、权益保障通道，完善网格化管理、精细化服务、信息化支撑的基层治理平台，健全城乡社区治理体系，及时把矛盾纠纷化解在基层、化解在萌芽状态。

“枫桥经验”形成于社会主义建设时期，发展于改革开放新时期，创新于中国特色社会主义新时代，随着社会主要矛盾的变化不断转化发展，展现出持久旺盛的生命力。新时代“枫桥经验”科学内涵是坚持和贯彻党的群众路线，在党的领导下，充分发动群众、组织群众、依靠群众解决群众自己的事情，做到“小事不出村、大事不出镇、矛盾不上交”。1963 年 5 月，浙江省委工作队进驻诸暨枫桥开展社会主义教育运动试点，创造了“发动和依靠群众，坚持矛盾不上交，就地解决，实现捕人少，治安好”的经验，被毛泽东同志称为“矛盾不上交，就地解决”，并批示“要各地仿效，经过试点，推广去做”。[①] 之后，“枫桥经验”得到不断创新发展。2003 年，时任浙江省委书记习近平同志在浙江纪念毛泽东同志批示“枫桥经验”40 周年暨创新“枫桥经验”大会上提出，要“充分珍惜‘枫桥经验’，大力推广‘枫桥经验’，不断创新‘枫桥经验’”[②]。2013 年，习近平总书记就坚持和发展“枫桥经验”作出重要指示强调，各级党委和政府要充分认识“枫桥经验”的重大意义，发扬优良作风，适应时代要求，创新群众工作方法，善于运用法治思维和法治方式解决涉及群众切身利益的矛盾和问题，把“枫桥经验”坚持好、发展好，把党的群众路线坚持好、贯彻好。[③] 2023 年 9 月 20 日，在出席杭州亚运会开幕式前夕，习近平总书记专程赴枫桥经验陈列馆考察，重温“枫桥经验”诞生演进历程，了解新时代“枫桥经验”创新发展情况。2023 年 11 月 6 日，纪念毛泽东同志批示学习推广“枫桥经验”60 周年暨习近平总书记指示坚持发展“枫桥经验”20 周年大会在京召开，习近平总书记在人民大会堂亲切会见全国“枫桥式工作法”入选单位代表并合影留念，向他们表示诚挚问候和热烈祝贺，勉励他们再接再厉，坚持和发展好新时代“枫桥经验”，为推进更高水平的平安中国建设作出新的更大贡献，充分体现了以习近平同志为核心的党中央对坚持和发展新时代“枫桥经验”的高度重视。

① 金伯中：《“枫桥经验”的发展历程与重要启示》，载《浙江日报》2021 年 11 月 22 日，第 7 版。

② 金伯中：《“枫桥经验”的发展历程与重要启示》，载《浙江日报》2021 年 11 月 22 日，第 7 版。

③ 习近平：《把“枫桥经验”坚持好、发展好 把党的群众路线坚持好、贯彻好》，载《人民日报》2013 年 10 月 12 日，第 1 版。

习近平总书记的重要指示，为我们坚持和发展新时代“枫桥经验”，提升矛盾纠纷预防化解法治化水平提供了根本遵循。我们要深入学习贯彻习近平法治思想，牢牢把握新时代“枫桥经验”的实践要求，立足预防、立足调解、立足法治、立足基层，切实做到预防在前、调解优先、运用法治、就地解决。

《信访工作条例》第十五条第三款明确规定，乡镇党委和政府、街道党工委和办事处以及村（社区）“两委”应当全面发挥职能作用，坚持和发展新时代“枫桥经验”，积极协调处理化解发生在当地的信访事项和矛盾纠纷，努力做到小事不出村、大事不出镇、矛盾不上交。信访工作领域坚持和发展新时代“枫桥经验”，关键在于夯实基层基础。基层既是产生利益冲突和社会矛盾的“源头”，也是协调利益关系和疏导社会矛盾的“茬口”，必须树立大抓基层的鲜明导向，加强基层组织、基础工作、基本能力建设，推动工作重心下移、资源下投、力量下沉，将矛盾纠纷发现在早、防范在先、处置在小。

四、坚持预防和调解优先

习近平总书记指出，法治建设既要抓末端、治已病，更要抓前端、治未病。[①] 推进信访工作法治化要尽最大可能预防矛盾，矛盾纠纷产生后尽最大可能通过调解解决，从源头上减少矛盾纠纷，切实维护好人民群众的合法权益。

---

① 习近平：《坚定不移走中国特色社会主义法治道路 为全面建设社会主义现代化国家提供有力法治保障》，载《求是》2021年第5期。

预防是解决信访问题最有效最经济的办法，也是做好信访工作的治本之策。坚持预防优先，最大限度避免和减少矛盾纠纷的发生，重点是做好惠民生、控风险、早化解、固基础工作。一是统筹发展和安全。坚持发展为了人民，统筹协调、妥善处理好各方面利益关系，让现代化建设成果更多更公平惠及全体人民。将保障和改善民生作为预防和化解矛盾纠纷的基础性工作，落实好各项民生政策，强化基本公共服务，增进民生福祉，不断增强人民群众获得感、幸福感、安全感。二是坚持依法办事。只要坚持依法办事，就能从根本上预防许多矛盾纠纷的发生。现在许多矛盾纠纷就是不依法办事造成的，出现问题后又不依法处理，使得问题更加尖锐复杂。要坚持科学决策、民主决策、依法决策，加强社会稳定风险评估，确保各项决策遵循规律、切合实际。三是深入了解民意、民情、民忧，畅通和规范群众诉求表达、利益协调、权益保障机制，及时回应群众诉求，依法保障群众权益。四是深入排查社会矛盾问题，构建系统完备、无盲区、零死角的排查机制，动态掌握矛盾纠纷。五是用好群防群治力量，及时发现苗头隐患，加强对风险传导链条的梳理和主要风险指标的监测，实现精确预测、精准预警、精密预防。

调解是具有中国特色的化解矛盾、消除纷争的非诉讼纠纷解决方式，是独一无二的“东方经验”，在维护社会稳定中具有独特作用。从我国社会矛盾的性质来看，应该更多采取教育、疏导等柔性方式，既维护社会稳定，也促进社会和谐。调解体现了中华民族“以和为贵”“不伤和气”的传统文化和处事方式，易于为广大人民群众接受。从矛盾纠纷发生发展的规律来看，我国的调解组织特别是人民调解组织遍布城乡社区，调解员分布社会各行各业，一直处于矛盾纠纷化解的最基层、最前沿，有利于及早发现、及时化解矛盾纠纷，有效防止矛盾纠纷上行和外溢。从调解工作自身来讲，“调防结合、以防为主”的方针体现了调解工作的主动性，要求调解组织、调解员积极主动排查化解矛盾纠纷。此外，调解工作具有开放性、广泛性、灵活性的特点，能够吸纳各种力量参与，能够运用法理情等多种方式，能够在其他纠纷解决机制中广泛适用，化解各种类型的矛盾纠纷。据统计，2023 年，通过人民调解方式化解的矛盾纠纷达 1720 万件，其中人民法院委派委托调解成功 728 万件，[①]将大量矛盾纠纷解决在基层，化解在成诉、成访前。各地普遍建立访调对接机制，通过在信访等部门设立派驻人民调解工作室，接受信访部门移交委托开展调解工作，有效缓解了信访部门的工作压力。坚持调解优先，就是要发挥调解在矛盾纠纷预防化解中的基础性作用。坚持社会矛盾纠纷多元预防调处化解，人民调解、行政调解、司法调解联动，综合运用法律、政策、经济、行政等手段和教育、协商、疏导等办法，多措并举化解矛盾纠纷。进一步深化访调对接，加强信访事项调解组织建设，强化协调联动。对于申诉求决类信访事项，坚持调解优先，将

① 《聚焦急难愁盼全面提升群众法治获得感——司法行政机关推动公共法律服务高质量发展》，载《法治日报》2024 年 1 月 18 日，第 1 版。

调解贯穿依法办理全过程。在不违反政策法规强制性规定的情况下，在裁量权范围内，经争议双方当事人同意进行调解；可以引导争议双方当事人自愿和解。强化实质调解，坚持法理、事理、情理融合，不断提升调解能力，做到“事心双解”。

五、坚持实体与程序并重

实体与程序并重是现代法治的实现路径。《信访工作条例》既对处理信访实体问题作了明确规定，也对处理信访的程序制度作了系统要求。比如，第五条明确“坚持依法按政策解决问题”“依法维护群众权益”，第二十七条明确“诉求合理的解决问题到位”，第三十一条明确了处理信访事项的法定途径，第三十二条明确“请求事实清楚，符合法律、法规、规章或者其他有关规定的，予以支持”，这些规定共同构成了处理信访问题的实体法规定。程序性制度是信访制度的主要内容，《信访工作条例》明确规定了信访事项提出、受理和办理一系列程序要求，如登记、告知、转送、交办、督办、复查、复核等。推进信访工作法治化，必须坚持实体与程序并重原则，通过对信访行为和信访事项受理办理程序“双向规范”，推动信访问题实质解决。

推进信访工作法治化，首先要求群众信访行为和机关、单位信访工作必须符合法定程序。一方面，信访人应当采取法定形式提出信访事项。采用走访形式提出的，应当到有权处理的本级或者上一级机关、单位设立或指定的接待场所提出。多人采用走访形式提出共同的信访事项的，应当推选代表，代表人数不得超过 5 人。在信访过程中应当自觉维护社会公共秩序和信访秩序，不得有“围堵、冲击机关、单位”等六类行为。另一方面，机关、单位应当进一步畅通信访渠道，规范信访事项处理程序。具体来说，受理部门要分清性质、明确管辖，精准转送交办督办；职能部门要区分建议意见、检举控告、申诉求决等不同信访事项分类办理，对申诉求决类信访事项要依照相关规定优先导入《信访工作条例》第三十一条规定的前五项程序或者途径进行处理，无法导入的，出具信访处理意见“兜底”答复。在此过程中，要注意办理时限要求，做好告知工作，让信访群众知晓是谁在办、依什么程序办、何时办完。

推进信访工作法治化，根本目的是更好地解决群众合理合法的利益诉求，真正践行以人民为中心的发展思想，必须把工作重心放在实质性解决信访问题上。必须坚决纠正“重稳控轻化解”“重程序轻解决”，以程序性办结代替实体性办结，导致“案结事不了”的错误理念。

坚持实体与程序并重，要求既注重程序正义，又注重实体正义；既要注重程序性办结，更要注重实体性化解。坚决防止程序空转，切实维护群众合法权益。要按照诉求合理的解决问题到位、诉求无理的思想教育到位、生活困难的帮扶救助到位、行为违法的依法处理的要求，综合运用法律、政策、经济、行政等手段和教育、协商、疏导等办法，多措并举、综合施策，推动矛盾纠纷实质性化解，实现政治效果、法律效果、社会效果有机统一，这是由信访工作的群众属性决定的。其中，诉求合理的解决问题到位，主要是指对人民群众符合法律法规和政策规定，有明确依据的诉求，或者法律法规和政策规定虽无明确依据，但符合情理、法理、公平正义原则或者社会大众普遍认同的诉求，要充分满足、及时回应。这里强调的是诉求合理，而不限于诉求合法，就是考虑到工作实践中对于有些情况，法律法规和相关政策尚未规定，但是对于群众生产生活而言又迫切需要解决，这也正是信访工作的独特优势。对此，要按照一案一策的原则，在不违背政策法规强制性规定的前提下，研究提出有效解决方案，推动问题个性化解决，为群众生产生活提供必要便利，及时回应群众期待、满足群众愿望。同时，也要会同有关部门加强调查研究，深入分析政策原因，研究加强政策制度供给，推动共性问题批量解决。诉求无理的思想教育到位、生活困难的帮扶救助到位，这主要是由信访工作的群众工作属性决定的。信访工作既要解决好群众的实际问题，也要解决好群众的思想问题，努力实现“事心双解”、取得最好效果。行为违法的依法处理，是指对在信访活动中或以信访为名实施法律法规明确禁止的扰乱社会秩序、危害公共安全、进行人身攻击、借机敛财以及其他违法行为的信访人，由政法部门依照相关法律法规进行处理，维护正常的信访秩序。工作实践中要注意将诉求与违法行为区分处理，不能因为信访人在信访活动中存在违法行为就忽略其合理诉求的解决，要坚持实事求是、就事论事；当然，信访人也不能因为自己的诉求具有合理性就缠访闹访，信访目的的正当性要与信访行为的合法性统一起来。

第二章　信访问题预防法治化

预防法治化就是坚持依法办事，通过制度化、机制化的办法，惠民生、控风险、早化解、固基础，从根本上预防和减少信访问题。

第一节　做好惠民生工作

“民惟邦本，本固邦宁。”做好惠民生工作，要求强化民生法治保障，依法落实好各项民生政策、优先保障民生支出、积极开展多元化救助，加大保障和改善民生力度、解决好人民群众最关心最直接最现实的利益问题，从源头上防止矛盾纠纷发生，促进社会和谐稳定。

一、落实民生政策

以习近平同志为核心的党中央高度重视保障和改善民生工作。党的二十大报告提出，“坚持多劳多得，鼓励勤劳致富，促进机会公平，增加低收入者收入，扩大中等收入群体”；“坚持以人民为中心发展教育，加快建设高质量教育体系，发展素质教育，促进教育公平”；“推进健康中国建设”；“健全覆盖全民、统筹城乡、公平统一、安全规范、可持续的多层次社会保障体系”；“健全分层分类的社会救助体系”。加大保障和改善民生力度，解决好人民群众急难愁盼问题，首先要全力推动各项民生政策落到实处。

（一）扎实推进共同富裕

实现全体人民共同富裕，反映了人民对美好生活的向往，体现了党全心全意为人民服务的根本宗旨。分配制度是促进共同富裕的基础性制度。围绕推进共同富裕，我国逐步形成较为完善的初次分配、再分配、三次分配协调配套的法律体系以及政策制度体系。在初次分配方面，《劳动法》《劳动合同法》《就业促进法》《保障农民工工资支付条例》等，建立了劳动就业保障制度、工资保障制度、劳动者合法权益保护制度；《土地管理法》《农村土地承包法》《不动产登记暂行条例》等，为保护开发土地资源，保护农民基本生产条件，确认和完善农村土地承包经营制度，保护农民、城市房地产权利人、不动产权利人的合法权益提供法律依据；《商业银行法》《证券法》《保险法》《期货和衍生品法》等，规范发展金融机构、金融产品服务，支持普惠金融发展，深化农村金融改革，保护金融消费者和投资者的合法权益；《科学技术进步法》《促进科技成果转化法》等，推动科技创新支撑和引领经济社会发展，促进科技成果转化；《电子商务法》《网络安全法》《数据安全法》等，推动数据开发利用、保障数据安全。在再分配方面，《预算法》及其实施条例建立健全转移支付制度，明确财政转移支付应当规范、公平、公开，以推进地区间基本公共服务均等化为主要目标；《预算法》明确要求财政转移支付以为均衡地区间基本财力、由下级政府统筹安排使用的一般性转移支付为主体，不断缩小地区间财力差距，加大对欠发达地区的支持力度，确保公共财政惠及全体人民；《个人所得税法》及其实施条例提高综合所得基本减除费用标准，设立子女教育、继续教育、大病医疗、住房贷款利息或者住房租金、赡养老人等与人民群众生活密切相关的专项附加扣除项目，优化调整税率结构，对部分劳动性所得实行综合征税，进一步推动税制公平，鼓励人民群众通过劳动增加收入、迈向富裕；《乡村振兴促进法》从产业发展、人才支撑、文化繁荣、生态保护、组织建设等方面推进乡村振兴，加快农业农村现代化步伐。在三次分配方面，《慈善法》推动保护慈善组织、捐赠人、志愿者、受益人等慈善活动参与者的合法权益，促进社会进步，共享发展成果；《公益事业捐赠法》鼓励捐赠，规范捐赠和受赠行为，保护捐赠人、受赠人和受益人的合法权益，促进公益事业的发展；《红十字会法》《志愿服务条例》保障志愿者、志愿服务组织、志愿服务对象的合法权益，发展志愿服务事业。要完整、准确、全面贯彻新发展理念，把促进全体人民共同富裕摆在更加重要的位置，落实好促进共同富裕的各项制度政策，将切实为民谋利、造福于民作为工作的出发点和落脚点，促进高质量发展，既把“蛋糕”做大做好，也把“蛋糕”切好分好，促进社会公平正义，促进人的全面发展，使全体人民朝着共同富裕目标扎实迈进。

（二）办好人民满意的教育

教育是人民获得发展自身、奉献社会能力的前提和基础。更好更公平的教育是民心所向、民之所盼。在教育领域，《教育法》《义务教育法》《高等教育法》《职业教育法》《残疾人教育条例》《国务院关于建立健全普通本科高校高等职业学校和中等职业学校家庭经济困难学生资助政策体系的意见》等法律、行政法规和政策文件，对推动各级各类教育协调发展、培养高素质技术技能人才、保障受教育者权利、资助家庭经济困难学生等作了规定，明确了国家发展社会主义的教育事业；实施义务教育不收学费、杂费，各级人民政府采取各种措施保障适龄儿童、少年就学；公民依法享有接受高等教育的权利；国家采取措施，大力发展技工教育，支持举办面向农村的职业教育，扶持革命老区、民族地区、边远地区、欠发达地区职业教育和残疾人职业教育的发展，组织各类转岗、再就业、失业人员以及特殊人群等接受各种形式的职业教育；县级以上人民政府将残疾人教育纳入教育事业发展规划，统筹安排实施，合理配置资源，保障残疾人教育经费投入，改善办学条件；对不同教育阶段的家庭经济困难学生，通过学费减免、奖学金、助学金、助学贷款等方式给予资助。党的二十大报告设专章部署推进科教兴国战略，明确指出，“教育是国之大计、党之大计”。要落实好教育领域各项制度，坚持以人民为中心发展教育，加快建设高质量教育体系，发展素质教育，着力解决教育发展不平衡不充分的问题，办好人民满意的教育。

（三）加快发展医疗卫生事业

人民健康是民族昌盛和国家富强的重要标志。随着人民物质生活水平大幅提高，必将带来更高层次、更广范围的健康需求。在医药卫生领域，《基本医疗卫生与健康促进法》《药品管理法》等法律对基本医疗卫生制度、医疗卫生服务体系、基本药物制度等作了规定，明确了国家保障公民享有基本医疗卫生服务，并保障公众用药安全。党中央、国务院 2021 年印发《关于优化生育政策促进人口长期均衡发展的决定》，实施一对夫妻可以生育三个子女政策，配套实施积极生育支持措施，进一步优化了生育政策。《人口与计划生育法》《母婴保健法》《母婴保健法实施办法》等法律、行政法规，对计划生育服务、婚前保健、孕产期保健、婴儿保健等作了规定，明确了各级人民政府保障公民享有计划生育服务，实行计划生育的育龄夫妻免费享受国家规定的基本项目的计划生育技术服务；医疗保健机构应当提供婚前保健服务、孕产期保健服务；县级以上人民政府推动建立普惠托育服务体系。要把保障人民健康放在优先发展的战略位置，落实好医疗卫生领域各项制度政策，积极推进医疗卫生事业改革发展，增进人民健康福祉。

（四）夯实社会保障体系

社会保障体系是人民生活的安全网和社会运行的稳定器，

关乎基本民生改善和社会公平正义。党的二十大报告指出，“健全覆盖全民、统筹城乡、公平统一、安全规范、可持续的多层次社会保障体系”。在社会保险领域，《社会保险法》《工伤保险条例》《失业保险条例》《国务院关于建立统一的城乡居民基本养老保险制度的意见》《国务院关于整合城乡居民基本医疗保险制度的意见》等法律、行政法规和政策文件，对基本养老保险、基本医疗保险、工伤保险、失业保险、生育保险等各项社会保险制度作了规定，明确了参保人员在年老、疾病、发生工伤、失业、生育等情形下，按规定享受相应的社会保险待遇。《社会保险经办条例》对各项社会保险的登记和关系转移、待遇核定和支付、经办服务和管理等事项作了规定，进一步加强信息共享、减少证明材料、优化经办流程、缩短办理时限，促进社会保险经办服务便民利民，保障人民群众便捷享受社会保险待遇。在社会救助领域，《社会救助暂行办法》《国务院关于全面建立临时救助制度的通知》《国务院关于进一步健全特困人员救助供养制度的意见》等行政法规和政策文件，对社会救助的管理体制、救助范围、救助程序等作了规定，明确了国家通过最低生活保障、特困人员供养等基本生活救助，医疗救助、教育救助、住房救助、就业救助、受灾人员救助等专项社会救助，临时救助等急难社会救助，保障困难群众的基本生活；国家鼓励单位和个人等社会力量通过捐赠、设立帮扶项目、创办服务机构、提供志愿服务等方式，参与社会救助。近年来，党中央、国务院相继印发《关于改革完善社会救助制度的意见》《关于实现巩固拓展脱贫攻坚成果同乡村振兴有效衔接的意见》等政策文件，进一步健全了以基本生活救助、专项社会救助、急难社会救助为主体，社会力量参与为补充的分层分类社会救助体系。要落实好社会保障领域各项制度政策，不断扩大社会保障覆盖面，稳步提高各项社会保障待遇标准，推进基本公共服务均等化，切实兜住兜准兜好基本民生底线。

二、保障民生支出

习近平总书记对保障和改善民生多次作出重要指示，强调“保障和改善民生没有终点，只有连续不断的新起点”[①]；“坚持实事求是，既尽力而为又量力而行，把提高社会保障水平建立在经济和财力可持续增长的基础之上，不脱离实际、超越阶段”[②]；“要从实际出发，集中力量做好普惠性、基础性、兜底性民生建设，不断提高公共服务共建能力和共享水平，织密扎牢托底的民生保障网、消除隐患，确保人民群众安居乐业、社会秩序安定有序”[③]。中共中央办公厅、国务院办公厅印发的《关于创新群众工作方法解决信访突出问题的意见》要求，“加大保障和改善民生力度。将保障和改善民生作为预防和化解矛盾纠纷的基础性工作，更加注重落实好各项民生政策，优先保障民生支出”。

---

① 习近平在江西调研考察时的讲话，载《人民日报》2016 年 2 月 4 日，第 1 版。

② 习近平：《促进我国社会保障事业高质量发展、可持续发展》，载《求是》2022 年第 8 期。

③ 习近平在江西调研考察时的讲话，载《人民日报》2016 年 2 月 4 日，第 1 版。

党的十八大以来，我国对重要民生领域的财政投入力度不断加大，基本民生保障水平稳步提高。2012 年至 2021 年，国家财政性教育经费累计支出 33.5 万亿元，年均增长 9.4%；学生资助资金累计超过 2 万亿元，年均增长 8.24%；财政投入持续稳增，支撑起世界上规模最大的国民教育体系和覆盖最广的学生资助体系。2013 年至 2022 年，中央财政持续补助企业职工基本养老保险基金，2022 年补助金额达 6500 亿元左右；中央层面已划转国有资本 1.68 万亿元充实社保基金，居民养老保障更为坚实。2013 年至 2020 年，中央财政安排的专项扶贫资金从 379 亿元增加到 1461 亿元，推动我国历史性解决了绝对贫困问题，贫困地区全部实现“两不愁三保障”；2013 年至 2022 年，全国城乡最低生活保障平均标准分别增长了 1.5 倍和 4.0 倍，困难残疾人生活补贴和重度残疾人护理补贴制度惠及 2700 多万人，各级财政累计支出基本生活救助资金 2.04 万亿元，有力地保障了困难群众基本生活。①

我国民生领域的法律、行政法规和政策文件，始终聚焦民生支出，通过制度保障民生支出，并不断调整优化结构，提高民生经费的使用效益。例如，《教育法》规定，“国家建立以财政拨款为主、其他多种渠道筹措教育经费为辅的体制，逐步增加对教育的投入，保证国家举办的学校教育经费的稳定来源”（第五十四条第一款）；“国家财政性教育经费支出占国民生产总

---

① 《推动基本民生保障水平不断提高 民生领域财政投入持续增长》，载《人民日报》2023 年 1 月 22 日，第 1 版。

值的比例应当随着国民经济的发展和财政收入的增长逐步提高”（第五十五条第一款）；“全国各级财政支出总额中教育经费所占比例应当随着国民经济的发展逐步提高”（第五十五条第二款）。《基本医疗卫生与健康促进法》第十一条规定：“国家加大对医疗卫生与健康事业的财政投入，通过增加转移支付等方式重点扶持革命老区、民族地区、边疆地区和经济欠发达地区发展医疗卫生与健康事业。”《社会保险法》第七十一条第一款规定，国家设立全国社会保障基金，由中央财政预算拨款以及国务院批准的其他方式筹集的资金构成，用于社会保障支出的补充、调剂。《社会救助暂行办法》第五条第一款规定，县级以上人民政府应当将社会救助纳入国民经济和社会发展规划，建立健全政府领导、民政部门牵头、有关部门配合、社会力量参与的社会救助工作协调机制，完善社会救助资金、物资保障机制，将政府安排的社会救助资金和社会救助工作经费纳入财政预算。要落实好保障民生支出的各项法规政策制度，坚持尽力而为、量力而行，科学精准做好民生支出保障工作，形成常态化、可持续的民生支出保障机制，坚决兜住民生底线，不断提高基本公共服务和社会保障能力，逐步实现基本公共服务均等化，让改革发展成果更多更公平惠及全体人民。

三、开展多元化救助

社会救助事关困难群众基本生活和衣食冷暖，是社会保障体系中兜底性、基础性的制度安排。做好社会救助工作，对于保障公民的基本生活、促进社会公平、维护社会和谐稳定具有重要意义。党的二十大报告明确提出，“健全分层分类的社会救助体系”。根据有关行政法规和政策文件，我国目前主要通过以下措施开展多元化社会救助。

（一）加强低收入人口动态监测

低收入人口监测是持续巩固拓展脱贫攻坚成果、全面推进乡村振兴的重要举措，在返贫致贫监测预警、及时提供针对性帮扶方面发挥了积极作用。为此，一是合理确定低收入人口范围。纳入低收入人口监测范围的群体，不仅包括《社会救助暂行办法》规定的最低生活保障家庭成员和特困人员，还包括最低生活保障边缘家庭成员、刚性支出困难家庭成员以及其他困难人员。其中，最低生活保障边缘家庭是指家庭人均收入低于当地最低生活保障标准 1.5 倍，且家庭财产状况符合相关规定的家庭；刚性支出困难家庭是指医疗、教育等必需支出占家庭总收入超过当地规定比例，且家庭人均收入、财产状况符合相关规定的家庭。二是加强跨部门信息共享和数据比对。各级民政部门依托监测平台及时掌握低收入人口数据，为教育、人力资源社会保障、卫生健康、医保等部门开展救助帮扶提供信息查询服务，并通过数据交叉比对，动态掌握低收入人口就学、就业、医疗支出等方面困难情形的变化情况。三是加强线下核查和主动发现。县级民政部门依托社会救助协理员、社会工作者等基层力量经常性走访困难群众，定期上报更新低收入人口数据信息。对已纳入救助范围的低收入人口，重点监测救助政策落实情况；对未纳入救助范围的低收入人口，重点监测其家庭状况变化情况，符合救助条件的，及时告知救助政策并按规定给予救助。

（二）夯实基本生活救助

对符合最低生活保障条件的低收入人口，按规定发放最低生活保障金。对符合特困人员救助条件的低收入人口，按规定提供基本生活条件。对生活不能自理的按规定给予照料、提供疾病治疗、办理丧葬事宜等。对最低生活保障边缘家庭中的重度残疾人、重病患者等特殊困难人员，可按规定单独纳入最低生活保障范围。对参照"单人户"纳入最低生活保障范围的成年无业重度残疾人等其他特殊困难人员，按规定给予相应的基本生活救助。

（三）健全专项社会救助

一是医疗救助方面。对特困人员参加城乡居民基本医疗保险的费用，给予全额资助；对最低生活保障家庭成员等其他符合资助参保条件的低收入人口，给予定额资助。对最低生活保障家庭、特困人员、最低生活保障边缘家庭、刚性支出困难家庭中符合条件的大病患者，在定点医药机构发生的住院费用、因慢性病需要长期服药或患重特大疾病需要长期门诊治疗的费用，按规定给予相应医疗救助。对符合疾病应急救助条件的费用，由疾病应急救助基金按规定支付。二是教育救助方面。对低收入人口中符合条件的在园幼儿、在校学生，按规定采取发放助学金、生活补助，提供勤工助学岗位、助学贷款，以及减免相关费用等方式，给予教育救助。三是住房救助方面。对符合当地住房保障条件的救助对象，优先给予住房救助。其中，对城市最低生活保障家庭、城市分散供养特困人员、城市最低生活保障边缘家庭和刚性支出困难家庭，通过配租公租房或者发放租赁补贴等给予救助；对农村最低生活保障家庭、农村分散供养特困人员、农村最低生活保障边缘家庭和刚性支出困难家庭，通过农村危房改造等给予救助。四是就业救助方面。对符合条件的最低生活保障家庭成员、最低生活保障边缘家庭成员、刚性支出困难家庭成员，按规定落实贷款贴息、税费减免、培训补贴、社保补贴等政策。多渠道开发就业岗位，通过产业发展、劳务输出、车间吸纳、以工代赈等方式进行就业帮扶，引导就业救助对象积极就业。五是受灾人员救助方面。对基本生活受到自然灾害严重影响的人员，及时提供必要的食品、饮用水、衣被、取暖、临时住所、医疗防疫等救助，并统筹做好应急救助、过渡期生活救助、旱灾临时生活困难救助、冬春临时生活困难救助和因灾倒损民房恢复重建等救助工作。

（四）完善急难社会救助

对遭遇突发性、紧迫性、灾难性困难导致基本生活暂时出现严重困难的人员，按规定通过临时救助或者生活无着流浪乞讨人员救助的方式，及时给予急难社会救助；对其中符合“小金额先行救助”条件的，可先行救助，事后再补充说明情况。发挥县级困难群众基本生活保障工作有关机制作用，及时化解困难群众急难愁盼问题。

（五）促进社会力量参与社会救助

一是积极发展服务类社会救助。鼓励各地通过政府购买服务等方式，对低收入人口中生活不能自理的老年人、未成年人、残疾人等提供必要的访视、照料服务。积极开展社会工作服务，为低收入人口提供心理疏导、资源链接、能力提升、社会融入等服务。二是鼓励开展慈善帮扶。建立政府救助与慈善帮扶衔接机制，在救助政策、对象、信息、资源等方面做好衔接。鼓励支持公民、法人及其他组织以捐赠财产、设立项目、提供服务等方式，自愿开展慈善帮扶活动。

第二节　做好控风险工作

本节内容中的控风险工作，主要是指各级政府应当统筹发展与安全，正确处理改革发展稳定关系，防止在决策、审批等前端环节因工作不当而损害群众的切身利益、激化矛盾，引发信访问题。

一、坚持科学决策、民主决策、依法决策

行政决策是行政行为的起点，决策不当或者错误可能导致产生矛盾纠纷、引发社会风险、造成重大损失。党的十八大以来，党中央、国务院高度重视科学民主依法决策。党的十八届

四中全会审议通过的《中共中央关于全面推进依法治国若干重大问题的决定》提出，“健全依法决策机制。把公众参与、专家论证、风险评估、合法性审查、集体讨论决定确定为重大行政决策法定程序”。2019 年 2 月，中央全面依法治国委员会第二次会议指出，规范重大行政决策程序，是依法治国的迫切需要。2019 年 4 月，国务院公布《重大行政决策程序暂行条例》，进一步健全科学、民主、依法决策机制，规范重大行政决策程序，提高决策质量和效率，明确决策责任。2021 年，中共中央、国务院印发的《法治政府建设实施纲要（2021—2025 年）》强调，健全行政决策制度体系，不断提升行政决策公信力和执行力。党的二十大报告强调，坚持科学决策、民主决策、依法决策，全面落实重大决策程序制度。

（一）强化依法决策意识

领导干部要做守法模范，带头遵纪守法、捍卫法治。牢记法律红线不可逾越、法律底线不可触碰，带头遵守法律、执行法律，带头营造办事依法、遇事找法、解决问题用法、化解矛盾靠法的法治环境。牢固树立依法决策意识，严格遵循法定权限和程序作决策，确保决策内容符合法律法规规定。《重大行政决策程序暂行条例》第七条规定，作出重大行政决策应当遵循依法决策原则，严格遵守法定权限，依法履行法定程序，保证决策内容符合法律、法规和规章等规定。各级机关、单位要牢固树立依法决策意识，作出重大决策前，应当听取合法性审查机构的意见，对决策权限是否于法有据、决策程序是否依法进行、决策结果是否符合法律规定等进行论证，注重听取法律顾问、公职律师或者有关专家的意见，防止违法决策、随意决策，以及个人专断、搞“一言堂”。

（二）严格落实重大行政决策程序

《重大行政决策程序暂行条例》对重大行政决策事项范围，以及公众参与、专家论证、风险评估、合法性审查、集体讨论决定等作了规定，主要有以下几个方面：

1. 推行重大行政决策事项年度目录公开制度。有关地方人民政府要结合职责权限和本地实际，确定决策事项目录、标准，经同级党委同意后向社会公布，并根据实际情况调整。具体包括以下几个方面：（1）制定有关公共服务、市场监管、社会管理、环境保护等方面的重大公共政策和措施；（2）制定经济和社会发展等方面的重要规划；（3）制定开发利用、保护重要自然资源和文化资源的重大公共政策和措施；（4）决定在本行政区域实施的重大公共建设项目；（5）决定对经济社会发展有重大影响、涉及重大公共利益或者社会公众切身利益的其他重大事项。需要注意的是，财政政策、货币政策等宏观调控决策，政府立法决策，突发事件应急处置决策等三类决策事项不适用此项制度。

2. 落实公众参与、专家论证和风险评估要求。除依法不予公开的外，决策事项应当充分听取公众意见。听取意见可以采取座谈会、听证会、实地走访、书面征求意见、向社会公开征求意见、问卷调查、民意调查等多种方式，切实增强公众参与实效。专业性、技术性较强的决策事项应当组织专家论证。决策实施可能对社会稳定、公共安全等方面造成不利影响的，应当组织风险评估。

3. 严格履行合法性审查程序。合法性审查程序是指行政机关在作出重大行政决策过程中，对决策事项是否符合法定权限，决策草案的形成是否履行相关法定程序，决策草案内容是否符合有关法律、法规、规章和国家政策的规定等进行论证的程序。合法性审查是决策的必经程序，未经合法性审查或者经审查不合法的，不得提交会议讨论，作出决策。送请合法性审查，应当提供决策草案及相关材料，包括有关法律、法规、规章等依据和履行决策法定程序的说明等，不得以征求意见等方式代替合法性审查。负责合法性审查的部门应当及时提出合法性审查意见并对意见负责，决策承办单位根据意见进行必要调整或者补充。

4. 严格履行集体讨论决定程序。决策事项应当经决策机关常务会议或者全体会议讨论；在坚持行政首长负责制的同时，要求行政首长末位发言，拟作决定与多数人意见不一致时应当说明理由；集体讨论决定情况应当如实记录并与责任追究挂钩。

（三）加强行政决策执行和评估

重大行政决策一经作出，未经法定程序不得随意变更或者停止执行。决策机关应当明确负责重大行政决策执行工作的单位，并对决策执行情况进行督促检查。公民、法人或者其他组织认为重大行政决策及其实施存在问题的，可以通过信件、电话、电子邮件等方式向决策机关或者决策执行单位提出意见建议。决策机关应当建立健全重大行政决策跟踪反馈制度，依法推进决策后评估工作，将决策后评估结果作为调整重大行政决策的重要依据。要严格落实重大行政决策终身责任追究制度和责任倒查机制，违反规定造成决策严重失误，或者依法应当及时作出决策而久拖不决，造成重大损失、恶劣影响的，应当倒查责任，实行终身责任追究，对决策机关行政首长、负有责任的其他领导人员和直接责任人员依法追究责任。

二、坚持依法依规履职

法定职责必须为，法无授权不可为。有关机关、单位要坚决做到依照法定权限履职、依照法律办事、依照责任落实，既不能滥用职权，也不能玩忽职守，防止不作为、乱作为等引发信访问题。

（一）依法梳理法定职权

法定职责是指行政主体依据法律、行政法规、地方性法规、自治条例和单行条例以及规章的规定或授权进行与其职权范围一致的某些行政管理活动，实现其具体行政管理职能所应承担的法定职业内容和责任义务。行政机关的设立依据法律，权力来源于法律，在法律规定的职权范围内行使权力。坚持依法依规履职，首要任务是明确法定职权。《法治政府建设实施纲要（2021—2025 年）》明确要求，全面实行政府权责清单制度，推动各级政府高效履职尽责。

依法梳理法定职权，旨在确保政府部门和执法机构明确其权力和责任，并确保权力的行使符合法律规定。一是梳理法律法规。包括国家和地方层面的法律、法规和规章。这些法律法规是设定权责清单和执法事项的基础。二是确定权力和责任。根据梳理出的法律法规，政府部门和执法机构需要明确其拥有的权力和需承担的责任，包括行政许可、行政处罚、行政强制等行政权力，以及在执法过程中的责任和义务。三是制定权责清单。根据确定的权力和责任，政府部门和执法机构需要制定权责清单。四是梳理执法事项。根据权责清单，对执法事项进行梳理。五是向社会公示。政府部门和执法机构应将权责清单和执法事项向社会公开，以便公众了解其权力和责任。同时接受公众的监督，及时回应公众的关切。

（二）严格履行法定职责

有关机关、单位要按照法律、法规、规章和规范性文件设定的权限范围履职，严格遵守关于主体、条件、幅度、方式的实体性规定，以及法定的步骤、形式、时间和顺序。行政执法工作面广量大，一头连着各级政府，一头连着人民群众，直接关系人民群众对党和政府的信任、对法治的信心，必须不断健全行政执法工作体系，全面推进严格规范公正文明执法。

1. 深化行政执法体制改革。完善权责清晰、运转顺畅、保障有力、廉洁高效的行政执法体制机制，大力提高执法执行力和公信力。持续深化综合行政执法体制改革。加强综合执法、联合执法、协作执法的组织指挥、统筹协调，建立健全工作机制。大力推进跨领域跨部门联合执法，实现违法线索互联、执法标准互通、处理结果互认。完善行政执法与刑事司法衔接机制，推进信息共享机制化、案件移送标准和程序规范化。加快制定不同层级行政执法装备配备标准。

2. 加大重点领域执法力度。加大食品药品、公共卫生、自然资源、生态环境、安全生产、劳动保障、城市管理、交通运输、金融服务等关系群众切身利益的重点领域执法力度。分领域梳理群众反映强烈的突出问题，开展集中专项整治。对潜在风险大、可能造成严重不良后果的，加强日常监管和执法巡查，从源头上预防和化解违法风险。畅通违法行为投诉举报渠道，对举报严重违法违规行为和重大风险隐患的有功人员依法依规予以奖励和严格保护。

3. 完善行政执法程序。全面、严格落实行政执法公示制度、执法全过程记录制度、重大执法决定法制审核制度。统一行政执法人员资格管理，完善相关规范标准。统一行政执法案卷、文书基本标准，提高执法案卷、文书规范化水平。全面落实行政裁量权基准制度，细化、量化本地区各行政执法行为的裁量范围、种类、幅度等并对外公布。全面梳理、规范和精简执法事项，凡没有法律、法规、规章依据的一律取消。

4. 创新行政执法方式。广泛运用说服教育、劝导示范、警示告诫、指导约谈等方式，努力做到宽严相济、法理相融，让执法既有力度又有温度。全面推行轻微违法行为依法免予处罚清单。全面落实“谁执法谁普法”普法责任制，加强以案释法。

（三）加强行政执法监督

近年来，各地各部门坚决贯彻党中央和国务院决策部署，全面落实行政执法“三项制度”，深入推进行政执法体制改革，加强行政执法协调监督，行政执法能力和水平有了较大提高。但行政执法不作为、乱作为和执法不严格、不规范、不文明、不透明等个别问题仍时有发生，侵害了人民群众合法权益，损害了政府公信力。加强行政执法监督，切实规范行政执法行为，是推进依法行政、建设法治政府的重要环节。党的二十大报告指出，要“全面推进严格规范公正文明执法，加大关系群众切身利益的重点领域执法力度，完善行政执法程序，健全行政裁量基准。强化行政执法监督机制和能力建设，严格落实行政执法责任制和责任追究制度”。

需要注意的是，及时发现和纠正行政违法行为，不只是政府的监督职责，更是各部门法制机构要履行的职责。要建立健全行政执法监督机制，发现本部门行政执法人员有不作为、乱作为等违法执法行为的，及时调查处理。要建立健全投诉举报机制，对投诉行政执法人员违法行为要及时有效收集。全面贯彻落实党中央、国务院有关行政执法监督工作的相关要求，尤其要聚焦人民群众反映强烈的“运动式”执法、“一刀切”执法、简单粗暴执法、野蛮执法、过度执法、机械执法、逐利执法等不作为、乱作为问题，畅通行政执法投诉举报渠道，对违法或不当的行政执法行为，严格落实行政执法过错责任追究制度，加大对违法行政等有关责任人的追责力度。

第三节 做好早化解工作

从源头上减少各类矛盾纠纷的产生，最大限度把矛盾消解于未然，将风险化解于无形，是推进社会治理现代化的目标要求。实践证明，及早发现、及时化解矛盾纠纷，成本最低、效果最好。

一、完善常态化排查机制

开展常态化排查，是及早发现矛盾纠纷的有效方式。一是聚焦基层。对于婚姻家庭、邻里、房屋宅基地、山林土地等基层常见多发的矛盾纠纷，广泛组织动员司法所和网格员、人民调解员、楼栋长、社会工作者、平安志愿者等基层力量，开展全面动态排查，特别是要深入困难人群多、矛盾纠纷多、工作难度大的村组、社区、厂矿、单位，开展有针对性的排查。二是突出重点。对于经济、金融、劳动关系、生态环境、交通安全、房地产、教育、医疗等重点领域，退役军人、农民工、新业态从业人员以及妇女儿童、老年人、残疾人等特殊群体，集中时间、集中力量开展重点排查，切实做到底数清、情况明。三是服务大局。围绕乡村振兴、京津冀协同发展、粤港澳大湾区建设等国家重大战略，围绕开展重大活动、应对重大事件，围绕地方党委、政府中心工作，组织开展形式多样的矛盾纠纷专项排查，积极营造和谐稳定的社会环境。四是对排查发现的各类矛盾纠纷，分类梳理，建立工作台账，逐一研判风险等级、制定防范措施。对于易转化为治安案件、刑事案件和群体性事件的矛盾纠纷，健全重大矛盾风险预警和通报机制，落实属地责任和部门责任，形成工作闭环。

二、健全矛盾纠纷多元化解机制

当前，我国社会矛盾纠纷总量较大，主体多元，类型多样，仅靠一种解决方式是远远不够的，必须健全完善调解、仲裁、行政裁决、行政复议、诉讼等有机衔接、相互协调的多元化纠纷解决机制。

（一）发挥调解的基础性作用

推进矛盾纠纷多元化解，必须充分发挥人民调解化解基层矛盾纠纷主渠道、主力军作用，将基层各类解纷资源力量纳入人民调解制度渠道，切实把矛盾纠纷化解在基层、消除在萌芽状态。一是做好人民调解。加强人民调解组织规范化建设，确保全国乡镇（街道）、行政村（社区）人民调解委员会实现全覆盖，确保人民调解组织依法设立、人员充实、制度健全、工作规范。落实经费保障，大力加强专职人民调解员队伍建设。二是做实行政调解。规范行政调解范围和程序，依法加强消费者权益保护、交通损害赔偿、治安管理、环境污染、社会保障、房屋土地征收、知识产权等方面的行政调解，及时妥善化解矛盾纠纷。三是做强司法调解。对当事人起诉到法院的纠纷，认真开展诉前调解、诉中调解，促进实质性化解。司法调解中，也要贯彻自愿原则，当判则判，不能久调不决。四是做优行业性专业性调解。适应新兴产业发展态势，健全金融、互联网等领域调解组织，加强商事调解特别是涉外商事调解工作，确保专业性的问题得到专业化的调解。加强律师调解工作，扩大律师调解工作社会认可度。五是加强各类调解协调联动，形成以人民调解为基础，人民调解、行政调解、司法调解、行业性专业性调解优势互补、有机衔接、协调联动的工作格局。

（二）积极开展诉源治理

依托人民法院调解平台“进乡村、进社区、进网格”工作机制，对于起诉到人民法院的纠纷，当事人一方或者双方住所地、经常居住地为辖区内村（社区）、乡镇（街道）且适宜化解、调解的纠纷，或者当事人明确表示同意先行化解、调解的纠纷，基层人民法院或者人民法庭可以交由基层治理单位或者基层解纷人员进行化解、调解。基层治理单位对于排查出的辖区网格内涉诉矛盾隐患、苗头性问题，认为需要人民法院指导和帮助化解、调解的，通过调解平台提供给对接的人民法院。对于金融、证券期货、银行保险、知识产权、劳动争议、机动车交通事故责任纠纷等专业性行业性领域矛盾纠纷，由人民法院案件分流员通过调解平台，在线分流至入驻平台的专业性行业性调解组织进行调解。

经人民调解委员会、特邀调解组织或者特邀调解员调解达成调解协议，且当事人申请司法确认的，向有管辖权的人民法院或者派出的人民法庭在线提出申请。化解、调解不成功的，记录不成功原因，并由村（社区）司法联络员在征得当事人意愿后，推送乡镇（街道）基层治理单位再次化解、调解或者直接退回人民法院。人民法院对于退回的纠纷，依法及时登记立案。化解、调解期限为30日，自司法联络员确认接受指派之日起计算，双方当事人同意可以适当延长。在规定期限内未能达成调解协议或者当事人明确拒绝继续化解、调解的，人民法院及时转入立案程序。

（三）发挥仲裁优势作用

仲裁是解决民商事纠纷的重要方式，具有尊重当事人意思自治、专业性强、一裁终局、程序灵活、经济高效、注重保密性、裁决可依法强制执行等特点和优势。近年来，为更好发挥仲裁在矛盾纠纷多元化解机制中的积极作用，各地积极推进健全完善仲裁调解、仲裁诉讼衔接机制，推动各地仲裁机构积极探索创新仲调对接、诉仲对接、诉调对接工作方式。通过仲裁机构在法院诉讼服务大厅驻点等方式，引导当事人选择通过仲裁方式解决纠纷，促进民商事案件合理分流。建立信息共享制度，就仲裁司法审查、仲裁裁决保全和执行等搭建信息共享平台和渠道，提高案件办理质效。加强仲裁机构与法院业务交流，通过召开座谈会或业务培训班、共同发布指导案例等方式，促进提升仲裁案件裁决质量。2021年，全国仲裁案件以调解方式结案9.3万件，占办理案件总数的22.4%。2022年，全国仲裁案件以调解方式结案16.6万件，占办理案件总数的34.9%。

2023 年，全国仲裁案件以调解方式结案 19.4 万件，占办理案件总数的 36.7%。

（四）积极推进律师参与信访工作

律师队伍是推进全面依法治国、推进中国式现代化建设的一支高素质重要力量，化解矛盾纠纷、维护社会公平正义是律师的重要职责。作为中国特色社会主义法治工作者，律师具有熟悉法律的专业优势、立足经济社会生活的实践优势、相对客观处理法律事务的职业优势，同时也具有相对中立的第三方地位，较易得到信访群众的认可。深入开展律师参与信访工作，有利于引导信访群众理性表达诉求、依法维护权益，有利于协助相关部门更好运用法治思维和法治方式解决问题、化解矛盾，也有利于履行律师的社会责任，促进信访案件在法律的框架内化解，维护社会和谐稳定。

近年来，司法部与国家信访局等有关部门深入推进律师参与信访工作，制定出台了律师参与化解信访案件的相关制度规范。2004 年，司法部和国家信访局联合下发《关于进一步加强律师参与涉法信访工作的意见》，对律师参与信访工作作出全面部署。2015 年，中央政法委印发《关于建立律师参与化解和代理涉法涉诉信访案件制度的意见（试行）》，对律师参与化解和代理涉法涉诉信访案件的任务原则、运行模式、工作方法、管理保障和组织领导等方面从制度层面提出意见。2016 年，司法部和国家信访局联合发布《关于深入开展律师参与信访工作的意见》，从全面依法治国和推进信访工作法治化的高度，就深入开展律师参与信访工作提出了指导意见。2019 年，中共中央办公厅、国务院办公厅印发《关于加快推进公共法律服务体系建设的意见》，指出“对不服司法机关生效裁判、决定的申诉，逐步实行由律师代理制度，完善律师参与化解和代理涉法涉诉信访案件的工作机制。深入推进律师参与信访工作，引导群众理性表达诉求，依法维护权益”。各级信访部门大力加强公职律师和法律顾问队伍建设，发挥公职律师和法律顾问职能作用，参与信访相关法律法规和规范性文件的起草、论证和评估以及信访接待、案件办理等活动，提出法律意见和建议，促进依法决策，提高了信访工作法治化水平。

从近些年的实践来看，律师积极引导信访群众理性表达诉求，在为来访群众解答法律问题、提供法律咨询服务、开展法治宣传教育、引导分流诉访分离事项、指明申请法律援助或司法救助程序等方面发挥了重要作用，促进了信访矛盾纠纷在法治轨道上得到化解。要采用司法行政机关、律师协会选派或者推荐，信访部门聘任并提供工作场所和相关保障，律师值班或者根据需要提供法律服务等方式积极推进律师参与信访工作，参与接待群众来访、处理疑难复杂信访事项、服务信访工作决策、信访督查。

（五）强化综治中心等矛盾纠纷多元化解平台功能

《中国共产党政法工作条例》明确要求，省、市、县、乡镇（街道）社会治安综合治理中心是整合社会治理资源、创新社会治理方式的重要工作平台。各级党委和政府要统筹好发展和安全，根据各地实际，整合基层力量，建立相应实体平台。着眼“发展”问题，建立行政服务中心等实体平台，为法人、自然人提供高效服务，力争做到“最多跑一次”；着眼“安全”问题，建立综治中心等实体平台，强化矛盾纠纷多元化解、网格化管理等功能，力争做到“最多跑一地”。结合各层级不同情况，明确综治中心等矛盾纠纷多元化解平台功能，完善工作运行机制。总体上，省、市两级平台要强化统筹协调功能，县、乡镇（街道）两级平台要强化“一站式”化解功能，村（社区）要强化“第一道防线”功能。全面落实《中国共产党政法工作条例》，加强基层综治中心建设，强化资源力量聚合，推动诉讼服务中心、检察服务平台、公共法律服务中心、信访接待大厅等与综治中心有机整合，做到权责明晰、运转顺畅、方便群众。

在推进信访工作法治化中，矛盾纠纷多元化解属于前端，信访问题属于后端，把各类矛盾纠纷化解在早、处置在小，就能从源头上预防和减少信访事项的产生。立足预防法治化，进一步强化综治中心矛盾纠纷多元化解平台功能，重点在县、乡两级综治中心，现场无差别受理群众矛盾纠纷类诉求，一揽子调处，将更多矛盾纠纷就地预防化解在信访前，把矛盾纠纷受理地变成问题终结地，实现“小事不出村、大事不出镇、矛盾不上交”。

第四节 做好固基础工作

习近平总书记在地方工作时曾要求，“在新形势下，各级领导必须放下架子，打掉官气，主动上门，把信访工作做到基层，把党的关怀和政府的济助送进普通群众的家庭”[①]。固基础，就是要全面夯实信访工作基层基础，推动各类资源和力量下沉到基层一线，不断提高基层矛盾纠纷化解和信访工作质效。

一、推动重心下移

基层是群众信访的源头，也是解决信访问题的关键。要从源头上预防和减少信访问题的发生，就要突出重心下沉，主动把信访工作融入基层党组织建设和基层社会治理平台，推动资源向基层倾斜、网络向基层延伸、工作向基层贴近，打通服务群众“最后一公里”，筑牢信访工作基层根基。

（一）压实基层工作责任

根据《信访工作条例》规定，按照“党政同责、一岗双责，属地管理、分级负责，谁主管、谁负责”的原则，坚持落实信访工作责任。各级机关、单位应当落实属地责任，认真接待处理群众来访，把问题解决在当地，引导信访人就地反映问题。

① 《习近平在福建：百姓安危冷暖不离心头》，载人民网 http：//jhsjk. people. cn/article/25983874，最后访问日期：2024 年 1 月 8 日。

各级机关、单位领导干部定期接待群众来访、定期下访，包案化解群众反映强烈的突出问题，把领导干部接访、下访、约访、包案等作为直接联系群众、服务群众的一项重要制度，与下基层调查研究等结合起来，以问题为导向，主动走下去，深入基层一线，零距离倾听群众诉求，解决好群众的急难愁盼问题。乡镇党委和政府、街道党工委和办事处以及村（社区）“两委”应当全面发挥职能作用，坚持和发展新时代“枫桥经验”，积极协调处理化解发生在当地的信访事项和矛盾纠纷，努力做到“小事不出村、大事不出镇、矛盾不上交”。

（二）推动工作关口前移

健全基层党组织领导的基层群众自治机制，加强基层党组织对基层各类组织和各项工作的领导，充分发挥基层党组织战斗堡垒作用和党员先锋模范作用，推动党员干部联系服务群众常态化、制度化，及时发现、解决群众生产生活中的实际困难。注重发挥基层群众自治组织的基础作用，服务、引领、教育群众，凝聚人心、增强团结。深入贯彻基层群众自治法律法规，依法保障基层群众知情权、参与权、决策权和监督权，健全和规范村规民约、市民公约等社会自治规则，深入推进以村（居）民会议为主要形式的民主决策实践，丰富恳谈会、听证会等民主协商形式，增强城乡社区群众自我管理、自我服务、自我教育、自我监督实效，坚持共建共治共享，建设人人有责、人人尽责、人人享有基层治理共同体。坚持源头治理化解矛盾，发挥人民调解员、网格员、法律明白人、村居法律顾问等队伍贴近群众、熟悉法律等优势，形成横向到边、纵向到底、条块结合的信访信息网络和工作网络，通过以案释法等方式，做好法律政策的宣讲、法律问题的解答。加强法治宣传教育，按照“谁执法谁普法”普法责任制和信访法治化建设的要求，面对群众开展普法宣传和法律咨询，增强全民依法信访意识，促进群众依法有序上访，理性表达诉求，合理维护权益，在全社会营造办事依法、遇事找法、解决问题用法、化解矛盾靠法的良好法治氛围。

（三）完善工作机制

市、县级党委和政府应当建立和完善联合接访工作机制，根据工作需要组织有关机关、单位联合接待，一站式解决信访问题。根据工作需要，乡镇党委和政府、街道党工委和办事处可以建立信访工作联席会议机制，或者明确党政联席会定期研究本地区信访工作，协调处理发生在本地区的重要信访问题。充分运用县级信访联席会议机制的统筹协调优势，大力推广在乡镇（街道）建立信访联席会议，健全完善社会矛盾纠纷多元协调化解综合机制，创建群众“家门口”的信访服务网络，形成层层有人抓、事事有人管的信访工作平台，积极依靠群众解决身边的矛盾问题，打造共建共治共享的社会治理格局。

二、推动力量下沉

（一）充实优化工作力量

完善基层矛盾纠纷化解实体平台，加强信访与基层社会治理深度融合。建立健全党组织统一领导、政府依法履责、各类组织积极协同、群众广泛参与，自治、法治、德治相结合的基层治理体系。完善党建引领基层治理机制，构建网格化管理、精细化服务、信息化支撑的基层治理平台。健全完善乡镇（街道）信访工作联席会议机制，统筹工作力量，完善运行机制，并推动基层信访接待中心与综治中心有机整合，努力做到一站式接待、一张网办理、一条龙服务、一揽子调处，切实为群众办实事解难题。结合本地区经济社会发展状况、人口总量、信访问题发生量等因素，多渠道多方式充实工作力量，特别是将力量向一线倾斜，以适应信访工作新的形势任务需要。拓宽社会力量参与信访工作的制度化渠道，通过组织动员、购买服务、公益慈善、志愿服务等途径，鼓励支持“两代表一委员”、法律工作者、心理咨询师、社会工作师，群团组织、社会组织以及老干部、老党员、老模范、老教师、老军人等不同领域、行业具有专业知识和群众工作经验的人员参与化解信访矛盾纠纷。

（二）丰富工作载体

整合资源力量，设立信访代办窗口，打造移动接访大厅等，实现信访接待窗口前移，变“等群众上访”为“替群众代办”、变“被动化解矛盾”为“主动解决问题”，让群众反映的问题在基层属地有人接、有人管、有人办。推动建立“四所一庭”（公安派出所、司法所、律师事务所、基层法律服务所和人民法庭）矛盾纠纷化解体系，“三官一律”（法官、检察官、警官、律师）进社区等，促进矛盾纠纷及时有效化解。将“百姓说事点”“群众工作站”等群众工作场所打造成为社情民意汇聚点、矛盾纠纷调处点，宣传法律法规、倾听群众呼声、化解矛盾纠纷，把工作做在前端。

（三）强化市县法治建设力量

基层法治建设水平直接关系到基层推进社会依法治理，预防化解矛盾纠纷的效果。中央全面依法治国委员会于2022年印发的《关于进一步加强市县法治建设的意见》对强化基层法治建设力量作了部署要求。强调加强设区的市、自治州立法工作队伍建设，适当增加具有法治实践经验的专职常委比例，配齐配强必要的工作力量，通过全员轮训、跟班学习、工作交流等提升立法工作人员业务能力。结合本地区执法任务量、辖区范围、执法对象等实际情况，统筹调配执法人员和资源力量，推动人员编制向基层和一线倾斜。加强市县行政复议能力建设，确保行政复议机关人员配备与工作任务相适应。完善司法人员分类管理制度，探索实施员额、编制省级统筹和动态调配机制，确保员额配置向案多人少的办案一线倾斜。依法加强社区矫正、法律援助机构和队伍建设。优化人民法庭、检察室、公安派出所、司法所等派出机构建设。通过政府购买服务、公开招聘等方式，加强市县法治工作力量。加强市、县、乡法治工作人员培训轮训，开展适应基层特点的统一职前培训、执法司法人员同堂培训工作，统一执法司法理念和标准。

三、推动保障下倾

加强保障是做好信访工作的基础。各级党委和政府应当为信访工作提供必要的支持和保障，所需经费列入本级预算。以信访工作示范县创建为抓手，解决好基层基础工作中的突出问题。要将资源部署跨前一步，推进信访接待场所等建设，健全信访工作网络，把资源力量向基层集聚，让群众反映问题更加便捷，政府解决问题更加有效。加强信访工作信息化、智能化建设，深入贯彻落实党中央关于加强新时代网上信访工作的相关要求，依法依规有序推进信访信息系统互联互通、信息共享，以“让数据多跑路、让群众少跑腿”为目标，大力畅通网上信访渠道，让广大群众不用出门即可通过网络反映诉求。进一步完善网上信访工作制度机制，及时妥善处理网上信访事项。完善信息汇集分析机制，利用信息大数据，对群众信访反映的问题进行汇集、梳理和分析，科学研判信访形势，及时发现苗头性、倾向性问题，有针对性地改进工作、完善政策，不断提升广大群众对信访工作的满意度。

第三章　信访事项受理法治化

信访事项的提出和受理是信访程序的第一环节。推进受理法治化，要做到分清性质、明确管辖，转办督办到位。信访部门和有权处理机关、单位要对信访人反映事项进行登记，认真分析甄别事实和诉求，做到精准分流、精准转送，让各类信访事项依法有序运转，形成工作闭环。

第一节　概　述

信访人提出信访事项，信访部门或者其他机关、单位对接收的信访事项进行初步甄别并依规依法决定是否受理。受理是信访事项处理的初始关，是甄别是否属于处理范围、明确办理责任主体、确定处理途径和程序的关键环节。

一、受理主体

（一）主体范围

根据《信访工作条例》规定，各级党的机关、人大机关、行政机关、政协机关、监察机关、审判机关、检察机关以及群团组织、国有企事业单位等，都应在各自职责范围内依法受理信访事项。

（二）管辖权争议

《信访工作条例》第二十四条第一款规定："涉及两个或者两个以上机关、单位的信访事项，由所涉及的机关、单位协商受理；受理有争议的，由其共同的上一级机关、单位决定受理机关；受理有争议且没有共同的上一级机关、单位的，由共同的信访工作联席会议协调处理。"实践中，出现管辖权争议时，主要通过以下方式决定受理主体。

1. 协商受理。涉及两个或者两个以上机关、单位的信访事项，由所涉及的机关、单位协商受理。协商可能出现这样几种情况：其一，由其中的一个机关、单位受理。一般情况是，该机关、单位与发生受理争议的信访事项的关系更加密切，或者该机关、单位受理在先。其二，由争议的机关、单位共同受理。也就是该事项由两个机关、单位联合办理。

2. 决定受理。如果受理有争议不能通过协商解决，则由其共同的上一级机关、单位决定受理机关、单位。比如，上一级党委或政府所属的部门和下一级党委或政府之间存在受理争议，则由上一级党委或政府决定受理机关、单位。又如，两个同一级别的不同党委或政府之间存在受理争议，则由它们共同的上级党委或政府决定受理机关、单位。

3. 协调处理。由于信访问题错综复杂，多重交织，综合性、关联性强，特别是有些事项跨地区、跨部门、跨行业，受理有争议但没有共同的上一级机关、单位，这时就由共同的信访工作联席会议协调处理。《信访工作条例》第十三条赋予了地方各级信访工作联席会议协调处理发生在本地区的重要信访问题的职责。需要强调的是，协调处理是指明确责任分工和化解方案，并不是让信访工作联席会议直接作为受理机关、单位。

二、受理事项

公民、法人或其他组织可以按照《信访工作条例》规定要求，通过信访渠道向各级党的机关、人大机关、行政机关、政协机关、监察机关、审判机关、检察机关，以及群团组织、国有企事业单位等机关、单位反映情况，提出建议、意见或者投诉请求。各级党委和政府信访部门以及其他机关、单位应当依据各自职责范围受理办理。

按照《信访工作条例》和有关法律法规、政策文件，对以下特殊情形不受理，不转送、交办，可概括为“三个不予受理”和“两个不再受理”。

1.《信访工作条例》第二十条第一款规定，信访人采用走访形式提出信访事项的，应当到有权处理的本级或者上一级机关、单位设立或者指定的接待场所提出。对跨越本级和上一级机关、单位提出的走访事项，上级党委和政府信访部门不转送、交办，上级机关、单位不予受理。

2.《信访工作条例》第十九条第三款规定，信访事项已经受理或者正在办理的，信访人在规定期限内向受理、办理机关、单位的上级机关、单位又提出同一信访事项的，上级机关、单位不予受理。

3. 属于法院、检察院管辖的事项，已经、正在和应当通过审判机关诉讼程序或检察机关法律监督程序处理的事项，信访部门及其他行政机关不予受理。

4.《信访工作条例》第三十六条第三款规定，信访人对复核意见不服，仍然以同一事实和理由提出投诉请求的，各级党委和政府信访部门和其他机关、单位不再受理。

5. 根据《信访工作条例》第三十七条和有关法律法规、政策文件规定，涉法涉诉信访事项已经依法终结的，各级党委、政府信访部门和其他机关、单位不再受理。

不予受理、不再受理不等于不登记、不接待，群众来访，要热情接待群众、登记在册，做好思想工作。

三、受理程序

各级党委和政府信访部门和其他机关、单位收到信访事项后，要及时依照法定程序处理。

1. 登记。详细记录姓名（名称）、住址、问题属地、概况（请求、事实和理由等），并及时录入国家信访信息系统。

2. 甄别。信访部门主要甄别：（1）是否属于本级机关、单位或者其工作部门处理决定，是否涉及下级机关、单位或者其工作人员；（2）是否属于涉法涉诉信访事项；（3）是否属于纪检监察机关受理的检举控告类信访事项；（4）是否属于重复信访事项；（5）是否属于“外国人”事项；（6）是否适用简易办理。其他机关、单位主要甄别：（1）是否属于本机关、单位受理；（2）处理程序和途径；（3）是否属于重复信访事项。

3. 处理。信访部门一般不直接办理信访事项，经登记、甄别后，及时将信访事项转送有权处理的机关、单位；对转送信访事项中的重要情况需要反馈办理结果的，可以交由有权处理的机关、单位办理，要求其在指定办理期限内反馈结果，提交办结报告。其他机关、单位对登记或接收信访事项经甄别后，依法作出受理或不受理的决定。

4. 告知。信访部门主要向信访人书面告知转送、交办情况，不予受理或不再受理情况，以及程序路径引导情况。其他机关、单位主要向信访人书面告知受理情况、处理途径和程序、转送交办情况，以及不属于本机关、单位或者本系统职权范围的引导情况。

四、受理工作要求

1. 规范登记。根据《信访工作条例》第二十二条、第二十三条的有关规定，各级党委和政府信访部门及其他机关、单位收到信访事项，均应当予以登记。不转送、交办和不受理是针对信访人反映信访事项所处程序、办理时限方面的限制性要求以及对信访人不规范行为的约束。不转送、交办和不受理不等于不做工作，不等于不登记。对群众提出的信访事项，接收单位要了解掌握基本信息、信访目的、问题概况、内容分类等，并及时录入国家信访信息系统，按照相应的类别和层级进行编号、区分，确保要点完整、要件齐全。

2. 热情接待。按照《信访工作条例》的规定，各级机关、单位都要认真接待处理群众来访。对反映的问题不属于受理范围的，要讲清道理，做好思想工作。通过耐心细致的疏导引导，向群众讲清楚信访程序、解决路径、政策法规、法纪底线，及时纾解来访群众思想情绪，消弭潜在信访风险隐患。

3. 明确管辖。通过登记、甄别，具体做到三个分清：一是分清类别。要分清建议意见类、检举控告类、申诉求决类事项，依法分类处理。二是分清程序。要分清信访事项是否已经进入相关程序，处在哪个环节，依法依规办理。三是分清责任。要分清由哪个地方、哪个部门、哪个层级负责，明确管辖责任，做到精准分流、精准转送。

4. 告知清楚。信访部门将信访事项转送、交办有关机关、单位时，应当书面告知信访人转送、交办去向。其他机关、单位对属于本机关、单位职权范围的，应当书面告知信访人接收情况以及处理途径和程序；对属于本系统下级机关、单位职权范围的，应当书面告知信访人转送、交办去向；对不属于本机关、单位或者本系统职权范围的，应当书面告知信访人向有权处理的机关、单位提出。法律法规、政策文件另有规定的，从其规定。

第二节 信访事项的提出

信访事项的提出，是指信访人向有关机关、单位反映情况，提出建议、意见或者投诉请求的行为。

一、提出的形式

（一）信访人提出信访事项的形式

根据《信访工作条例》第十七条第一款规定，信访事项的提出形式一般有信息网络、书信、电话、传真、走访等。倡导信访人采用信息网络、书信、传真等书面形式提出信访事项。此外，为了保障群众能够充分行使信访权利，信访人也可采取口头形式提出信访事项。

1. 信息网络形式，是指信访人通过互联网平台或指定的互联网页面、手机客户端、微信公众号、电子信箱等提出信访事项。比如，群众可通过国家信访局门户网站、手机信访 APP（应用程序）、微信公众号三种平台上设有的网上投诉、网上建议入口，向国家信访局提出网上信访事项。各地区普遍设立网上信访平台方便群众提出信访事项、反映信访诉求。

2. 书信形式，是指信访人以信函、贺卡、明信片、汇款单、包裹等方式提出信访事项。其中，根据是否署名，可分为签署真实姓名或单位名称的书信，不署名、署假名或署名不完整的书信；根据署名个数，可分为只签署一个姓名或单位名称的书信，签署多个姓名或单位名称的书信。信访人通过书信形式提出信访事项，可通过邮政寄出，一些地方开通了“信访绿色通道”，引导群众以书信形式表达诉求，受到了群众一致好评。

3. 电话形式，是指信访人以电话的方式口头提出信访事项。电话形式是口头提出投诉请求的典型方式，按照《信访工作条例》的规定，对信访人以电话形式反映投诉请求的，应如实记录信访人的姓名或者名称、住址和请求、事实、理由等。

4. 传真形式，是指信访人将信访事项以传真的形式向有关机关、单位公布的传真电话发送。

5. 走访形式，是指信访人本人或委托他人到有关机关、单位设立或指定的接待场所面谈，提出信访事项。信访人以走访形式提出信访事项的，应注意以下事项。

（1）关于走访层级。信访人走访应当向有权处理的本级或者上一级机关、单位提出。有权处理的本级机关、单位是指对信访事项有直接管辖权的机关、单位。上一级机关、单位是指对该机关、单位有直接管辖权的上一级主管或指导机关、单位。比如，信访人走访反映所在县的土地征用问题，可以向本级机关、单位，即该县自然资源管理部门提出，也可以向上一级机关、单位，即该县人民政府或所属市的自然资源管理部门提出。

（2）关于接待场所。根据《信访工作条例》第十八条有关规定，设立或指定接待场所是各级机关、单位的义务。信访人采用走访形式提出信访事项，也应当到设立或指定的接待场所，做到有序信访。少数信访人为引起有关机关、单位的重视，采取到机关、单位门口或公共场所等非设立或指定接待场所上访，不符合《信访工作条例》规定，其在设立或指定接待场所之外提出的事项，有关机关、单位不应受理。

（3）关于涉及诉讼权利救济信访事项的走访。《民事诉讼法》《刑事诉讼法》《行政诉讼法》以及相关司法解释等对诉讼权利救济的管辖有明确规定，信访人采用走访形式提出相关信访事项的，应当按照相关法律法规规定的程序向有关政法部门提出。

（4）关于走访人数。多人采用走访形式提出共同的信访事项的，应当推选代表，代表人数不得超过 5 人。这是对反映共同信访事项的走访代表人数的限制。除来访代表外，反映同一信访事项的其他来访人称为随访人。实践中，对于 5 人（含）以上走访，视为集体访，应当对走访人员逐一登记身份信息，作为同一信访事项登记办理，并将来访总人数如实记录。

（二）网上信访制度

《信访工作条例》第二十一条规定：“各级党委和政府应当加强信访工作信息化、智能化建设，依规依法有序推进信访信息系统互联互通、信息共享。各级机关、单位应当及时将信访事项录入信访信息系统，使网上信访、来信、来访、来电在网上流转，方便信访人查询、评价信访事项办理情况。”一是强化国家信访信息系统的联通应用，做到应接尽接。二是强化信访信息录入，做到应录尽录，录入内容全面准确。在登记环节，做到及时登记、精准判重、关联准确、信访人基本信息和诉求等录入齐全；在受理办理环节，做到及时录入受理办理告知书、处理（复查、复核）意见和送达回证等。此外，关于涉法涉诉信访事项涉及的法律文书，如人民法院作出的判决、裁定、决定等也应全面及时录入信访信息系统。

二、提出的对象和途径

（一）提出的对象

信访事项提出的对象，是指公民、法人或者其他组织依法可以向哪些机关、单位反映情况，提出建议、意见和投诉请求。根据《信访工作条例》第二条、第十七条等有关规定，信访人可以结合自身情况，分别向以下机关、单位提出信访事项。

1. 党的机关。主要包括：党中央及其工作机关，县级以上地方各级党委及其工作机关，乡镇党委、街道党工委、村（社区）党组织，各级纪委。

2. 人大机关。主要包括：各级人民代表大会及其常务委员会机关。

3. 行政机关。主要包括：国务院、地方各级人民政府、县级以上各级人民政府工作部门以及上述机关的派出机关、经授权能以自己名义行使行政权力的派出机构等。

4. 政协机关。主要指中国人民政治协商会议各级委员会机关。

5. 监察机关。主要指各级监察委员会机关。

6. 审判机关。主要指各级人民法院。

7. 检察机关。主要指各级人民检察院。

8. 群团组织。群团组织是指由机构编制部门管理其机构编制的人民团体和社会团体。

9. 事业单位。事业单位是指国家为了社会公益目的，由国家机关举办或者其他组织利用国有资产举办的，从事教育、科技、文化、卫生等活动的社会服务组织。

10. 国有企业。国有企业是指国有和国有资本占控股地位或者主导地位的企业（含金融机构）。

11. 村民委员会、居民委员会。

（二）提出的途径

1. 建议意见类事项的提出途径。建议意见类信访事项是指人民群众通过信访渠道对党的建设、国家发展以及社会治理各方面提出意见建议，表达对公共政策和涉及公共利益的决策的看法，反映法律、法规和政策等实施中存在的问题等情形。

人大机关、政协机关除了接收代表建议、委员提案以外，经常收到人民群众来信来访提出的对各方面工作的建议意见。例如，在人大机关收到的群众建议中，有相当一部分是立法建议，通常的做法是，对未进入人大常委会审议阶段的立法项目，交由人大相关专门委员会或中央有关部门研究论证；对已进入人大常委会审议阶段的立法项目，交由人大常委会法制工作委员会研究处理。

党委和政府工作部门对于收到的本部门职责范围内的建议意见，通常交由内部业务部门研究论证，重要的建议意见上报党委和政府领导同志参阅。

2. 检举控告类事项的提出途径。检举控告类信访事项是指人民群众通过信访渠道对行使公权力的机关、单位及其工作人员失职渎职等违纪违法行为进行检举或者控告，要求查处的情形。实践中，群众除直接向纪检监察机关反映外，也向党委和政府及信访部门提出检举控告类事项，即使在建议意见类、申诉求决类事项中，也包含着群众对有关机关、单位及其工作人员遵纪守法情况和工作作风的监督。纪检监察机关按照管理权限实行检举控告分级受理，群众可按照受理权限分级反映。

3. 申诉求决类事项的提出途径。申诉求决类信访事项是指人民群众通过信访渠道反映生产生活中遇到困难和问题、遭受不法侵害等，要求帮助解决困难、问题，满足自身特定利益需求的情形。

（1）涉法涉诉信访事项，依法依规向有关政法部门提出。涉法涉诉信访事项，是指属于人民法院、人民检察院、公安机关、司法行政机关等政法部门职责范围，涉及民商事、行政、刑事等领域诉讼权利救济，已经、正在或者依法应当由政法部门通过法定程序处理的事项。

（2）经济纠纷、劳动人事争议等应当通过仲裁途径解决的，向有关仲裁机构提出。应当通过仲裁途径解决的，主要有以下两种形式。

第一，当事人自愿达成有效民事仲裁协议。比如，《仲裁法》等规定，当事人采用仲裁方式解决纠纷，应当双方自愿，达成仲裁协议。没有仲裁协议，一方申请仲裁的，仲裁委员会不予受理；当事人达成仲裁协议，一方向人民法院起诉的，人民法院不予受理，但仲裁协议无效的除外。

第二，法律规定应当仲裁。比如，《劳动争议调解仲裁法》等规定，劳动者与用人单位发生劳动争议，当事人不愿协商、协商不成或者达成和解协议后不履行的，可以向调解组织申请调解；不愿调解、调解不成或者达成调解协议后不履行的，可以向劳动争议仲裁委员会申请仲裁；对仲裁裁决不服的，除法律另有规定的外，可以向人民法院提起诉讼。

（3）可通过党员申诉、申请复审等程序解决的，向有关党组织、纪检监察机关、公务员主管部门等提出。

（4）可通过行政复议、行政裁决、行政确认、行政许可、行政处罚等特定行政程序解决的，向有权处理的行政机关提出。

（5）可通过行政履职程序解决的，向有权处理的行政机关提出。

（6）无法适用以上法定途径处理的，导入信访事项处理、复查、复核三级办理程序。比如历史遗留问题、法律法规尚无明确规定的问题、政策调整产生的问题以及“三跨三分离”等疑难复杂问题，可直接向有权处理的机关、单位提出。

三、提出信访事项的基本要求

（一）真实性要求

《信访工作条例》第十九条第二款规定：“信访人提出信访事项，应当客观真实，对其所提供材料内容的真实性负责，不得捏造、歪曲事实，不得诬告、陷害他人。”《信访工作条例》第四十七条第三款明确规定，信访人捏造歪曲事实、诬告陷害他人，构成违反治安管理行为的，依法给予治安管理处罚；构成犯罪的，依法追究刑事责任。

（二）完整性要求

《信访工作条例》第十九条第一款规定，信访事项一般应载明信访人的姓名（名称）、住址和请求、事实、理由。该款规定信访人提出信访事项必须载明的内容，必须保证信访人所提信访事项的严肃性和真实性，便于告知信访人信访事项的处理情况。

（三）禁止性要求

《信访工作条例》第二十六条规定：“信访人在信访过程中应当遵守法律、法规，不得损害国家、社会、集体的利益和其他公民的合法权利，自觉维护社会公共秩序和信访秩序，不得有下列行为：（一）在机关、单位办公场所周围、公共场所非法聚集，围堵、冲击机关、单位，拦截公务车辆，或者堵塞、阻断交通；（二）携带危险物品、管制器具；（三）侮辱、殴打、威胁机关、单位工作人员，非法限制他人人身自由，或者毁坏财物；（四）在信访接待场所滞留、滋事，或者将生活不能自理的人弃留在信访接待场所；（五）煽动、串联、胁迫、以财物诱使、幕后操纵他人信访，或者以信访为名借机敛财；（六）其他扰乱公共秩序、妨害国家和公共安全的行为。”上述“六个不得”的行为，实质是扰乱单位、公共场所、公共交通秩序等社会秩序的违法行为。

《信访工作条例》第四十七条第一款和第二款明确规定，信访人违反上述规定的，有关机关、单位工作人员应当对其进行劝阻、批评或者教育。信访人滋事扰序、缠访闹访情节严重，构成违反治安管理行为的，或者违反集会游行示威相关法律法规的，由公安机关依法采取必要的现场处置措施、给予治安管理处罚；构成犯罪的，依法追究刑事责任。

第三节　信访事项受理

信访受理，是指对收到的信访事项进行登记、甄别，判断是否属于职责范围并依法进行妥善处理。从受理的主体区分，包括信访部门的受理和信访部门以外的其他机关、单位的受理。

一、信访部门受理

信访部门的受理属于程序性受理，效力止于信访部门将信访事项转送至有权处理机关、单位。信访部门的受理程序主要是：登记、甄别、处理、告知。

（一）登　记

登记是信访工作的基础工作。信访部门对通过来信、来访、网上信访等方式提出的信访事项均应客观、准确、及时登记录入信访信息系统，做到“来件必登”。需要强调的是，登记只是受理程序中的一个环节，并不等同于受理。

登记的一般要素包括姓名（名称）、住址、问题属地和概况等。

1. 姓名（名称）。是指反映情况，提出建议、意见或者投诉请求的公民、法人或者其他组织的姓名（名称）。

登记姓名（名称）应当遵循以下规则：一是同时存在多个姓名（名称）时，应优先登记有利于推动问题解决的信访人的姓名（名称），其他人作为联名人、随访人登记。比如，多人走访时，优先登记推选代表的姓名（名称）；来信内署名与信封署名不一致时，优先登记来信内署名；来信内有多人署名的，按照留有电话号码（或身份证信息）的、注明为联系人的、与信封上寄信人署名相同的、署名位置靠前的优先顺序登记。二是未署名来信区分情况登记，尽量减少匿名信数量。来信内没有署名但信封上有一个署名的，登记信封上的署名；来信内没有署名但信封上有多个署名的，按照留有电话号码（或身份证信息）的、注明为联系人的、署名位置靠前的优先顺序登记；根据以上仍无法确定来信人的，登记为匿名信。

2. 住址。是指信访的公民、法人或者其他组织的住所。

关于自然人的住所，以户籍登记或者其他有效身份登记记载的居所为住所；经常居所与住所不一致的，经常居所视为住所。关于法人和其他组织的住所，法人以其主要办事机构所在地为住所。依法需要办理法人登记的，应当将主要办事机构所在地登记为住所。以书信形式提出的信访事项，住址以来信内签署的地址为准；来信内没有签署地址的，以信封上签署地址为依据；来信内和信封上均无签署地址的，按来信内容中提到的住所登记；均无的，以邮戳为依据。

3. 问题属地。是指信访问题的发生地或有权处理此信访问题的机关、单位。

判断和认定问题属地，应当遵循有利于推动问题解决的原则，按如下标准处理：一是优先登记有权处理的机关、单位或管辖地。比如，县（市、区、旗）及县以下有权处理的，应登记为县（市、区、旗）一级的行政区划名称，不能只登记省或市一级。二是涉及多个有权处理的机关、单位，机关、单位隶属于同一党委和政府的，以该党委和政府对应的行政区划为问题属地；机关、单位隶属于不同党委和政府的，平级的按照各方共同上一级党委和政府对应的行政区划确定问题属地，不平级的按照“就高不就低”原则确定问题属地。三是涉及省份之间或涉及省份和中央机关、单位，难以确定有权处理机关、单位的，列为疑难事项，采取“一事一议”方式研究确定问题属地。

难以判断和认定问题属地的，问题属地也不能空缺。一是信访事项无具体诉求的，按照信访人来信地址、住址信息确定问题属地。二是反映同一事项的跨省串联来访、联名来信、联名投诉，按照信访事项研究确定的有权处理机关、单位或其管辖地为问题属地；涉及政策性或普遍性问题的，优先登记有权处理的中央机关、单位；有指定处理机关、单位的，按照指定处理的机关、单位或管辖地确定问题属地。三是属于涉外事务的，中国人问题发生在国外的，问题属地按照信访事项发生的具体国家或地区名称登记；外国人问题发生在国内的，问题属地按照有权处理的机关、单位或其管辖地确定。

4. 概况。通常是指在信访信息系统中登记的信访事项简要情况，一般分为主要诉求、主要事实、主要理由三部分。主要诉求、主要事实必须登记，主要理由可根据需要登记。

主要诉求，是指信访人提出的权利请求或主张，是信访事项的核心内容。主要诉求是判断信访事项是否相同的关键，根据不同信访目的，主要诉求分为三类：（1）申诉求决类主要诉求，应明确记录要求什么机关、单位采取什么措施、解决什么问题；（2）检举控告类主要诉求，应明确记录要求查处什么机关、单位或其工作人员什么性质的问题；（3）建议意见类主要诉求，应明确记录建议在什么领域、怎么做。

主要事实，是指信访人反映的事物、事件、事态和情况，应明确记录事项发生的时间、地点，涉及的人物或组织，事项的起因、必要情节和结果。

主要理由，包括两类：（1）合法性理由，即与事项相关的法律法规和政策措施；（2）合理性理由，即支持诉求的公序良俗、实际困难、公共需要、法律空白或冲突、历史因素等原因。

（二）甄　别

信访部门的甄别，主要是甄别登记事项是否属于法定职责范围、属于何种类型，为依照相关法律法规导入不同途径处理打下基础。重点甄别以下几个方面的内容。

1. 甄别是否属于本级机关、单位或者其工作部门处理决定，是否涉及下级机关、单位或者其工作人员。

2. 甄别是否属于涉法涉诉信访事项。具体分为以下四类情形：（1）已经、正在或者应当通过人民法院法定程序处理的；（2）已经、正在或者应当通过人民检察院法定程序处理的；（3）已经、正在或者应当通过公安机关法定程序处理的；（4）已经、正在或者应当通过司法行政机关法定程序处理的。

3. 甄别是否属于纪检监察机关受理的检举控告类信访事项。

4. 甄别是否属于重复信访事项。重复信访事项，是指同一信访人第二次或多次提出的、主要诉求和事实与此前相同的信访事项。重复信访事项的认定标准是信访人、信访事项均相同。

5. 甄别是否属于“外国人”事项。判断是否为“外国人”事项，只需满足以下条件之一：（1）从身份判断，信访人是外籍（非中国国籍）人员或在外国注册的组织；（2）从反映事项判断，反映的是与外籍人员或组织有关的事项；反映对象或事项起因涉及外国及其人或组织。

6. 甄别是否适用简易办理。适用简易办理的事项主要包括：

(1) 事实清楚、责任明确、争议不大、易于解决的；(2) 提出咨询或意见建议、表达感谢，可以即时反馈的；(3) 涉及群众日常生产生活、时效性强，应当即时处理的；(4) 有权处理机关、单位已有明确承诺或结论的；(5) 其他可以简易办理的。不能适用简易办理的事项主要包括：(1) 上级交办的；(2) 可能对信访人诉求不予支持的；(3) 已经进入或依法可以通过其他法定程序处理的；(4) 涉及多个责任主体或集体联名投诉的重大、复杂、疑难等不宜简易办理的。

(三) 处 理

信访部门处理，是指信访部门对于公民、法人或者其他组织提出的信访事项进行登记、甄别后，区分不同情况进行处理的行为。处理方式包括：转送、交办、报请、特殊情形处理、信访信息通报。

1. 转送，是指信访部门对于决定受理的信访事项，根据有关机关、单位的职责权限和级别管辖，将信访事项转到有权对信访事项的实体内容进行调查、核实并作出处理决定的机关、单位。根据《信访工作条例》第二十二条规定，转送适用于两种情形：一是属于本级机关、单位或者其工作部门处理决定范围；二是涉及下级机关、单位或者其工作人员。

转送的程序主要有两个环节：一是明确有权处理的机关、单位。二是转送至有权处理的机关、单位。有权处理的机关、单位包括两类：一是指作出的行为影响到个体权益或者社会公共利益，从而导致个体或者群体提出信访事项的机关、单位，即信访工作通常所称的责任机关、单位。这些机关、单位有权直接变更由自己作出的行为，从而对信访人的实体性权利作出处理。二是指依上下级隶属关系或管理职能，有权对作出行为的机关、单位实施监督的机关、单位。对于主要事实清楚，有明确请求，但因欠缺一些信息不能准确确定有权处理机关、单位的，应当与信访人以及有关机关、单位联系，进一步了解情况，以确定有权处理的机关、单位。

2. 交办，是指信访部门对转送信访事项中的重要情况需要反馈办理结果的，可以交由有权处理的机关、单位办理，要求其在指定办理期限内反馈结果，提交办结报告。交办的核心目的在于督促有权处理的机关、单位对重要信访事项予以切实处理。

交办的程序主要有两个环节：一是判断信访事项是否有比较重要的情况。比较重要的情况，是指信访事项重要、敏感、突出、复杂、情节较为严重或者存在其他特殊情况。比如，社会关注、群众关心的；已经引发或者可能引发群体性信访行为、集中投诉行为的；已经或即将对公民、法人或其他组织的权益产生较为广泛影响的；情况紧急，必须重点予以解决的，等等。对是否属于比较重要的情况，需要由信访部门根据实际情况作出判断。二是在履行一定手续后交由有权处理的机关、单位办理。信访部门应当履行交办程序，形成正式函件，通过网上交办等方式，向有权处理的机关、单位交办，并明确办理期限和办结报告等。

3. 报请，是指信访部门认为情况重大、紧急的信访事项，应当及时提出建议，报请本级党委和政府决定。报请主要适用于属于本级机关、单位或者其工作部门处理决定的有重大、紧急情况的信访事项。

报请的程序主要有两个环节：一是确认是否为情况重大、紧急的信访事项。重大、紧急信访事项，是指可能或已经对某一地区的政治、经济和社会生活造成一定影响的信访事项。重大、紧急信访事项主要包括：已经引发或者可能引发群体性信访行为、集中投诉行为的；已经或即将对公民、法人或其他组织的权益产生较为广泛的影响的；已经或可能对公共秩序造成较大危害；信访事项疑难复杂；其他需要本级人民政府作出决定的情况。二是提出建议。对于情况重大、紧急的信访事项，信访部门除及时、准确、全面地向本级党委和政府报告外，还应该提出有利于问题解决的措施、方案和建议，供领导决策参阅，充分发挥好参谋助手的作用。

4. 特殊情形处理。

（1）涉法涉诉信访事项。根据《信访工作条例》第二十二条等有关规定，信访部门对收到的涉法涉诉事项，区分三种情况处理：一是将涉法涉诉信件转送同级政法部门依法处理；二是对走访反映涉诉问题的信访人，释法明理，引导其向有关政法部门反映问题；三是涉法涉诉信访事项已经依法终结的，不转送、交办。

（2）越级走访信访事项。《信访工作条例》第二十条规定，信访人采用走访形式提出信访事项的，应当到有权处理的本级或者上一级机关、单位设立或者指定的接待场所提出。对跨越本级和上一级机关、单位提出的，不转送、交办。

（3）属于纪检监察机关受理的检举控告类信访事项。需作两方面处理：一是依照《信访工作条例》第二十二条规定，按照管理权限转送有关纪检监察机关依规依纪依法处理。二是依照《信访工作条例》第三十条规定，按照干部管理权限向组织（人事）部门通报反映干部问题的信访情况，重大情况向党委主要负责同志和分管组织（人事）工作的负责同志报送。

（4）重复信访事项。区分以下两种情况作出处理：一是信访事项已经受理或者正在办理的，信访人在规定期限内向受理、办理机关、单位的上级机关、单位又提出同一信访事项的，上级机关、单位不予受理，不转送、交办。二是信访人对复核意见不服，仍然以同一事实和理由提出投诉请求的，各级党委和政府信访部门和其他机关、单位不再受理，不转送、交办。

（5）“外国人”事项。区分以下两种情况处理：一是外国人提出的事项涉及中国境内（不包括港澳台）的，参照《信访工作条例》第三章的规定处理。二是提出事项涉及外国政府、外国政党的，根据有关规定和部门职责，分别转送外交部、中央对外联络部等部门。

（6）适用简易办理的事项。对于适用简易办理的事项，信访部门可以提出简易办理建议，通过信访信息系统直接转送有权处理的机关、单位。不具备直接转送条件的，各中间层级单位应当依次在收到事项之日起 1 个工作日内完成转送。

5. 处理期限。《信访工作条例》第二十二条规定，各级党委和政府信访部门应当在收到信访事项之日起 15 日内完成登记、甄别和处理。

需要明确：一是 15 日为自然日，而非工作日。二是收到之日的认定，对于以信件形式提出的信访事项，以信访部门接收登记邮件日期为准；对于以网上信访形式提出的信访事项，以信访部门对外公布的电子邮箱、网络平台接收信访日期为准；对于以走访形式提出的信访事项，以信访人到专门设立的接待场所提出信访事项之日为准。三是如果事项需要转送，无论是直接转送还是层级转送，在 15 日内均应转送至有权处理的机关、单位。

6. 信访信息通报。信访信息通报主要是指对可能造成社会影响的重大、紧急信访信息，以及信访问题集中、矛盾突出的相关地方部门，及时通报相关党委和政府、主管部门、信访工作联席会议及其办公室。主要是督促相关地方和部门在职责范围内依法及时采取措施，防止不良影响的产生、扩大，避免问题累积、矛盾激化、信访上行，扭转工作被动局面。

主要分为三种情形：（1）在反映问题过程中，有危害他人生命和财产安全等滋事言行，或其他带有闹访苗头和极端倾向、可能影响正常生产生活和社会秩序，需要紧急处理的情形。对来信、网上信访的，应在第一时间将相关信息通报至有权处理机关、单位及信访人所在地信访部门，或送有关地方和部门负责同志，妥善处理。对来访的，应在第一时间进行批评、教育和劝阻，做好思想疏导工作，视情可通知相关地方和部门将其接回。性质恶劣的，视情可通报公安机关处理。（2）对反映事项不受理的信访人，要将相关信息及时通报有权处理机关、单位及信访人所在地信访部门，按照诉求合理的解决问题到位、诉求无理的思想教育到位、生活困难的帮扶救助到位、行为违法的依法处理的要求，做好疏导教育、矛盾化解、帮扶救助等工作。（3）对群众反映集中、信访形势严峻，以及工作不规范、责任不落实等地方存在的突出问题，上级机关、单位要及时梳理相关情况，视情通报下级党委和政府、主管部门、信访工作联席会议及其办公室。

（四）告　知

信访部门的告知，是指信访部门将信访事项处理情况告知信访人和有权处理的机关、单位的行为。主要包括：转送、交办情况告知，不予受理告知，不再受理告知。

1. 转送、交办情况告知。对转送、交办的信访事项，向有权处理的机关、单位发放转送、交办单，同时向信访人发放转送、交办告知单，讲清楚处理情况、转送、交办去向以及信访人应遵守的规定等。

2. 不予受理告知。信访事项已经受理或者正在办理的，信访人在规定期限内向受理、办理机关、单位的上级机关、单位又提出同一信访事项的，告知不予受理，引导耐心等待处理结果。对跨越有权处理的本级和上一级机关、单位提出的走访事项，引导信访人向有权处理的本级或上一级机关、单位提出，依法有序文明走访；对收到的涉法涉诉信件，应当转送同级政法部门依法办理；对走访反映涉诉问题的信访人，应当释法明理，引导其向有关政法部门反映问题。

3. 不再受理告知。信访事项已经复核，信访人仍然以同一事实和理由提出投诉请求的，告知不再受理。对涉法涉诉信访事项已经依法终结的，告知不再受理。不再受理的事项，引导息诉罢访。地方党委和政府以及基层党组织和基层单位应当做好疏导教育、矛盾化解、帮扶救助等工作。

告知一般采用当场告知形式，不能当场告知的，应当自收到信访事项之日起 15 日内告知信访人，但信访人的姓名（名称）、住址不清的除外。不管是当场告知还是非当场告知，都必须采取书面形式。书面形式是告知书、信件、电报、电传、传真等可以有形地表现所载内容的形式。以手机短信、电子数据交换、电子邮件等方式能够有形地表现所载内容，并可以随时调取查用的数据电文，视为书面形式。告知书需加盖机关、单位印章或者业务办理专用印章。

二、其他机关、单位受理

信访部门以外的其他机关、单位的受理主要是接收信访事项后，登记、甄别是否符合其法定的实体受理条件。信访部门以外其他机关、单位的受理程序主要是：登记、甄别处理、受理、告知。

（一）登 记

《信访工作条例》第二十三条规定，党委和政府信访部门以外的其他机关、单位收到信访人直接提出的信访事项，应当予以登记。登记的基本要求与信访部门相同（参见信访部门登记部分）。

对于来自信访部门或者本系统上级机关、单位转送、交办的信访事项：（1）已经接入信访信息系统的机关、单位，需要核对系统传来的信访事项信息；（2）没有接入信访信息系统的机关、单位，需要自行记录相关信息。记录要客观、及时、准确，记录方式要便于查询、统计、分析。

信访部门或者本系统上级机关、单位转送、交办的信访事项中，属于本机关、单位或者本系统职权范围内的，按照相关规定继续受理办理；对不属于本机关、单位或者本系统职权范围的，有关机关、单位应当自收到之日起5个工作日内提出异议，并详细说明理由，经转送、交办的信访部门或者上级机关、单位核实同意后，交还相关材料。

（二）甄别处理

其他有关机关、单位重点甄别以下几个方面内容。

1. 甄别是否属于本机关、单位职责范围。对属于本机关、单位职权范围的事项，应当受理；对属于本系统下级机关、单位职权范围的事项，转送、交办有权处理的机关、单位；对不属于本机关、单位或者本系统职权范围的事项，不予受理。

2. 甄别处理途径和程序。处理途径和程序是指《信访工作条例》第三十一条明确的六种情形及对应的处理程序，包括：（1）涉法涉诉事项办理程序；（2）仲裁程序；（3）办理党员申诉等事项的党内程序；（4）办理行政复议等事项的特定行政程序；（5）依法履职程序；（6）不属于以上情形的事项，听取信访人陈述事实和理由，并调查核实。

3. 甄别是否属于重复信访事项。信访事项已经受理或者正在办理的，不予受理；信访人对复核意见不服，仍然以同一事实和理由提出投诉请求的，不再受理。

（三）受　理

有权处理机关、单位对属于本机关、单位职权范围的信访事项，决定受理，明确事项的处理途径和程序，依法导入法定程序办理。

受理的程序主要有两个环节：一是明确处理途径和程序。处理途径和程序一般由有权处理机关、单位负责信访工作的机构，与本机关、单位对该诉求负有办理责任的部门进行会商确定。对经会商无法就分类处理信访诉求达成一致意见的，由负责信访工作的机构会同本机关、单位法制工作机构提出处理意见后报请本机关、单位负责人决定。对涉及多个机关、单位或者涉及多个法定程序的重大、疑难、复杂诉求，可以申请信访部门组织有关机关、单位协商合议，提出解决问题的方案和工作分工。各方无法达成一致意见时，由信访部门商同级政府法制工作等有关机构提出方案、分工后，报请本级信访工作联席会议或者党委和政府决定。二是导入相应程序办理。负责信访的工作机构依照职责、会商意见或决定，将信访事项移送本机关、单位责任部门，导入相应程序办理。

（四）告　知

《信访工作条例》第二十三条规定，其他机关、单位收到信访事项，在登记、甄别后，应区分不同情况，对信访人进行告知。根据该条规定，其他机关、单位在受理阶段必须告知。

1. 告知的内容。分为四种情形：（1）对已经受理或正在办理的；跨越本级和上一级机关、单位走访提出的；已经复核，仍然以同一事实和理由提出投诉请求的；涉法涉诉信访事项已经依法终结的，告知信访人不受理。（2）对属于本机关、单位职权范围的，告知信访人接收情况以及处理途径和程序。需要注意的是，对需要当事人申请才能启动其他法定途径的，如行政许可、行政复议、鉴定等，还应当告知信访人申请需要提供的相关材料。法律、法规或者规章对受理的时间和告知的形式、内容另有规定的，从其规定。（3）对属于本系统下级机关、单位职权范围，已转送、交办有权处理机关、单位的，告知信访人转送、交办去向。（4）对不属于本机关、单位或者本系统职权范围的，告知信访人向有权处理的机关、单位提出。

2. 告知的形式。基本要求参见信访部门告知形式。对适用简易办理的信访事项，除信访人要求出具纸质受理告知书的，可以当面口头或通过信息网络、电话、手机短信等快捷方式告知信访人。

3. 告知的期限。对于转送、交办的事项，或者不能当场答复是否受理的事项，应当自收到之日起 15 日内告知信访人。对适用简易办理的事项，应当自收到之日起 3 个工作日内决定是否受理。可以当即决定的，应当立即告知信访人。

政法部门处理涉及诉讼权利救济事项、纪检监察机关处理检举控告事项的告知按照有关规定执行。

三、重大、紧急信访信息报告

信访领域重大、紧急信息报告工作，是党委、政府重大、紧急信息报告工作的重要组成部分。《信访工作条例》第二十五条规定，各级机关、单位对可能造成社会影响的重大、紧急信访事项和信访信息，应当及时报告本级党委和政府，通报相关主管部门和本级信访工作联席会议办公室，在职责范围内依法及时采取措施，防止不良影响的产生、扩大。地方各级党委和政府信访部门接到重大、紧急信访事项和信访信息，应当向上一级信访部门报告，同时报告国家信访局。

（一）报告范围

重大、紧急信访信息的报告范围主要包括：（1）涉信访的群体性事件；（2）已经或可能引发群众信访的重大交通事故、重大职工伤亡事故、公共场所伤亡事故等重大恶性事故；（3）已经或可能引发群体信访的对生活、生产环境造成严重影响的灾害、疫情；（4）已经或可能引发群众信访的情节恶劣、影响重大的严重犯罪事件；（5）重大社情民意及可能危害社会安定的苗头性和倾向性问题；（6）其他需要报告的重大、紧急信访信息。

（二）报告程序

重大、紧急信访信息的报告程序包括信息接收、传递、处理、报送、跟踪等各个环节。有以下要求：

1. 严格报送时限。发生重大、紧急信访情况，第一时间向本级党委和政府报告或向相关主管部门、本级信访工作联席会议办公室报告。同时，接到有关核实情况、报告信息的通知后，立即响应、迅速处置、及时反馈。

2. 规范报送方式和内容。以书面报告为主，必要时和有条件的，可采用音像摄录等形式；情况特别紧急时，可立即用电话口头初报，随后再书面报告。报告要写清事件发生的时间、地点、人数及原因，事件当事人基本情况，事件的影响与危害程度，当地处置情况等内容。

3. 层级上报和直接上报相结合。信访部门接到重大、紧急信访事项和信访信息，应当向上一级信访部门报告，同时报告国家信访局。

4. 跟踪、续报。各级机关、单位在规定时限内初报已掌握的情况之后，应跟踪事件或情况的发展变化，续报事态进展、处置措施等情况。

5. 履行报送审核签发程序。报送的重大、紧急信访信息必须经过核实，要真实准确，避免因道听途说、表达含糊、重点不明、文字歧义等引起理解偏差或信息失实。上报的重大、紧急信访信息须经各部门、单位分管领导审核签发，必要时应报请主要领导签发，确保上报信息的真实有效。

（三）重大、紧急信访信息的报送责任制

各级机关、单位要建立健全重大、紧急信访信息报送责任制。

1. 领导责任制和岗位责任制。各级机关、单位的主要负责人为重大、紧急信访信息报送工作第一责任人，报送重大、紧急信访信息应当指定专门部门及专人负责，落实岗位责任。

2. 检查、考核制。各级机关、单位要对接受其主管或业务指导的下级单位不定期地进行制度建设和落实情况的检查，定期通报重大、紧急信访信息的报送情况并予以考核。

3. 责任追究制。对可能造成社会影响的重大、紧急信访事项和信访信息隐瞒、迟报、谎报，或者授意他人隐瞒、迟报、谎报，造成严重后果的，对直接负责的主管人员和其他直接责任人员依法给予党纪政纪处分；构成犯罪的，依法追究刑事责任；对迟报、漏报、误报、瞒报重大、紧急信访信息的单位提出警告或通报批评；对制度不健全、工作不落实的单位要限期整改。

（四）其他要求

1. 各级机关、单位要特别关注重点地区、重点领域和重点部门，分析预测可能出现的重大、紧急情况，及时发现和掌握苗头性问题，并有针对性地采取应对措施，未雨绸缪，把问题解决在萌芽状态，把矛盾化解在基层，做到早发现、早报告、早控制、早解决。

2. 配备必要的应急设施和技术保障力量，确保安全、保密、快捷，做到报告及时，信息畅通。

3. 建立健全定期培训制度，对于本机关、单位负责信访信息工作的分管领导和工作人员进行业务培训，增强他们的政治敏感性、应急报送意识，熟练掌握报送流程、熟练操作报送设施。

第四章　信访事项办理法治化

办理是信访事项实质性处理的核心环节。推进办理法治化要求各级职能部门依照法定职权，按规定、按程序、按时限处理信访事项，做到“三到位一处理”，按照依法及时就地原则，扎扎实实推动信访事项实质性解决。

第一节　概　述

信访事项的办理，是指有权处理机关、单位依据职权对已经登记、接收的，信访部门或者上级机关、单位转送、交办的信访事项，进行研究论证或者调查核实后，依规依纪依法作出决定予以处理的行为。

一、各部门职责明确

（一）有权处理机关、单位的认定

无论是党委和政府信访部门，还是其他信访工作机构，在

收到群众提出的信访事项之后，都需要转交有权处理机关、单位具体办理。有权处理机关、单位，是指对信访事项有直接管辖权，能够进行实体处理的机关、单位。信访工作责任落实遵循“党政同责、一岗双责，属地管理、分级负责，谁主管、谁负责”的基本原则，因此在确定具体信访事项的有权处理机关、单位时，既要在横向分清系统领域，确定“主管”部门，也要在纵向分清地域权限，确定管辖层级。对于同一信访事项包含多个诉求的，要逐一确定有权处理机关、单位。需要说明的是，一般情况下，有权处理机关、单位能够依规依纪依法将信访事项导入特定程序进行实体处理；对于不能导入的，有权处理机关、单位可以通过回复、告知等形式进行解释说明。

信访部门作为综合协调部门，在具体信访事项处理中，主要是通过转送、交办、督办等方式推动问题解决，一般不直接对具体信访事项作出处理意见。但在特殊情形下，信访部门也可能成为有权处理机关，比如信访反映的对象是信访部门及其工作人员，既包括提出工作建议意见，也包括对机关及其工作人员进行投诉，还包括检举、揭发工作作风问题等。这种情形下，信访部门自然是该信访事项的有权处理机关。

实践中，有些情况下信访部门不是有权处理机关，但容易被误认为是有权处理机关：（1）本级党委和政府交由信访部门处理的信访事项。这种情形实质上是一种委托授权关系。虽然从行为表象来看，信访部门在具体处理信访事项，但有权处理机关是党委和政府，信访部门不能以自己的名义直接作出处理意见，而只能提出办理建议意见，报请党委和政府决定后，以党委和政府的名义作出处理。（2）其他部门、单位请求信访部门牵头协调办理的信访事项。这主要是由于信访事项复杂交织，有时牵涉多个部门、单位，需要合力化解。一般情况下，对于同一信访事项包含多个诉求，能够确定主要诉求的，由主要诉求的有权处理机关、单位作为牵头单位组织化解；无法确定主要诉求，经协商无法达成一致的，可以请求信访部门（通常是信访工作联席会议办公室）牵头协调办理，这种情形下，信访部门的工作主要是牵头联络、协调处理，有权处理机关、单位是诉求对应的各机关、单位，而非信访部门。信访部门牵头协调办理的，应根据信访事项的诉求，形成分工化解方案，分别由相应的部门、单位予以处理，最终办理结果可以通过各有权处理机关、单位名义共同作出，也可以由各有权处理机关、单位以各自名义分别作出。

（二）信访事项办理流程

根据《信访工作条例》规定，在信访事项办理程序上，按照“大口进入、分类处理”的原则，将信访事项区分为建议意见类、检举控告类、申诉求决类，按照相关法律法规分别导入不同途径处理。对信访人提出的申诉求决类事项，有权处理的机关、单位应当依照法定职权，区分以下六类情形，按规定、按程序、按时限办理。

1. 应当通过审判机关诉讼程序或者复议程序、检察机关刑事立案程序或者法律监督程序、公安机关法律程序处理的，涉法涉诉信访事项未依法终结的，按照法律法规规定的程序处理。

2. 应当通过仲裁解决的，导入相应程序处理。

3. 可以通过党员申诉、申请复审等解决的，导入相应程序处理。

4. 可以通过行政复议、行政裁决、行政确认、行政许可、行政处罚等行政程序解决的，导入相应程序处理。

5. 属于申请查处违法行为、履行保护人身权或者财产权等合法权益职责的，依法履行或者答复。

6. 不属于以上情形的，应当听取信访人陈述事实和理由，并调查核实，出具信访处理意见书。对重大、复杂、疑难的信访事项，可以举行听证。

申诉求决类事项受理后要先调解，并将调解贯穿依法办理全过程，坚持人民调解、行政调解、司法调解联动。在不违反政策法规强制性规定的情况下，在裁量权范围内，经争议双方当事人同意进行调解，可以引导争议双方当事人自愿和解；调解不成的，准确转到有管辖权的单位。

（三）相关原则和要求

1. 诉访分离原则

《信访工作条例》和加强信访法治化建设、依法处理涉法涉诉信访问题等相关文件要求，各级机关、单位应当按照诉讼与信访分离制度要求，将涉及民事、行政、刑事等诉讼权利救济的信访事项从普通信访体制中分离出来，由有关政法部门依法处理；建立涉法涉诉信访事项导入司法程序机制，严格落实依法按程序办理制度，建立涉法涉诉信访依法终结制度，健全国家司法救助制度。中央政法委印发文件，对建立涉法涉诉信访事项导入法律程序工作机制、建立涉法涉诉信访执法错误纠正和瑕疵补正机制、健全涉法涉诉信访依法终结制度作出了明确规定。最高人民法院、最高人民检察院、公安部、司法部印发了各自的涉法涉诉信访事项处理规程，根据各自职责及相关法律规定，对分别导入诉讼程序、法律监督程序、司法程序作了详细规定。《信访工作条例》吸收了诉访分离制度改革成果，将其固化提升为信访事项办理的基本要求。

各级政法机关是依法处理涉法涉诉信访问题的责任主体，要准确区分涉法涉诉信访事项的“诉”与“访”。对符合法律法规规定，属于政法机关管辖的信访事项，可以通过司法程序或相应法定救济途径解决的，作为“诉”类事项办理；对政法机关依法不能通过司法程序或其他法定救济途径解决的信访事项，作为“访”类事项办理。需要强调的是，诉讼与信访分离，不是一“分”了之、撒手不管，而是要求政法机关、信访部门及有关机关、单位有效衔接、密切配合，在法治轨道内妥善解决涉法涉诉信访问题。对涉法涉诉信访事项，法院、检察院等各级政法机关要及时审查、甄别，严格落实依法按程序办理制度，确属错案、瑕疵案的，依法纠正错误、补正瑕疵；属于国家赔偿范围的，依照有关法律规定办理；未发现错误的，依法维持原裁决，并按照有关规定及时告知当事人。已经穷尽法律程序的，依法作出的判决、裁定为终结决定，要尊重政法机关依法作出的法律结论，教育引导信访人服从法律结论，实现维护人民群众合法权益与维护司法权威的统一。司法人员要在职责范围内对案件质量终身负责，对虽已结案但当事人没有解开心结的，要继续包案，做好化解工作，防止单纯“结案了事”，真正做到“案结事了”。

2. 恪尽职守规定

《信访工作条例》第二十八条第一款规定：“各级机关、单位及其工作人员办理信访事项，应当恪尽职守、秉公办事，查明事实、分清责任，加强教育疏导，及时妥善处理，不得推诿、敷衍、拖延。”这是对信访工作的职业道德性要求。恪尽职守、秉公办事，不得推诿、敷衍、拖延，是公职人员的基本操守；查明事实、分清责任，是信访矛盾纠纷化解的基本前提；加强教育疏导，及时妥善处理，是群众工作的基本要求。

3. 回避制度

《信访工作条例》第二十八条第三款规定：“各级机关、单位工作人员与信访事项或者信访人有直接利害关系的，应当回避。”具体包含两种情形：（1）与信访事项有直接利害关系，如是信访投诉、举报的对象；（2）与信访人有直接利害关系，如是信访人本人及其近亲属。回避是指不得参与信访事项的处理，已经参与的要退出处理程序。回避既可由工作人员主动提出，也可经信访人、信访对象申请提出。信访事项中有相当比例的申诉求决、检举控告事项，要求工作人员公平公正办理，以确保工作的权威性、可信度。回避恰是为了防止徇私枉法而对职务履行采取的一种限制性措施，体现了程序正义的特点和要求。

4. 工作纪律要求

《信访工作条例》第十八条第四款规定："任何组织和个人不得打击报复信访人。"第四十六条规定了对于打击报复信访人的责任追究，依据情节轻重，责令改正或者依规依纪依法严肃处理，构成犯罪的依法追究刑事责任。批评、建议、申诉、控告、检举是公民的基本权利。《宪法》第四十一条第一款和第二款规定："中华人民共和国公民对于任何国家机关和国家工作人员，有提出批评和建议的权利；对于任何国家机关和国家工作人员的违法失职行为，有向有关国家机关提出申诉、控告或者检举的权利，但是不得捏造或者歪曲事实进行诬告陷害。对于公民的申诉、控告或者检举，有关国家机关必须查清事实，负责处理。任何人不得压制和打击报复。"《刑事诉讼法》第一百一十条第一款和第二款规定："任何单位和个人发现有犯罪事实或者犯罪嫌疑人，有权利也有义务向公安机关、人民检察院或者人民法院报案或者举报。被害人对侵犯其人身、财产权利的犯罪事实或者犯罪嫌疑人，有权向公安机关、人民检察院或者人民法院报案或者控告。"《中国共产党章程》第四十条第三款规定："党内严格禁止用违反党章和国家法律的手段对待党员，严格禁止打击报复和诬告陷害。违反这些规定的组织或个人必须受到党的纪律和国家法律的追究。"《纪检监察机关处理检举控告工作规则》第三十七条明确要求被检举控告人尊重检举控告人和处理检举控告工作人员，不得进行打击报复。《中国共产党党和国家机关基层组织工作条例》第二十六条明确机关基层党组织应当支持党员行使监督权利，履行监督义务，防止各种形式的打击报复。《中国共产党纪律处分条例》第八十八条第二款规定："对批评人、检举人、控告人、证人及其他人员打击报复的，从重或者加重处分。"《中国共产党党内监督条例》第四十三条规定："党组织应当保障党员知情权和监督权，鼓励和支持党员在党内监督中发挥积极作用。提倡署真实姓名反映违纪事实，党组织应当为检举控告者严格保密，并以适当方式向其反馈办理情况。对干扰妨碍监督、打击报复监督者的，依纪严肃处理。"为了最大限度保护揭发控告人，鼓励人民群众揭发、检举违纪违法行为，同不正之风和腐败现象坚决作斗争，《信访工作条例》第三十条第三款还特别规定了保密制度，明确不得将信访人的检举、揭发材料以及有关情况透露或者转给被检举、揭发的人员或者单位，从源头上消除打击报复。

二、"三到位一处理"要求

（一）"三到位一处理"要求的提出及意义

《信访工作条例》第二十七条规定："各级机关、单位及其工作人员应当根据各自职责和有关规定，按照诉求合理的解决问题到位、诉求无理的思想教育到位、生活困难的帮扶救助到位、行为违法的依法处理的要求，依法按政策及时就地解决群众合法合理诉求，维护正常信访秩序。"实践中简称为"三到位一处理”要求，是处理信访事项的基本要求。

“三到位一处理”要求是习近平总书记关于加强和改进人民信访工作的重要思想的重要组成部分，是一个有机联系、相互贯通、辩证统一的整体，蕴含着真挚为民情怀、鲜明法治精神、强烈责任担当、科学思想方法，是解决信访问题、化解信访矛盾的基本遵循。落实“三到位一处理”，要求信访工作必须处理好维权和维稳的关系，维权是维稳的基础，维稳的实质是维权，对涉及维权的维稳问题，首先要把群众合理合法的利益诉求解决好，坚决防止以“一处理”代替“三到位”；要求信访工作必须千方百计为群众排忧解难，把解决信访问题的过程作为践行党的群众路线、做好群众工作的过程；要求信访工作必须强化法治的引领、规范和保障作用，确保群众信访权利得到依法保护，诉求表达依法理性，合理合法诉求依照法律规定和程序就能得到合理合法结果；要求信访工作必须坚持科学方法，善于发挥党的群众工作优势，坚持运用法治思维和法治方式解决问题、化解矛盾，多方帮扶救助解决群众实际困难，实现政治效果、法律效果、社会效果的有机统一。

（二）“三到位一处理”要求的工作标准

1. 诉求合理的解决问题到位

（1）诉求合理。一是符合现行法律法规和政策规定，有明确依据的信访诉求。二是现行法律法规和政策规定中虽无明确依据，但符合情理、法理、公平正义原则及按照社会大众的普遍认知，应当予以解决的信访诉求。

（2）解决问题到位。一是所有合理诉求都依法按政策或者按照公平正义原则予以回应。二是所有合理诉求都在法律法规和政策规定的或者社会大众普遍认可的时限内，形成解决方案。三是严格落实解决方案，不打折扣、不搞变通。

（3）方式方法。核心思想是要坚持人民至上，深刻把握信访工作的人民性，在不违背政策法规强制性规定的前提下，按照社会矛盾纠纷多元预防调处化解要求，综合运用法律、政策、经济、行政等手段和教育、协商、疏导等办法，个性化解决群众合理诉求，推动矛盾纠纷有效化解。

2. 诉求无理的思想教育到位

（1）诉求无理。无理诉求主要指没有法律法规和政策规定依据，且不符合情理、法理、公平正义原则及按照社会大众的普遍认知也不应当解决的信访诉求。对于无理诉求的认定要慎重，对于同一信访事项包含多个诉求的，不能因为其中个别诉求无理，就认定整个信访事项无理。对具体诉求的认定要透过现象看本质，表面无理的诉求可能背后隐含着合理的救济请求权。尤其是一些重复信访诉求，回溯信访事项的源头，往往具有合理的成分。因此，需要耐心细致地听取、分析信访人的全部诉求，条分缕析，区分合理与无理诉求予以解决。

（2）思想教育到位。至少应做到：一是对确定为无理诉求的，应告知信访人判定依据。二是加强与信访人的沟通联系，讲明解决问题、化解矛盾、纾解困境的具体办法。三是跟进法治教育，引导信访人通过适当方式理性反映诉求、规范信访行为。

（3）方式方法。可采取上门走访、公开听证、普法教育等方式进行劝导，必要时可引入心理咨询师、律师、矛盾纠纷调解员、信访人亲属等社会力量参与沟通，疏导信访人情绪，提升思想教育质效。

3. 生活困难的帮扶救助到位

（1）生活困难。生活困难主要是指信访人的合理诉求得到解决后仍存在无稳定就业或收入来源、身患重病或近亲属患有重病、无法定抚养、赡养、扶养义务人或法定抚养、赡养、扶养义务人无法有效履行抚养、赡养、扶养责任等困难情况，或信访人的诉求无理但存在上述困难的情况。

（2）帮扶救助到位。对符合民政部门救助条件的，纳入民政部门救助对象，落实相应的救助标准；对有劳动能力但无生活来源的信访人及其家庭成员，开展就业援助和帮扶，帮助提高家庭收入水平；对因残、因病致贫，无劳动能力的，用好医疗保障、政府救助、社会救济、民间互助等政策和手段，在帮扶资金上给予倾斜，有效缓解家庭经济负担；对家庭出现重大变故的，及时走访慰问，给予关心帮助。

（3）方式方法。全面准确地收集信访人收入、住房、家庭成员等实际情况，深入分析信访人在生活、医疗、就业等方面存在的实际困难，系统设计帮扶救助方案，实施精准帮扶，在解决实际困难中打开信访人心结。同时，加强动态跟踪和定期评估，对于信访人经过帮扶救助后摆脱困境的，要适时引入救助措施退出机制，引导信访人自力更生、自主生活。

4. 行为违法的依法处理

对在信访活动中或以信访为名实施法律法规明确禁止的扰乱社会秩序、危害公共安全、制造不良影响、进行人身攻击、借机敛财以及其他违法行为的信访人，由政法机关依照相关法律法规进行处理，以维护正常信访秩序和社会公共秩序。工作实践中，要注意将信访活动中以信访为名实施的违法行为同正常的信访行为加以区分、审慎认定。通过信息网络、书信、电话、传真、逐级走访等形式，向各级机关、单位反映情况，提出建议、意见或者投诉请求，是公民、法人或者其他组织的法定权利。对于正常信访的群众，不得违法处罚；对于越级走访的群众，有关机关、单位工作人员应当进行劝阻、批评或者教育。对于那些违反《信访工作条例》第二十六条规定的“六个不得”行为（在机关、单位办公场所周围、公共场所非法聚集，围堵、冲击机关、单位，拦截公务车辆，或者堵塞、阻断交通；携带危险物品、管制器具；侮辱、殴打、威胁机关、单位工作人员，非法限制他人人身自由，或者毁坏财物；在信访接待场所滞留、滋事，或者将生活不能自理的人弃留在信访接待场所；煽动、串联、胁迫、以财物诱使、幕后操纵他人信访，或者以信访为名借机敛财；其他扰乱公共秩序、妨害国家和公共安全的行为），以及诬告陷害等违反《治安管理处罚法》《刑法》等相关法律法规的行为，依法给予治安管理处罚，乃至追究刑事责任。

第二节　建议意见类事项办理

建议意见类信访事项是指人民群众通过信访渠道对党的建设、国家发展以及社会治理各方面提出建议意见，表达对公共政策和涉及公共利益的决策的看法，反映法律、法规和政策等实施中存在的问题等情形。

一、办理要求

根据《宪法》规定，人民依照法律规定，通过各种途径和形式，管理国家事务，管理经济和文化事业，管理社会事务。通过规范的制度程序，保障人民群众参与到国家治理中来，是由我国国家性质所决定的，也是推进国家治理体系和治理能力现代化的必然要求。信访工作把保障人民政治参与的权利作为一项重要的工作目标。

1. 保障政治参与的广泛性。信访渠道是人民行使民主权利的重要途径，要确保社会各阶层、各群体都可以提出涉及国家和社会治理各方面的建议意见，表达对公共政策和涉及公共利益的决策的看法，反映法律、法规和政策等实施中存在的问题。

2. 保障政治参与的有效性。通过信访渠道，让人民群众能够普遍、合法、经常、广泛地参与国家和社会治理，其呼声和愿望能够得到充分表达，意见和建议能够成为决策参考。将来源于基层、反映群众切身利益的问题通过适当的形式传递给决策者和领导机关，通过对信访信息进行综合分析，深入研究群众关心的热点、难点问题，对面临的形势和任务作出准确客观、实事求是的研判，发现并解决好某些政策不连续、不平衡、不完善、不落实等问题，把人民群众通过信访渠道反映的情况转化为有效治理国家的重要资源。工作实践中，通常结合建议意见内容等情况，采取上报本级党委和政府或转送相关部门参阅等方式进行处理，很多重要的建议意见得到了采纳。

3. 保障政治参与的积极性。为鼓励人民群众参与国家和社会治理，积极为党和国家建言献策，《信访工作条例》第二十九条第二款对建议意见的表彰奖励作出规定，明确“信访人反映的情况、提出的建议意见，对国民经济和社会发展或者对改进工作以及保护社会公共利益有贡献的，应当按照有关规定给予奖励”。

二、办理程序

《信访工作条例》第二十九条第一款规定：“对信访人反映的情况、提出的建议意见类事项，有权处理的机关、单位应当认真研究论证。对科学合理、具有现实可行性的，应当采纳或者部分采纳，并予以回复。”工作实践中，建议意见类信访事项的办理有其自身的特殊性，一般不适用强制性程序，办理流程较为灵活。

1. 登记办理。对群众通过信访渠道提出的建议意见，应按

《信访工作条例》规定的时限和程序办理。通常结合建议意见内容等情况，采取上报本级党委和政府或转送相关部门参阅等方式进行处理。例如，人大机关、政协机关除接收代表建议、委员提案外，还经常收到人民群众通过来信来访提出的对各方面工作的建议意见，其中有相当一部分是立法建议。通常的做法是，对未进入人大常委会审议阶段的立法项目，交由人大相关专门委员会或中央有关部门研究论证；对已进入人大常委会审议阶段的立法项目，交由人大常委会法制工作委员会研究处理。党委和政府工作部门对于收到的本部门职责范围内的建议意见，通常交由内部业务部门研究，重要的建议意见上报党委和政府领导同志参阅。上报可以采取原件上送、摘要上报、综合上报等形式。其中，对内容重要且篇幅较短、不需要进行文字加工，或内容特殊、不宜作文字加工的，可直接呈报领导同志；对内容重要、篇幅较长的建议意见可单件摘报，对多件内容相似、相关的建议意见可通过综合摘报进行报送；也可对建议意见情况综合分析整理后，通过适当载体，综合报送给领导同志。

2. 研究论证。研究论证的形式由有权处理的机关、单位自由裁量确定，可以灵活采用常识判断、资料对照、会议研究、专家论证、实地调研等方法。

3. 成果转化。对科学合理、具有现实可行性的建议意见，应推动有关方面积极采纳或部分采纳，作为完善政策、改进工作的重要参考。

4. 告知回复。对于采纳或者部分采纳的建议意见，可酌情采取纸质信函、手机短信、电话、回访等方式，向信访人作出回复。其中，通过告知性回复，让群众了解建议意见事项办理进展；通过感谢鼓励性回复，及时传递党和政府对群众的关心关爱；通过解疑释惑性回复，增进群众对相关政策的理解与支持。回复内容要符合党的路线方针政策和国家法律法规，有针对性和说服力。

5. 奖励表彰。一是关于谁来奖励的问题。一般情况下，对于人民群众提出的优秀建议意见，有权处理的机关、单位是表彰奖励的主体，这主要是考虑到有权处理机关、单位不仅能够研究论证群众所提建议意见的先进性、可行性，而且能够予以实施，进而对国民经济和社会发展或者社会公共利益等有所增益。二是关于奖励谁的问题。尽管有些建议意见是人民群众通过信访渠道提出的，但信访人的目的仅限于信访事项的处理，群众的建议意见经有关机关、单位研究认定对国民经济和社会发展或者对改进工作以及保护社会公共利益有贡献，应按照有关规定给予奖励，奖励的对象应依据有关规定予以明确。三是关于奖励的形式。奖励既可以是精神上的，也可以是物质上的，通常以精神奖励为主、物质奖励为辅，奖励的具体标准由各地各部门研究制定。

三、健全人民建议征集制度

《信访工作条例》对党委和政府主动问计于民、向人民群众征集建议意见作出了规定，第二十九条第三款明确“各级党委和政府应当健全人民建议征集制度，对涉及国计民生的重要工作，主动听取群众的建议意见”。要坚持人民主体地位，忠实践行靠人民执政、为人民执政，问计于民，共谋发展。

当前，上海、北京、黑龙江、湖北等地对人民建议征集工作进行了积极探索，取得了较好成效。以上海市为例，2011 年，上海市信访办成立人民建议征集处，专门负责梳理分析群众建议意见，为市委、市政府科学决策提供参考。2020 年，揭牌成立上海市人民建议征集办公室，把人民建议征集工作作为出台涉及群众切身利益的政策和重大项目实施的前置程序，做到问需问计问效于民，把尊重民意、汇集民智、凝聚民力、改善民生贯穿城市建设发展的全过程和各方面。2021 年，出台实施全国首部人民建议征集工作地方性法规《上海市人民建议征集若干规定》，规定人民建议征集应当坚持以人民为中心，遵循倾听民声、广纳民智、畅通渠道、便捷高效、推动转化、优化治理、公开透明、接受监督等原则。明确市各级国家机关是开展人民建议征集工作的主体，根据需要确定负责人民建议征集的工作机构，或者配备从事人民建议征集工作的人员，并保障工作所需经费。要求建立市、区两级人民建议征集办公室，负责组织推动、协调落实市人民建议征集工作。强调市各级国家机关采取主动征求、收集和日常接收等方式，征集人民建议，并按照规定的时限要求，登记、受理、转送、办理人民建议，并对具有价值的建议予以充分吸纳、落实。鼓励市各级国家机关开展优秀人民建议评选并予以表扬，对具有重要价值的建议，按照国家和上海市有关规定予以奖励，奖励经费纳入相关工作经费。上海市委办公厅、市政府办公厅发布的《上海市人民建议征集工作规定》中明确，市委、市政府信访办公室是市委、市政府开展人民建议征集工作的专门机构。人民建议征集工作机构收到人民建议后，应当在15日内按照建议内容分类登记，并根据不同情况作出受理、转送、交办、解释、告知等处理。对涉及政策性、倾向性、普遍性、典型性问题的人民建议事项，人民建议征集工作机构应当及时报告本级党委和政府，同时抄送下一级党委和政府及本级党委和政府有关工作部门。对有利于改进党委和政府工作，促进经济社会发展、保护社会公共利益的人民建议事项，有关处理部门应当与建议人当面沟通，并研究论证、积极采纳。人民建议事项的研究论证，可以采取座谈会、研讨会、听证会等方式，并邀请建议人参加。建议人提出的人民建议事项，对改进党委和政府工作、促进社会经济发展、保护社会公共利益有突出贡献的，可以以适当方式给予表扬鼓励或者奖励。

第三节　检举控告类事项办理

检举控告是党章、宪法赋予党员、公民的重要权利。处理检举控告，是我们党倾听党员和群众呼声、依靠人民群众开展反腐败工作的重要方式，是纪检监察机关贯彻党的群众路线、保障党员和群众行使监督权利的重要举措。《信访工作条例》第三十条第一款规定，对信访人提出的检举控告类事项，纪检监察机关或者有权处理的机关、单位应当依规依纪依法接收、受理、办理和反馈。

一、提 出

（一）事项范围

根据《纪检监察机关处理检举控告工作规则》有关规定，任何组织和个人有权就以下行为向纪检监察机关提出检举控告：（1）党组织、党员违反政治纪律、组织纪律、廉洁纪律、群众纪律、工作纪律、生活纪律等党的纪律行为；（2）监察对象不依法履职，违反秉公用权、廉洁从政从业以及道德操守等规定，涉嫌贪污贿赂、滥用职权、玩忽职守、权力寻租、利益输送、徇私舞弊以及浪费国家资财等职务违法、职务犯罪行为；（3）其他依照规定应当由纪检监察机关处理的违纪违法行为。

（二）提出方式

检举控告人可以通过邮寄信件、到指定的接待场所当面反映、拨打检举控告电话，以及向检举控告网站、微信公众平台、手机客户端等网络举报受理平台发送电子材料等渠道向纪检监察机关反映检举控告事项。同时，也可以向党委和政府信访部门或者其他机关、单位反映。党委和政府信访部门或者其他机关、单位接收登记检举控告事项后，转送纪检监察机关。

（三）提倡鼓励实名检举控告

检举控告人使用本人真实姓名或者本单位名称，有电话等具体联系方式的，属于实名检举控告。实名检举控告有助于形成检举控告人客观真实地反映情况的积极导向，也是纪检监察机关增强处理检举控告工作质效、有效开展对检举控告人合法权利保护的实际举措。《纪检监察机关处理检举控告工作规则》明确规定，提倡、鼓励实名检举控告，对实名检举控告优先办理、优先处置、给予答复。纪检监察机关建立了严格的检举控告保密制度，对检举控告人的姓名（单位名称）、工作单位、住址等有关情况以及检举控告内容等严格保密。实名检举控告经查证属实，对突破重大案件起到重要作用，或者为国家、集体挽回重大经济损失的，纪检监察机关可以按规定对检举控告人予以奖励。匿名检举控告，属于受理范围的，纪检监察机关按程序受理。

二、受　理

（一）分级受理

根据《纪检监察机关处理检举控告工作规则》有关规定，检举控告工作按照管理权限实行分级受理：（1）中央纪委国家监委受理反映中央委员、候补中央委员，中央纪委委员，中央管理的领导干部，党中央工作机关、党中央批准设立的党组（党委），各省、自治区、直辖市党委、纪委等涉嫌违纪或者职务违法、职务犯罪问题的检举控告。（2）地方各级纪委监委受理反映同级党委委员、候补委员，同级纪委委员，同级党委管理的党员、干部以及监察对象，同级党委工作机关、党委批准设立的党组（党委），下一级党委、纪委等涉嫌违纪或者职务违法、职务犯罪问题的检举控告。（3）基层纪委受理反映同级党委管理的党员，同级党委下属的各级党组织涉嫌违纪问题的检举控告；未设立纪律检查委员会的党的基层委员会，由该委员会受理检举控告。各级纪委监委按照管理权限受理反映本机关干部涉嫌违纪或者职务违法、职务犯罪问题的检举控告。对反映党的组织关系在地方、干部管理权限在主管部门的党员、干部以及监察对象涉嫌违纪或者职务违法、职务犯罪问题的检举控告，由设在主管部门、有管辖权的纪检监察机关受理。地方纪检监察机关接到检举控告的，经与设在主管部门、有管辖权的纪检监察机关协调，可以按规定受理。

（二）筛选转办

纪检监察机关信访举报部门对收到的检举控告事项，按照以下要求转送转办：（1）属于本级受理的初次检举控告，移送本机关监督检查部门或者相关部门，并按规定将移送情况通报案件监督管理部门；对于重复检举控告，按规定登记后留存备查，并定期向有关部门通报情况。（2）属于上级纪检监察机关受理的检举控告，径送本机关主要负责人，并在收到之日起5个工作日内报送上一级纪检监察机关信访举报部门；收到反映本机关主要负责人问题的检举控告，径送上一级纪检监察机关信访举报部门。对属于上级纪检监察机关受理的检举控告，不得瞒报、漏报、迟报，不得扩大知情范围，不得复制、摘抄检举控告内容，不得将有关信息录入检举举报平台。（3）属于下级纪检监察机关受理的检举控告，及时予以转送。下一级纪检监察机关对转送的检举控告，应当进行登记，在收到之日起 5 个工作日内完成受理或者转办工作。

需要注意的是，纪检监察机关负责处理反映党组织、党员违纪和监察对象职务违法、职务犯罪问题的检举控告，不负责处理信访人的其他利益诉求，信访人的检举控告中涉及利益诉求的事项仍应当由有关部门依法处理。对于已经或者依法应当通过诉讼、仲裁、行政裁决、行政复议等途径解决的，依照有关规定，属于其他机关或者单位职责范围的，以及仅列举出违纪或者职务违法、职务犯罪行为名称但无实质内容的事项，纪检监察机关不予受理。

（三）受理告知

纪检监察机关信访举报部门对属于本机关受理的实名检举控告，在收到检举控告之日起 15 个工作日内告知实名检举控告人受理情况。重复检举控告的，不再告知。

三、办　理

纪检监察机关监督检查部门对收到的检举控告进行甄别，对没有实质内容的检举控告或者属于其他纪检监察机关受理的检举控告，在沟通研究、经本机关分管领导批准后，按程序退回信访举报部门处理。对属于本级受理的检举控告，结合日常监督掌握的情况，进行综合分析、适当了解，经集体研究并履行报批程序后，以谈话函询、初步核实、暂存待查、予以了结等方式处置，或者按规定移送审查调查部门处置。承办的监督检查、审查调查部门将实名检举控告的处理结果在办结之日起15个工作日内向检举控告人反馈，并记录反馈情况。检举控告人提出异议的，承办部门应当如实记录，并予以说明；提供新的证据材料的，承办部门应当核查处理。

第四节　申诉求决类事项办理

办理申诉求决类事项要落实诉访分离制度、依法分类处理要求，坚持调解、和解贯穿始终，按照《信访工作条例》以及相关法律法规的规定，区分六种不同性质信访事项适用相应的法定程序予以处理。

一、涉法涉诉信访事项办理

（一）人民法院办理涉诉信访事项

对于进入人民法院的申诉求决类信访事项，符合诉讼法规定的受理条件的，人民法院依照法律程序办理，引导信访人通过调解、和解、审判程序处理其纠纷，依法维护信访人合法权益、化解矛盾。

1. 诉前调解程序

（1）诉前调解引导

对起诉到法院的纠纷，除《最高人民法院关于人民法院登记立案若干问题的规定》第十条规定情形外，应当一律登记。人民法院登记诉状后，对于符合起诉条件且适宜调解的案件，人民法院立案人员可以通过口头、书面、在线等方式，向当事人充分释明诉前调解的优势，告知调解的主要形式、权利义务和法律后果，尽可能引导当事人选择调解方式解决纠纷，适宜在线调解的，引导当事人优先选择在线调解方式解决纠纷。当事人不同意诉前调解的，人民法院应当在法律规定期限内立案。

（2）诉讼登记后当事人申请在线调解

登记诉状后，当事人同意在线调解的，人民法院将诉状信息以及电子化起诉、自诉材料推送至人民法院调解平台。当事人申请调解的纠纷不属于人民法院受案范围的，告知可以采用的其他纠纷解决方式。人民法院对该纠纷不具有管辖权的，告知当事人选择有管辖权的人民法院邀请的调解组织或者调解员进行调解。当事人申请调解的纠纷不适宜在线调解的，告知其到人民法院诉讼服务大厅现场调解。

（3）调解组织和调解员的选定

当事人双方同意调解的，可以在案件管辖法院确认的调解组织或调解员中共同选择调解组织或者调解员。当事人同意由人民法院指定调解组织或者调解员，或者无法在同意调解后 2 个工作日内共同选择调解组织或者调解员的，由人民法院指定调解组织或者调解员。

（4）诉前调解流程

人民法院登记诉状后，对于符合起诉条件且适宜调解的案件，应当征询对方当事人的调解意愿。调解员可以在接受人民法院委派调解之日起 3 个工作日内协助人民法院通知对方当事人，询问是否同意调解。对方当事人拒绝调解或者无法联系对方当事人的，调解员应当写明原因，终结调解程序，将相关材料退回人民法院，并告知当事人。

调解员组织当事人就所有或者部分调解请求达成一致意见的，制作调解协议，当事人和调解员应当在调解协议上进行签章；由调解组织主持达成调解协议的，还应当加盖调解组织印章。调解协议有给付内容的，当事人应当按照调解协议约定内容主动履行。依照法律和司法解释规定可以申请司法确认调解协议的，当事人提出申请后，人民法院经审查符合法律规定的，裁定调解协议有效。各方当事人也可以就达成的调解协议申请出具调解书或者申请撤诉，人民法院经审查符合法律规定的，可以制作调解书或者裁定书结案。

经诉前调解未达成调解协议，或者调解期限届满当事人不同意延长的，人民法院应当向当事人推送是否同意转立案的提示，当事人同意的，人民法院依法予以立案。

2. 立案登记制度

依照《关于人民法院推行立案登记制改革的意见》和《最高人民法院关于人民法院登记立案若干问题的规定》，人民法院收到当事人提交的起诉状、自诉状时，除《最高人民法院关于人民法院登记立案若干问题的规定》第十条规定情形外，应当一律登记。对于当事人不同意诉前调解的，人民法院应当依法立案。人民法院对当事人起诉不进行实质审查，仅对形式要件进行核对。对起诉状和相关证据材料符合诉讼法规定受理条件的，当场立案。当场不能判定是否符合法律规定条件的，民事、行政起诉在登记诉状之日起 7 日内决定是否立案，刑事自诉在登记诉状次日起 15 日内决定是否立案。在法定期限内不能判定起诉、自诉是否符合法律规定的，先行立案。当事人提交的诉状和材料不符合要求的，人民法院一次性书面告知在指定期限内补正。期限内未能补正的，退回诉状并记录在册。期限内未能补正但坚持起诉、自诉，或经补正仍不符合要求的，裁定或者决定不予受理、不予立案。

需要说明的是，登记立案针对的是初始案件，包括民事起诉、行政起诉、刑事自诉、强制执行和国家赔偿申请。对上诉、申请再审、申诉等，法律另有规定的，不适用登记立案的规定。对违法起诉或者不符合法律规定的，涉及危害国家主权和领土完整、危害国家安全、破坏国家统一和民族团结、破坏国家宗教政策的，以及不属于人民法院主管的诉讼事项，不在登记立案范围之内。

3. 民事事项办理

信访人因与其他公民、法人或其他组织发生财产关系和人身关系纠纷，可依据《民事诉讼法》及其司法解释的相关规定向有管辖权的人民法院递交起诉状，提起民事诉讼。

（1）起诉与受理

提起民事诉讼应当符合以下条件：①原告是与本案有直接

利害关系的公民、法人和其他组织；②有明确的被告；③有具体的诉讼请求和事实、理由；④属于人民法院受理民事诉讼的范围和受诉人民法院管辖。

人民法院接到民事起诉状，对符合起诉条件，且不属于《民事诉讼法》第一百二十七条规定情形的，登记立案。对本院没有管辖权的，告知向有管辖权的人民法院起诉。立案后发现不符合起诉条件或者属于《民事诉讼法》第一百二十七条规定情形的，裁定驳回起诉。

当事人起诉和上诉应当根据人民法院的通知预交案件受理费，未在指定期限内预交的，以及申请缓、减、免交未获批准仍不预交的，按撤回起诉和上诉处理。

第三人提起撤销之诉及案外人、当事人提起执行异议之诉的，依照《最高人民法院关于适用〈中华人民共和国民事诉讼法〉的解释》第十四章、第十五章的规定办理。第三人撤销之诉的立案审查期限为30日、执行异议之诉的立案审查期限为15日，自人民法院收到起诉状之日起算。

当事人对民事案件管辖权有异议的，应当在提交答辩状期间提出。人民法院经审查认为异议成立的，裁定将案件移送有管辖权的人民法院；异议不成立的，裁定驳回。当事人不服管辖权异议裁定的，可提起上诉。

除《民事诉讼法》规定不能调解的案件外，对诉至人民法院符合受理条件的民事纠纷，人民法院按照自愿、合法原则，引导当事人优先选择调解方式解决纠纷。

（2）民事一审程序

案件受理后至法庭辩论终结前，当事人如发现审判人员有《民事诉讼法》第四十七条及《最高人民法院关于适用〈中华人民共和国民事诉讼法〉的解释》第四十三条、第四十四条规定情形之一的，可以申请审判人员回避。书记员和执行员适用审判人员回避的有关规定。

当事人可依据《民事诉讼法》第九章规定申请财产保全、行为保全及先予执行。

除法律另有规定外，当事人对自己提出的诉讼请求所依据的事实或者反驳对方诉讼请求所依据的事实，应当提供证据加以证明。

人民法院审理民事案件，适用公开审理的相关规定。原告经传票传唤无正当理由拒不到庭或者未经法庭许可中途退庭的，可以按撤诉处理。被告经传票传唤，无正当理由拒不到庭的，或者未经法庭许可中途退庭的，可以缺席判决。

民事案件审理中，可以根据自愿、合法原则进行调解。调解达成协议的，制作调解书。调解书经双方当事人签收后，即具有法律效力。调解未达成协议或者调解书送达前一方反悔的，人民法院应当及时判决。

庭审围绕当事人争议的事实、证据和法律适用等焦点问题进行，包括法庭调查、法庭辩论两个部分。法庭辩论终结，应当依法作出判决。当庭宣判的，10 日内发送判决书；定期宣判的，宣判后立即发给判决书。裁判文书的送达适用《民事诉讼法》第七章第二节及相关司法解释的规定。

人民法院适用普通程序审理一审案件，应当在立案之日起6个月内审结，特殊情况可以延长。诉讼过程中，发生《民事诉讼法》第一百五十三条规定情形之一的，中止诉讼；发生《民事诉讼法》第一百五十四条规定情形之一的，终结诉讼。

基层人民法院和它派出的法庭审理事实清楚、权利义务关系明确、争议不大的简单民事案件，适用简易程序审理，在立案之日起3个月内审结，特殊情况可以延长；对符合《民事诉讼法》第一百六十五条规定情形的案件，适用小额诉讼程序审理，实行一审终审。

当事人不服地方人民法院一审判决和不予受理、驳回起诉、管辖权异议裁定的，有权向上一级人民法院提起上诉。不服判决、裁定的上诉期间分别为判决书、裁定书送达之日起15日内和10日内。上诉应当递交上诉状。上诉人应当根据人民法院的通知预交案件受理费。

（3）民事二审程序

二审法院审理上诉案件，可以进行调解。调解达成协议的，制作调解书。调解书送达后，原审人民法院的判决即视为撤销。二审法院经过审理，依照《民事诉讼法》第一百七十七条及《最高人民法院关于适用〈中华人民共和国民事诉讼法〉的解释》“十六、第二审程序”相关规定处理。二审法院审理对判决的上诉案件，应当在二审立案之日起3个月内审结，特殊情况可以延长。审理对裁定的上诉案件，应当在二审立案之日起30

日内作出裁定。二审法院的判决、裁定，是终审判决、裁定。

（4）民事申请再审程序

当事人对已经发生法律效力的判决、裁定，认为有错误的，或者对已经发生法律效力的调解书，提出证据证明调解违反自愿原则或者调解协议的内容违反法律的，可以向上一级人民法院申请再审；当事人一方人数众多或者当事人双方为公民的案件，也可以向原审人民法院申请再审，当事人申请再审的，不停止判决、裁定的执行。

再审申请应当在判决、裁定、调解书发生法律效力后6个月内提出，有《民事诉讼法》第二百一十一条第一项、第三项、第十二项、第十三项规定情形的，自知道或者应当知道之日起6个月内提出。案外人对驳回其执行异议的裁定不服，认为原判决、裁定、调解书内容错误损害其民事权益的，可以自执行异议裁定送达之日起6个月内，向作出原判决、裁定、调解书的人民法院申请再审。申请再审，应当按规定提交再审申请书等材料。

下列情形不得申请再审：①适用特别程序、督促程序、公示催告程序、破产程序等非讼程序审理的案件；②对已经发生法律效力的解除婚姻关系的判决、调解书；③对发生法律效力的不予受理、驳回起诉之外的裁定，法律另有规定的除外。

当事人申请再审，有下列情形之一的，人民法院不予受理：①再审申请被驳回后再次提出申请的；②对再审判决、裁定提出申请的；③在人民检察院对当事人的申请作出不予提出再审检察建议或者抗诉决定后又提出申请的；④判决、调解书生效后，当事人将判决、调解书确认的债权转让，债权受让人对该判决、调解书不服申请再审的；⑤人民法院准许撤回再审申请或者按撤回再审申请处理后，再审申请人再次申请再审的，法律另有规定的除外。

人民法院应当自收到再审申请书之日起 3 个月内审查完毕。经审查，当事人主张的再审事由不成立，或者当事人申请再审超过法定申请再审期限、超出法定再审事由范围等不符合《民事诉讼法》及其司法解释规定的申请再审条件的，裁定驳回再审申请；当事人主张的再审事由成立，且符合《民事诉讼法》及其司法解释规定的申请再审条件的，裁定再审。

人民法院再审案件，发生法律效力的判决、裁定是由第一审法院作出的，按照第一审程序审理，所作的判决、裁定，当事人可以上诉；发生法律效力的判决、裁定是由第二审法院作出的，按照第二审程序审理，所作的判决、裁定，是发生法律效力的判决、裁定；上级人民法院按照审判监督程序提审的，按照第二审程序审理，所作的判决、裁定是发生法律效力的判决、裁定。对再审案件，人民法院依照《民事诉讼法》及其司法解释中关于审判监督程序的相关规定处理。

4. 行政事项办理

信访人认为行政机关和行政机关工作人员的行政行为侵犯其合法权益，可以依照《行政诉讼法》向有管辖权的人民法院提起行政诉讼。

（1）起诉与受理

提起行政诉讼时应当向人民法院递交起诉状。人民法院对符合《行政诉讼法》及其司法解释规定的起诉条件的，登记立案。不符合起诉条件的，裁定不予立案。对已经立案，人民法院经审查存在《最高人民法院关于适用〈中华人民共和国行政诉讼法〉的解释》第六十九条规定情形的，裁定驳回起诉。当事人对不予立案、驳回起诉裁定不服，可以提起上诉。

信访人提起行政诉讼，需遵守《行政诉讼法》第十二条、第十三条和《最高人民法院关于适用〈中华人民共和国行政诉讼法〉的解释》第一条、第二条关于行政诉讼受案范围的规定，以及《最高人民法院关于适用〈中华人民共和国行政诉讼法〉的解释》“六、起诉与受理”部分的规定。

对符合《行政诉讼法》第六十条第一款规定的行政案件，人民法院立案人员在立案前认为纠纷适宜调解的，可以引导当事人优先选择调解方式解决纠纷。

（2）行政一审程序

人民法院审理符合《行政诉讼法》第六十条规定的可以调解的行政案件，认为法律关系明确、事实清楚，在征得当事人双方同意后，可以调解。调解达成协议的，制作调解书。调解书经双方当事人签收后，即具有法律效力。

人民法院应当在立案之日起 6 个月内作出一审判决，特殊情况可以延长。对行政案件，人民法院经审理，依照《行政诉讼法》第七章第二节及其司法解释的相关规定处理。人民法院审理行政案件，关于期间、送达、财产保全、开庭审理、调解、中止诉讼、终结诉讼、简易程序、执行等，《行政诉讼法》没有规定的，适用《民事诉讼法》的相关规定。

（3）行政二审程序

当事人不服人民法院一审判决、裁定的，可以分别在判决书、裁定书送达之日起15日内、10日内向上一级人民法院提起上诉。对不予立案、驳回起诉、管辖异议的一审裁定，可以上诉。逾期不提起上诉的，人民法院的一审判决或者裁定发生法律效力。人民法院审理上诉案件，应当在收到上诉状之日起3个月内作出终审判决，特殊情况可以延长。

（4）行政申请再审程序

当事人对已经发生法律效力的行政判决、裁定，认为确有错误的，可以在判决、裁定或者调解书发生法律效力后6个月内，向上一级人民法院申请再审，但判决、裁定不停止执行。存在《最高人民法院关于适用〈中华人民共和国行政诉讼法〉的解释》第一百一十条规定情形的，自知道或者应当知道之日起6个月内提出。人民法院经审查，认为当事人主张的再审事由成立，且符合《行政诉讼法》及其司法解释规定的申请再审条件的，裁定再审。当事人主张的再审事由不成立，或者当事人申请再审超过法定申请再审期限、超出法定再审事由范围等不符合《行政诉讼法》及其司法解释规定的申请再审条件的，裁定驳回再审申请。

5. 刑事事项办理

对符合《刑事诉讼法》第二百一十条规定的信访事项，信访人可以向有管辖权的人民法院提交刑事自诉状，提起刑事自诉。符合刑事附带民事诉讼条件的，可同时提交刑事附带民事自诉状，提起附带民事诉讼。

（1）审查与受理

对刑事自诉案件，人民法院应在 15 日内审查完毕。经审查，符合受理条件的，决定立案。具有《最高人民法院关于适用〈中华人民共和国刑事诉讼法〉的解释》第三百二十条第二款规定情形之一的，人民法院应当说服自诉人撤回起诉；自诉人不撤回起诉的，裁定不予受理。对已经立案，经审查缺乏罪证的自诉案件，自诉人提不出补充证据的，人民法院应当说服其撤回起诉或者裁定驳回起诉。

告诉才处理的案件和被害人有证据证明的轻微刑事案件的被告人或者其法定代理人在诉讼过程中，可以对自诉人提起反诉。

（2）附带民事诉讼

被害人由于被告人的犯罪行为而遭受物质损失的，在刑事诉讼过程中，有权根据《刑事诉讼法》和有关司法解释的规定向案件管辖法院提交附带民事起诉状，提起附带民事诉讼，人民法院在 7 日以内决定是否受理。被害人死亡或者丧失行为能力的，被害人的法定代理人、近亲属有权提起附带民事诉讼。

被告人非法占有、处置被害人财产的，应当依法予以追缴或者责令退赔，被害人提起附带民事诉讼的，人民法院不予受理。因受到犯罪侵犯，提起附带民事诉讼或者单独提起民事诉讼要求赔偿精神损失的，人民法院一般不予受理。

侦查、审查起诉期间，有权提起附带民事诉讼的人提出赔偿要求，经公安机关、人民检察院调解，当事人双方已经达成协议并全部履行，被害人或者其法定代理人、近亲属又提起附带民事诉讼的，人民法院不予受理，但有证据证明调解违反自愿、合法原则的除外。

（3）刑事一审程序

告诉才处理的和被害人有证据证明的轻微刑事自诉案件，人民法院审理中，可以在查明事实、分清是非的基础上，根据自愿、合法的原则进行调解。调解达成协议的，制作刑事调解书。调解书经双方当事人签收后，即具有法律效力。调解没有达成协议，或者调解书签收前当事人反悔的，及时作出判决。判决宣告前，自诉案件的当事人可以自行和解，自诉人可以撤回自诉。

人民法院审理附带民事诉讼案件，可以根据自愿、合法的原则进行调解。经调解达成协议的，制作调解书。调解书经双方当事人签收后即具有法律效力。调解达成协议并即时履行完毕的，可以不制作调解书，但应当制作笔录，经双方当事人、审判人员、书记员签名后即发生法律效力。

自诉案件符合简易程序适用条件的，可以适用简易程序审理。不适用简易程序审理的自诉案件，参照适用公诉案件第一审普通程序的有关规定，一般经过庭前准备、庭前会议、法庭调查、法庭辩论、最后陈述、评议案件和宣告判决阶段。

人民法院经审理，根据已经查明的事实、证据，依照《刑事诉讼法》第二百条及《最高人民法院关于适用〈中华人民共和国刑事诉讼法〉的解释》第二百九十五条的相关规定作出判决、裁定。当庭宣告判决的，应当在5日以内送达判决书。定期宣告判决的，判决宣告后，应当立即送达判决书。

审理自诉案件，被告人被羁押的，应当在受理后2个月以内宣判，至迟不得超过3个月。未被羁押的，应当在受理后6个月以内宣判。

被告人、自诉人及其法定代理人，不服地方各级人民法院第一审的判决和不予受理、驳回起诉、准许撤回起诉、终止审理等裁定的，有权在法定期限内提出上诉。被告人的辩护人、近亲属经被告人同意，也可以提出上诉。附带民事诉讼当事人及其法定代理人，可以对判决、裁定中的附带民事部分提出上诉。是否提出上诉，以上诉期满前最后一次的意思表示为准。被害人及其法定代理人不服地方各级人民法院第一审判决的，自收到判决书后5日以内，有权请求人民检察院提出抗诉。不服判决的上诉、抗诉期限为10日；不服裁定的上诉、抗诉期限为5日，从接到判决书、裁定书的第二日起计算。

（4）刑事二审程序

第二审人民法院受理上诉、抗诉案件，应当在2个月以内审结，特殊情况可以延长。对符合《刑事诉讼法》第二百三十四条规定的上诉案件，第二审人民法院应当组成合议庭，开庭审理。第二审人民法院决定不开庭审理的，应当讯问被告人，听取其他当事人、辩护人、诉讼代理人的意见。对第二审自诉案件，必要时可以调解，当事人也可以自行和解。

第二审人民法院对不服第一审判决的上诉、抗诉案件，经过审理后，依照《刑事诉讼法》第二百三十六条规定处理。审理被告人或者其法定代理人、辩护人、近亲属提出上诉的案件，不得对被告人的刑罚作出实质不利的改判。

（5）刑事申诉程序

当事人及其法定代理人、近亲属对已经发生法律效力的判决、裁定不服，可以向人民法院或者人民检察院提出申诉，但是不能停止判决、裁定的执行。案外人认为已经发生法律效力的判决、裁定侵害其合法权益，提出申诉的，人民法院应当审查处理。申诉可以委托律师代为进行。人民法院立案审查的申诉案件，应当在3个月以内作出决定，至迟不得超过6个月。

人民法院经审查认为，当事人及其法定代理人、近亲属的申诉符合《刑事诉讼法》第二百五十三条规定情形之一的，应当重新审判。申诉不具有《刑事诉讼法》规定的应当重新审判情形的，应当说服申诉人撤回申诉；对仍然坚持申诉的，应当书面通知驳回。申诉人对驳回申诉不服，可以向上一级人民法院申诉。

6. 执行事项办理

发生法律效力的民事判决、裁定，当事人必须履行，一方拒绝履行的，对方当事人可以向人民法院申请执行，也可由审判员移送执行员执行。调解书和其他应当由人民法院执行的法律文书，当事人必须履行，一方拒绝履行的，对方当事人可以向人民法院申请执行。

（1）执行申请

当事人申请执行，应提交申请执行书、生效法律文书副本、身份证明及相关材料。当事人提交的材料不符合要求且在指定期限内没有补正的，退回申请执行材料并记录在册；坚持提出申请的，裁定不予受理。

申请执行的期间为2年，适用法律有关诉讼时效中止、中断的规定。超过申请执行时效期间向人民法院申请强制执行的，人民法院应予受理。被执行人对申请执行时效期间提出异议，人民法院经审查异议成立的，裁定不予执行。

（2）执行当事人及变更追加

执行过程中，申请执行人或其继承人、权利承受人可以向人民法院申请变更、追加当事人。申请符合法定条件的，人民法院应予支持。被申请人、申请人或其他执行当事人对执行法院作出的变更、追加裁定或驳回申请裁定不服的，可以自裁定书送达之日起10日内向上一级人民法院申请复议，但依据《最高人民法院关于民事执行中变更、追加当事人若干问题的规定》应当提起诉讼的除外。

（3）终结本次执行程序及终结执行

执行中，对符合《最高人民法院关于严格规范终结本次执行程序的规定（试行）》第一条规定条件的，执行法院可以裁定终结本次执行程序。终结本次执行程序前，人民法院应当将案件执行情况、采取的财产调查措施、被执行人的财产情况、终结本次执行程序的依据及法律后果等信息告知申请执行人，并听取其意见。当事人、利害关系人认为终结本次执行程序违反法律规定的，可以提出执行异议。申请执行人发现被执行人有可供执行财产的，可以向执行法院申请恢复执行。

（4）执行异议

关于执行行为异议。执行过程中，当事人、利害关系人认为执行法院的执行行为违反法律或相关司法解释规定的，可以向执行法院提交申请书，提出执行行为异议。当事人对管辖权有异议的，应当自收到执行通知书之日起 10 日内提出。执行行为异议符合《民事诉讼法》第二百三十六条规定条件的，人民法院在 3 日内立案。不符合受理条件的，裁定不予受理；立案后发现不符合受理条件的，裁定驳回申请。人民法院对执行行为异议进行审查，依照《最高人民法院关于人民法院办理执行异议和复议案件若干问题的规定》处理。执行行为异议审查期间，不停止执行。

关于案外人异议。执行过程中，案外人对执行标的主张所有权或者有其他足以排除执行标的转让、交付的实体权利的，可以向执行法院提交申请书，提出案外人异议。人民法院应当自收到书面异议之日起 15 日内审查。案外人异议符合《民事诉讼法》第二百三十八条规定条件的，人民法院应当在 3 日内立案。不符合受理条件的，裁定不予受理；立案后发现不符合受理条件的，裁定驳回申请。对于案外人对执行标的提出的异议，经审查，案外人对执行标的不享有足以排除强制执行的权益的，裁定驳回其异议；案外人对执行标的享有足以排除强制执行的权益的，裁定中止执行。

当事人、案外人对案外人异议裁定不服，认为原判决、裁定错误的，依照审判监督程序办理；认为与原判决、裁定无关的，可以自裁定送达之日起 15 日内向人民法院提起诉讼。

（5）执行复议

当事人、利害关系人对执行行为异议裁定不服，异议人对不予受理或者驳回申请裁定不服的，可以自裁定送达之日起 10 日内向上一级人民法院申请复议。上一级人民法院应当自收到复议申请之日起 30 日内审查完毕，特殊情况可以延长。上一级人民法院对复议申请审查后，依照《最高人民法院关于人民法院办理执行异议和复议案件若干问题的规定》处理。执行复议期间，不停止执行。

（6）执行监督

执行案件的当事人、利害关系人、案外人认为执行法院的执行行为不当或确有错误，侵害其合法权益的，可以向上级法院申诉，上级法院经审查后决定是否启动执行监督程序。申请人对执行复议裁定不服向人民法院申请执行监督的，应当在执行复议裁定发生法律效力后 6 个月内提出。申请人因超过提出执行异议期限或者申请复议期限向人民法院申请执行监督的，应当在提出异议期限或者申请复议期限届满之日起 6 个月内提出。超过上述期限向人民法院申请执行监督的，人民法院不予受理；已经受理的，裁定终结审查。

（二）人民检察院法律监督

当事人向人民检察院申请法律监督，符合人民检察院受理条件的，应当依法及时受理、办理。人民检察院已作出处理结论的刑事申诉案件，当事人不服的，可以依法逐级进行申诉；人民检察院已作出处理结论的生效民事判决、裁定、调解书监督案件，当事人不服的，可以依法向上一级人民检察院申请复查一次；人民检察院已作出处理结论的刑事赔偿案件，当事人不服的，可以依法向上一级人民检察院申请复议一次。对于立案监督案件、阻碍辩护人等行使权利案件、行政诉讼监督案件等其他法律监督案件，人民检察院已作出处理结论的，当事人再向人民检察院申请监督的，不予受理。

1. 刑事诉讼监督案件

（1）立案监督案件

被害人及其法定代理人、近亲属认为公安机关对其控告的案件应当立案侦查而不立案侦查，或者认为公安机关不应当立案而立案，或者认为公安机关对其报案、控告、举报受理后未在规定期限内作出是否立案决定，向人民检察院提出监督申请或者建议，应当依法提供申请书、身份证明、相关法律文书等材料，由作出刑事立案决定、不予立案决定的公安机关或者未在规定期限内作出是否立案决定的同级人民检察院负责受理。

控告人对公安机关不予立案决定不服，既向公安机关申请复议、复核，又向人民检察院提出刑事立案监督申请，公安机关已经受理且正在审查程序当中的，人民检察院应当告知控告人待公安机关处理完毕后如不服，再向人民检察院提出立案监督请求；人民检察院已经受理或者已经作出法律结论的，公安机关不予受理或者终止办理，但发现有新证据的除外。未向公安机关申请刑事复议、复核，直接向人民检察院提出立案监督请求的，人民检察院应当告知控告人如检察机关受理后公安机关将不予受理的后果，并引导控告人先行向公安机关申请复议、复核。控告人坚持立案监督请求的，人民检察院应当受理。

负责受理的人民检察院应当根据事实、法律进行审查，认为公安机关立案或者不立案决定正确的，应当制作相关法律文书，答复控告人、申诉人；认为需要公安机关说明不立案或者立案理由，且经审查公安机关说明不立案或者立案的理由后，认为公安机关不立案或者立案理由不能成立的，经检察长决定，应当通知公安机关立案或者撤销案件。

人民检察院已经对刑事立案监督案件作出处理结论，监督申请人、建议单位不服，向上一级人民检察院提出监督申请、建议或者复查申请、建议的，上一级人民检察院不予受理。

（2）刑事申诉案件

原案的当事人及其法定代理人、近亲属或者受委托代理律师不服人民检察院因犯罪嫌疑人没有犯罪事实，或者符合《刑事诉讼法》第十六条规定情形而作出的不批准逮捕决定、人民检察院不起诉决定、人民检察院撤销案件决定、人民检察院其他诉讼终结的刑事处理决定，以及不服人民法院已经发生法律效力的刑事判决、裁定，向人民检察院提出申诉，并依法提供申诉书、身份证明、相关法律文书、证据材料或者证据线索等材料的，人民检察院应当受理。

刑事处理决定的申诉，由作出决定的人民检察院管辖，但被害人及其法定代理人、近亲属不服人民检察院不起诉决定，在收到不起诉决定书后7日以内提出申诉的，由作出不起诉决定的人民检察院的上一级人民检察院管辖；不服人民法院已经发生法律效力的刑事判决、裁定的申诉，由作出生效判决、裁定的人民法院的同级人民检察院管辖。

人民检察院经审查，认为原判决、裁定或者处理决定认定事实清楚，证据确实充分，处理适当，或者原案虽有瑕疵，但不足以影响原判决、裁定或者处理决定结论的，应当审查结案，并制作《刑事申诉结果通知书》，于10日以内送达申诉人。人民检察院经审查，认为人民检察院原处理决定正确，但所认定的部分事实或者适用法律错误的，应当纠正错误的部分，维持原处理决定；认为原处理决定错误的，予以撤销，需要重新进入诉讼程序的，将案件移送有管辖权的人民检察院或者本院有关部门依法办理。人民检察院经审查，认为人民法院已经发生法律效力的刑事判决、裁定确有错误，具有以下情形之一的，应当按照审判监督程序向人民法院提出抗诉或者再审检察建议：①原判决、裁定认定事实、适用法律确有错误致裁判不公或者原判决、裁定的主要事实依据被依法变更或者撤销的；②认定罪名错误且明显影响量刑的；③量刑明显不当的；④据以定罪量刑的证据不确实、不充分，或者主要证据之间存在矛盾，或者依法应当予以排除的；⑤有新的证据证明原判决、裁定认定的事实确有错误，可能影响定罪量刑的；⑥违反法律关于追诉时效期限的规定的；⑦违反法律规定的诉讼程序，可能影响公正审判的；⑧审判人员在审理案件时有贪污受贿、徇私舞弊、枉法裁判行为的。

原案的当事人及其法定代理人、近亲属或者受委托的律师不服人民检察院刑事申诉案件审查或者复查结论，继续向上一级人民检察院申诉的，上一级人民检察院应当受理。但人民法院已经受理且正在审查程序当中的，人民检察院不予受理，并告知申诉人待人民法院处理完毕后，如不服再提出申诉。

（3）阻碍辩护人等行使权利案件

辩护人、诉讼代理人认为公安机关、人民检察院、人民法院及其工作人员阻碍其依法行使诉讼权利，向同级或者上一级人民检察院申诉或者控告，依法提供申请书、身份证明、相关法律文书等材料的，人民检察院应当受理并调查核实，在10日以内办结并书面答复。情况属实的，通知予以纠正；律师提出会见在押的犯罪嫌疑人、被告人、罪犯，认为受到相关部门工作人员阻碍的，人民检察院应当当场予以处理，不能当场处理的，应当在5个工作日内审查办理完毕；对于律师提出的情况紧急、需要尽快办理的控告申诉，人民检察院一般应当在3个工作日内办理并答复律师。人民检察院作出审查结论，辩护人、诉讼代理人以同一事由重复向上一级人民检察院控告、申诉的，上一级人民检察院不予受理，但提出新的事实、证据和理由的除外。

（4）指定居所监视居住监督案件

被指定居所监视居住人及其法定代理人、近亲属或者辩护人认为公安机关、人民检察院、人民法院指定居所监视居住决定存在违法情形，向人民检察院提出控告，并依法提供申请书、身份证明、相关法律文书等材料的，由批准或者决定的公安机关、人民检察院、人民法院的同级人民检察院对决定或者执行活动是否合法实行监督。人民检察院经审查，发现公安机关、人民检察院、人民法院指定居所监视居住决定存在违法情形的，应当及时通知其纠正；发现执行机关或者执行人员存在违法情形的，应当及时提出纠正意见。被指定居所监视居住人及其法定代理人、近亲属或者辩护人对人民检察院作出的审查结论不服，向上一级人民检察院控告的，上一级人民检察院不予受理。

（5）死刑复核监督案件

当事人及其近亲属或者受委托的律师向最高人民检察院提出不服死刑裁判的申诉，并依法提供申诉书、身份证明、相关法律文书、证据材料等材料的，最高人民检察院应当受理。最高人民检察院经审查发现死刑复核案件具有以下情形之一的，依法向最高人民法院提出检察意见：①认为适用死刑不当，或者案件事实不清、证据不足，依法不应当核准死刑的；②认为不予核准死刑的理由不成立，依法应当核准死刑的；③发现新的事实和证据，可能影响被告人定罪量刑的；④严重违反法律规定的诉讼程序，可能影响公正审判的；⑤司法工作人员在办理案件时，有贪污受贿、徇私舞弊、枉法裁判等行为的；⑥其他需要提出检察意见的情形。同意最高人民法院核准或者不核准意见的，应当书面回复最高人民法院。

（6）刑罚执行和监管执法监督案件

依法被关押于看守所、监狱或者收治于强制医疗机构的被监管人及其法定代理人、近亲属认为被监管人的合法权利受到侵犯，向人民检察院提出控告、举报，或者对于人民法院、人民检察院的生效判决、裁定、决定以及人民法院、公安机关、监狱管理机关的减刑、假释裁定、暂予监外执行决定、强制医疗决定或者解除强制医疗决定等不服提出的申诉，符合人民检察院管辖条件，并依法提供申诉书、身份证明、相关法律文书、证据材料等材料的，由被控告、举报、申诉的监管单位的同级人民检察院受理。

人民检察院经审查，对刑罚执行和监管执法活动存在以下情形的，提出纠正意见建议：①发现执法瑕疵、安全隐患，或者违法情节轻微的，口头提出纠正意见，并记录在案；②发现严重违法，发生重大事故，或者口头提出纠正意见后 7 日以内未予纠正的，书面提出纠正意见；③发现存在可能导致执法不公问题，或者存在重大监管漏洞、重大安全隐患、重大事故风险等问题的，提出检察建议。对于监管人员存在职务违法犯罪行为的，应当及时立案侦查，或者移送有关机关依法处理。

2. 民事诉讼监督案件

（1）生效民事判决、裁定、调解书监督案件

对于人民法院驳回再审申请、人民法院逾期未对再审申请

作出裁定，或者再审判决、裁定有明显错误，当事人向人民检察院申请检察建议或者抗诉，并依法提供监督申请书、身份证明、相关法律文书及证据材料等的，由作出生效民事判决、裁定、调解书的人民法院所在地同级人民检察院受理。有以下情形之一的，人民检察院不予受理：①当事人未向人民法院申请再审的；②当事人申请再审超过法律规定的期限的，但不可归责于其自身原因的除外；③人民法院在法定期限内正在对民事再审申请进行审查的；④人民法院已经裁定再审且尚未审结的；⑤判决、调解解除婚姻关系的，但对财产分割部分不服的除外；⑥人民检察院已经审查终结作出决定的；⑦民事判决、裁定、调解书是人民法院根据人民检察院的抗诉或者再审检察建议再审后作出的；⑧申请监督超过人民法院作出驳回再审申请裁定或者再审判决、裁定发生法律效力之日起 2 年内提出的；⑨其他不应受理的情形。

人民检察院经审查，认为当事人的监督申请不符合抗诉条件的，应当作出不支持监督申请的决定，并在决定之日起 15 日内制作《不支持监督申请决定书》，发送当事人。

当事人认为人民检察院对同级人民法院已经发生法律效力的民事判决、裁定、调解书作出的不支持监督申请决定存在明显错误的，可以向上一级人民检察院申请复查。当事人申请复查，依法提供复查申请书、身份证明、相关法律文书及证据材料等的，上一级人民检察院应当受理，但复查申请超过不支持监督申请决定作出之日起 1 年的除外。上一级人民检察院经审查，认为下一级人民检察院不支持监督申请决定错误，应当以人民检察院的名义予以撤销并依法提出抗诉；认为不存在错误，应当决定复查维持，并制作《复查决定书》，发送申请人。当事人不服人民检察院作出的复查决定，向上一级人民检察院提出监督申请的，上一级人民检察院不予受理。

（2）民事审判程序中审判人员违法行为监督案件

当事人认为民事审判程序中审判人员存在违法行为，向人民检察院申请监督，并依法提供监督申请书、身份证明、相关法律文书及证据材料等的，由审理案件的人民法院所在地同级人民检察院受理。但是，有以下情形之一的，人民检察院不予受理：①法律规定可以提出异议、申请复议或者提起诉讼，当事人没有提出异议、申请复议或者提起诉讼的，但有正当理由的除外；②当事人提出异议、申请复议或者提起诉讼后，人民法院已经受理并正在审查处理的，但超过法定期限未作出处理的除外；③其他不应受理的情形。

人民检察院经审查，发现同级人民法院民事审判程序中有以下情形之一的，应当向同级人民法院提出检察建议，并制作决定提出检察建议的《通知书》，发送申请人：①判决、裁定确有错误，但不适用再审程序纠正的；②调解违反自愿原则或者调解协议的内容违反法律的；③符合法律规定的起诉和受理条件，应当立案而不立案的；④审理案件适用审判程序错误的；⑤保全和先予执行违反法律规定的；⑥支付令违反法律规定的；⑦诉讼中止或者诉讼终结违反法律规定的；⑧违反法定审理期限的；⑨对当事人采取罚款、拘留等妨害民事诉讼的强制措施违反法律规定的；⑩违反法律规定送达的；⑪其他违反法律规定的情形。

人民检察院经审查，认为当事人申请监督的审判程序中审判人员违法行为认定依据不足的，应当作出不支持监督申请的决定，并在决定之日起15日内制作《不支持监督申请决定书》，发送申请人。当事人不服人民检察院作出的不支持监督申请决定，向上一级人民检察院提出监督申请的，上一级人民检察院不予受理。

（3）执行活动监督案件

当事人认为民事执行活动存在违法情形，向人民检察院申请监督，并依法提供监督申请书、身份证明、相关法律文书及证据材料等的，由执行案件的人民法院所在地同级人民检察院受理。当事人不服上级人民法院作出的复议裁定、决定等，提出监督申请的，由上级人民法院所在地同级人民检察院受理。但是，有以下情形之一的，人民检察院不予受理：①法律规定可以提出异议、申请复议或者提起诉讼，当事人没有提出异议、申请复议或者提起诉讼的，但有正当理由的除外；②当事人提出异议、申请复议或者提起诉讼后，人民法院已经受理并正在审查处理的，但超过法定期限未作出处理的除外；③其他不应受理的情形。

人民检察院经审查，发现人民法院在执行活动中有以下情形之一的，应当向同级人民法院提出检察建议，并制作决定提出检察建议的《通知书》，发送申请人：①决定是否受理、执行管辖权的移转以及审查和处理执行异议、复议、申诉等执行审查活动存在违法、错误情形的；②实施财产调查、控制、处分、交付和分配以及罚款、拘留、信用惩戒措施等执行实施活动存在违法、错误情形的；③存在消极执行、拖延执行等情形的；④其他执行违法、错误情形。

人民检察院认为当事人申请监督的人民法院执行活动不存在违法情形的，应当作出不支持监督申请的决定，并在决定之日起15日内制作《不支持监督申请决定书》，发送申请人。当事人不服人民检察院作出的不支持监督申请决定，向上一级人民检察院提出监督申请的，上一级人民检察院不予受理。

3. 行政诉讼监督案件

（1）生效行政判决、裁定、调解书监督案件

对于人民法院驳回再审申请、人民法院逾期未对再审申请作出裁定，或者再审判决、裁定有明显错误，当事人向人民检察院申请监督，并依法提供监督申请书、身份证明、相关法律文书及证据材料等的，由作出生效行政判决、裁定、调解书的人民法院所在地同级人民检察院受理。但是，有以下情形之一的，人民检察院不予受理：①当事人对生效行政判决、裁定、调解书未向人民法院申请再审的；②当事人申请再审超过法律规定的期限的；③人民法院在法定期限内正在对再审申请进行审查的；④人民法院已经裁定再审且尚未审结的；⑤人民检察院已经审查终结作出决定的；⑥行政判决、裁定、调解书是人

民法院根据人民检察院的抗诉或者再审检察建议再审后作出的；⑦申请监督超过《人民检察院行政诉讼监督规则》第二十条规定的期限的；⑧其他不应当受理的情形。

人民检察院经审查，认为当事人不服人民法院生效行政判决、裁定、调解书的监督申请不符合监督条件，应当制作《不支持监督申请决定书》，在决定之日起 15 日内发送当事人。当事人不服人民检察院对同级人民法院已经发生法律效力的行政判决、裁定、调解书作出的不支持监督申请决定，向上一级人民检察院申请监督的，上一级人民检察院不予受理。

（2）行政审判程序中审判人员违法行为监督案件

当事人认为行政审判程序中审判人员存在违法行为，向人民检察院申请监督，并依法提供监督申请书、身份证明、相关法律文书及证据材料等的，由审理案件的人民法院所在地同级人民检察院受理。

人民检察院经审查，发现同级人民法院行政审判程序中有以下情形之一的，应当向同级人民法院提出检察建议，并制作决定提出检察建议的《通知书》，发送申请人：①判决、裁定确有错误，但不适用再审程序纠正的；②调解违反自愿原则或者调解协议内容违反法律的；③对公民、法人或者其他组织提起的诉讼未在法定期限内决定是否立案的；④当事人依照《行政诉讼法》第五十二条规定向上一级人民法院起诉，上一级人民法院未按该规定处理的；⑤审理案件适用审判程序错误的；⑥保全、先予执行、停止执行或者不停止执行行政行为裁定违反法律规定的；⑦诉讼中止或者诉讼终结违反法律规定的；⑧违反法定审理期限的；⑨对当事人采取罚款、拘留等妨害行政诉讼的强制措施违反法律规定的；⑩违反法律规定送达的；⑪其他违反法律规定的情形。

人民检察院经审查，认为当事人申请监督的行政审判程序中审判人员违法行为认定依据不足的，应当作出不支持监督申请的决定，并在决定之日起 15 日内制作《不支持监督申请决定书》，发送申请人。当事人不服人民检察院作出的不支持监督申请决定，向上一级人民检察院提出监督申请的，上一级人民检察院不予受理。

（3）执行活动监督案件

当事人认为行政执行活动存在违法情形，向人民检察院申请监督，并依法提供监督申请书、身份证明、相关法律文书及证据材料等的，由执行案件的人民法院所在地同级人民检察院受理。当事人不服上级人民法院作出的复议裁定、决定等，提出监督申请的，由上级人民法院所在地同级人民检察院受理。但是，有以下情形之一的，人民检察院不予受理：①根据法律规定可以对人民法院的执行活动提出异议、申请复议或者提起诉讼，当事人、利害关系人、案外人没有提出异议、申请复议或者提起诉讼的，但有正当理由或者人民检察院依职权监督的除外；②当事人提出有关执行的异议、申请复议、申诉或者提起诉讼后，人民法院已经受理并正在审查处理的，但超过法定期限未作出处理的除外。

人民检察院经审查，发现人民法院在执行活动中有以下情形之一的，应当向同级人民法院提出检察建议，并制作决定提出检察建议的通知文书，发送申请人：①人民法院执行裁定、决定等存在违反法律规定或错误的，如提级管辖、指定管辖或者对管辖异议的裁定违反法律规定；裁定受理、不予受理、中止执行、终结执行、终结本次执行程序、恢复执行、执行回转等违反法律规定；变更、追加执行主体错误；裁定采取财产调查、控制、处置等措施违反法律规定；审查执行异议、复议以及案外人异议作出的裁定违反法律规定；决定罚款、拘留、暂缓执行等事项违反法律规定；执行裁定、决定等违反法定程序；对行政机关申请强制执行的行政行为作出准予执行或者不准予执行的裁定违反法律规定等。②人民法院在执行活动中违反规定采取调查、查封、扣押、冻结、评估、拍卖、变卖、保管、发还财产，以及信用惩戒等执行实施措施的。③人民法院不履行或者怠于履行执行职责的，如对依法应当受理的执行申请不予受理又不依法作出不予受理裁定；对已经受理的执行案件不依法作出执行裁定、无正当理由未在法定期限内采取执行措施或者执行结案；违法不受理执行异议、复议或者受理后逾期未作出裁定、决定；暂缓执行、停止执行、中止执行的原因消失后，不按规定恢复执行；依法应当变更或者解除执行措施而不变更、解除；对拒绝履行行政判决、裁定、调解书的行政机关未依照《行政诉讼法》第九十六条规定采取执行措施等。

人民检察院认为当事人申请监督的人民法院执行活动不存

在违法情形的，应当作出不支持监督申请的决定，并在决定之日起 15 日内制作《不支持监督申请决定书》，发送申请人。当事人不服人民检察院作出的不支持监督申请决定，向上一级人民检察院提出监督申请的，上一级人民检察院不予受理。

4. 司法赔偿监督案件

赔偿请求人不服人民法院赔偿委员会作出的生效国家赔偿决定或者决定的，可以向人民检察院提出监督申请。人民检察院审查赔偿请求人的监督申请后，决定不立案的，应当制作《赔偿监督申请审查结果通知书》，并于 5 日内送达提出监督申请的赔偿请求人；决定立案的，应当在立案后 3 个月内审查办结。具有下列情形之一的，应当由作出生效国家赔偿决定或者决定的人民法院赔偿委员会的上一级人民检察院向其同级人民法院赔偿委员会提出重新审查意见：（1）有新的证据，足以推翻原决定的；（2）原决定认定事实的主要证据不足的；（3）原决定适用法律错误的；（4）违反程序规定、影响案件正确处理的；（5）作出原决定的审判人员在审理该案时有贪污受贿、徇私舞弊、枉法处理行为的。人民检察院向人民法院赔偿委员会提出重新审查意见的，应当制作《重新审查意见书》，该意见书副本应当在作出后 10 日内送达赔偿请求人。

赔偿请求人对人民检察院决定不予立案的《赔偿监督申请审查结果通知书》不服，可以向作出不予立案决定的人民检察院或者上一级人民检察院申诉。人民检察院立案后决定不提出重新审查意见的，应当在作出决定后 10 日内将《赔偿监督案件审查结果通知书》送达赔偿请求人；赔偿请求人不服的，可以向作出决定的人民检察院或者上一级人民检察院申诉。

5. 公益诉讼案件

（1）行政公益诉讼案件

自然人、法人和非法人组织向人民检察院控告、举报的案件线索，存在以下情形的，人民检察院应当立案：①国家利益或者社会公共利益受到侵害；②生态环境和资源保护、食品药品安全、国有财产保护、国有土地使用权出让、未成年人保护、安全生产、个人信息保护、军人地位和权益保障、妇女权益保障、无障碍环境建设等领域对保护国家利益或者社会公共利益负有监督管理职责的行政机关可能违法行使职权或者不作为。

人民检察院办理行政公益诉讼案件，由行政机关对应的同级人民检察院立案管辖。行政机关为人民政府，由上一级人民检察院管辖更为适宜的，也可以由上一级人民检察院立案管辖。公益损害范围涉及两个以上行政区划的公益诉讼案件，可以由共同的上一级人民检察院管辖。

人民检察院经调查，认为存在以下情形之一的，应当作出终结案件决定：①行政机关未违法行使职权或者不作为的；②国家利益或者社会公共利益已经得到有效保护的；③行政机关已经全面采取整改措施依法履行职责的；④其他应当终结案件的情形。人民检察院经调查，认为行政机关不依法履行职责，致使国家利益或者社会公共利益受到侵害的，应当报检察长决定向行政机关提出检察建议。提出检察建议后，人民检察院应当对行政机关履行职责的情况和国家利益或者社会公共利益受到侵害的情况跟进调查，收集相关证据材料。人民检察院经跟进调查，区分情况提出以下处理意见：终结案件；提起行政公益诉讼；移送其他人民检察院处理。

行政机关经检察建议督促仍然没有依法履行职责，国家利益或者社会公共利益处于受侵害状态的，人民检察院应当依法提起行政公益诉讼。

（2）民事公益诉讼案件

自然人、法人和非法人组织向人民检察院控告、举报的案件线索，存在以下情形的，人民检察院应当立案：①社会公共利益受到损害；②可能存在破坏生态环境和资源保护，食品药品安全领域侵害众多消费者合法权益，侵犯未成年人合法权益，侵害英雄烈士等的姓名、肖像、名誉、荣誉等损害社会公共利益的违法行为。

人民检察院办理民事公益诉讼案件，由违法行为发生地、损害结果地或者违法行为人住所地基层人民检察院立案管辖。刑事附带民事公益诉讼案件，由办理刑事案件的人民检察院立案管辖。公益损害范围涉及两个以上行政区划的公益诉讼案件，可以由共同的上一级人民检察院管辖。

人民检察院经调查，认为存在以下情形之一的，应当终结案件：①不存在违法行为的；②生态环境损害赔偿权利人与赔偿义务人经磋商达成赔偿协议，或者已经提起生态环境损害赔偿诉讼的；③英雄烈士等的近亲属不同意人民检察院提起公益诉讼的；④其他适格主体依法向人民法院提起诉讼的；⑤社会公共利益已经得到有效保护的；⑥其他应当终结案件的情形。有上述②③④项情形之一，人民检察院支持起诉的除外。

人民检察院经调查，认为社会公共利益受到损害，存在违法行为的，应当依法发布公告。公告发布后，人民检察院应当对赔偿权利人启动生态环境损害赔偿程序情况、适格主体起诉情况、英雄烈士等的近亲属提起民事诉讼情况，以及社会公共利益受到损害的情况跟进调查，收集相关证据材料。人民检察院经跟进调查，区分情况提出以下处理意见：终结案件；提起民事公益诉讼；移送其他人民检察院处理。

有以下情形之一，社会公共利益仍然处于受损害状态的，人民检察院应当提起民事公益诉讼：①生态环境损害赔偿权利人未启动生态环境损害赔偿程序，或者经过磋商未达成一致，赔偿权利人又不提起诉讼的；②没有适格主体，或者公告期满后适格主体不提起诉讼的；③英雄烈士等没有近亲属，或者近亲属不提起诉讼的。

（三）公安机关办理涉刑事案件信访事项

当事人对公安机关依据《刑事诉讼法》等法律授权作出的处理决定不服，可以依据《公安机关办理刑事案件程序规定》《公安机关办理刑事复议复核案件程序规定》《公安机关督察条例》，依法向有权处理的公安机关提出申诉、控告或者复议、复核申请等。

1. 关于刑事立案

公安机关对接受的案件，或者发现的犯罪线索进行审查。

经审查，认为有犯罪事实需要追究刑事责任，且属于自己管辖的，经县级以上公安机关负责人批准，予以立案；认为没有犯罪事实，或者犯罪事实显著轻微不需要追究刑事责任，或者具有其他依法不追究刑事责任情形的，经县级以上公安机关负责人批准，不予立案。对有控告人的案件，决定不予立案的，公安机关应当制作不予立案通知书，并在3日以内送达控告人。

控告人对公安机关不予立案决定不服的，可以在收到不予立案通知书后7日以内向作出决定的公安机关申请复议，或者依法向人民检察院申请刑事立案监督。公安机关应当在收到复议申请后30日以内作出决定，并将决定书送达控告人。控告人对不予立案的复议决定不服的，可以在收到复议决定书后7日以内向上一级公安机关申请复核；上一级公安机关应当在收到复核申请后30日以内作出决定。对上级公安机关撤销不予立案决定的，下级公安机关应当执行。案情重大、复杂的，公安机关可以延长复议、复核时限，但是延长时限不得超过30日，并书面告知申请人。

控告人对公安机关不予立案或立案决定不服，向人民检察院提出刑事立案监督申请，人民检察院要求说明不立案理由的，公安机关应当在收到通知书后7日以内，对不立案的情况、依据和理由作出书面说明，回复人民检察院。公安机关作出立案决定的，应当将立案决定书复印件送达人民检察院。人民检察院通知公安机关立案的，公安机关应当在收到通知书后15日以内立案，并将立案决定书复印件送达人民检察院。人民检察院认为公安机关不应当立案而立案，提出纠正意见的，公安机关应当进行调查核实，并将有关情况回复人民检察院。

2. 关于刑事侦查措施

公安机关对已经立案的刑事案件，应当及时进行侦查。在侦查过程中，公安机关应当严格依照法律规定的条件和程序采取拘传、取保候审、监视居住、拘留、逮捕等强制措施，或讯问犯罪嫌疑人，询问证人、被害人，勘验、检查，搜查，查封、扣押，查询、冻结等侦查措施，严禁在没有证据的情况下，仅凭怀疑就对犯罪嫌疑人采取强制措施和侦查措施。

当事人和辩护人、诉讼代理人、利害关系人对于公安机关及其侦查人员有下列行为之一的，有权向该机关申诉或者控告：（1）采取强制措施法定期限届满，不予以释放、解除或者变更的；（2）应当退还取保候审保证金不退还的；（3）对与案件无关的财物采取查封、扣押、冻结措施的；（4）应当解除查封、扣押、冻结不解除的；（5）贪污、挪用、私分、调换、违反规定使用查封、扣押、冻结的财物的。

受理申诉或者控告的公安机关应当及时进行调查核实，并在收到申诉、控告之日起 30 日以内作出处理决定，书面回复申诉人、控告人。发现公安机关及其侦查人员有上述行为之一的，应当立即纠正。上级公安机关发现下级公安机关存在以上违法行为或者对申诉、控告事项不按照规定处理的，应当责令下级公安机关限期纠正，下级公安机关应当立即执行。必要时，上级公安机关可以就申诉、控告事项直接作出处理决定。

（四）司法赔偿事项

根据《国家赔偿法》的相关规定，国家赔偿分为行政赔偿和司法赔偿，其中，司法赔偿包括刑事赔偿和非刑事司法赔偿。本部分内容主要是介绍刑事赔偿和非刑事司法赔偿的相关规定要求，行政赔偿事项办理在“涉特定行政程序类信访事项办理”部分进行阐述。

1. 赔偿案件的受理范围

当事人认为行使侦查、检察、审判职权的机关以及看守所、监狱管理机关及其工作人员在行使职权时，存在《国家赔偿法》规定的侵犯公民、法人和其他组织合法权益的情形，给其造成损害的，有依照该法取得国家赔偿的权利。当事人申请国家赔偿，应当符合《国家赔偿法》第十七条、第十八条、第二十一条、第三十八条以及《最高人民法院关于国家赔偿案件立案工作的规定》第一条的规定。赔偿请求人主体资格的确定依据《国家赔偿法》第六条的规定，赔偿义务机关的确定依据《国家赔偿法》第二十一条及《最高人民法院、最高人民检察院关于办理刑事赔偿案件适用法律若干问题的解释》第十条、第十一条、第十二条的规定。

2. 赔偿义务机关先行处理程序

申请国家赔偿，应当自知道或者应当知道国家机关及其工作人员行使职权时的行为侵犯其人身权、财产权之日起 2 年内向赔偿义务机关提出，但被羁押等限制人身自由期间不计算在内。在赔偿请求时效的最后 6 个月内，因不可抗力或者其他障碍不能行使请求权的，时效中止。从中止时效的原因消除之日起，赔偿请求时效期间继续计算。

赔偿义务机关自收到申请之日起 2 个月内作出是否赔偿的决定，并在 10 日内书面送达赔偿请求人。

3. 自赔程序

人民法院办理本院作为赔偿义务机关的国家赔偿案件，应当在收到赔偿申请之日起 7 日内决定是否立案。决定立案的，应当在 5 日内向赔偿请求人送达受理案件通知书；决定不予立案的，应当在 7 日内作出不予受理决定，并在决定作出之日起 10 日内送达赔偿请求人。

人民法院向赔偿请求人送达受理案件通知书后，经审查认为不符合国家赔偿案件受理条件的，应当决定驳回其国家赔偿申请；认为其赔偿申请属于受案范围，但是赔偿请求不能支持的，应当决定不予赔偿；认为申请赔偿事项属于法定赔偿情形的，应当决定赔偿。上述决定作出后，应当在 10 日内向赔偿请求人送达。

4. 复议程序

赔偿义务机关收到赔偿请求人的赔偿申请后，在规定期限内未作出是否赔偿的决定，或者请求人对赔偿义务机关作出的赔偿决定、不予赔偿决定不服，可以自期限届满之日起或者赔偿义务机关作出决定之日起 30 日内，向赔偿义务机关的上一级机关申请复议。复议机关应当自收到申请之日起 2 个月内作出决定。

赔偿义务机关是人民法院的，赔偿请求人可以向赔偿义务机关的上一级人民法院赔偿委员会申请作出赔偿决定。

5. 人民法院赔偿委员会审理国家赔偿案件程序

赔偿请求人或者赔偿义务机关对复议机关作出的复议决定不服的，可以在收到复议决定之日起30日内向复议机关所在地的同级人民法院赔偿委员会申请作出赔偿决定；复议机关逾期不作决定的，自期限届满之日起30日内申请。复议机关未依法告知赔偿请求人可以向人民法院赔偿委员会申请作出赔偿决定的，赔偿请求人可以自收到复议决定之日起或者复议机关未作出复议决定的期限届满之日起2年内，向人民法院赔偿委员会提出赔偿申请。

人民法院赔偿委员会经审查认为符合申请条件的，应在7日内立案，并通知赔偿请求人、赔偿义务机关和复议机关；认为不符合申请条件的，应当在7日内决定不予受理；立案后发现不符合申请条件的，决定驳回申请。赔偿委员会审理国家赔偿案件，可以组织赔偿请求人与赔偿义务机关依法进行协商。经协商达成协议的，赔偿委员会审查确认后应当制作国家赔偿决定书。一方或者双方不愿意协商或者协商不成的，赔偿委员会应当及时作出决定。人民法院赔偿委员会应当自收到赔偿申请之日起3个月内作出决定，特殊情况可以延长3个月。

6. 监督程序

赔偿请求人或赔偿义务机关认为人民法院赔偿委员会生效决定确有错误的，可以依据《最高人民法院关于国家赔偿监督程序若干问题的规定》第二条规定，向上一级人民法院赔偿委员会提出申诉。申诉审查期间，不停止生效决定的执行。赔偿委员会审查申诉案件，一般在3个月内作出处理，至迟不得超过6个月。有特殊情况需要延长的，由本院院长批准。经审查认为申诉符合上述规定第七条规定情形之一的，人民法院不予受理；认为申诉人主张的重新审理事由不成立，或者不符合《国家赔偿法》和上述规定的申诉条件的，书面驳回申诉；认为申诉人主张的重新审查事由成立，且符合《国家赔偿法》和上述规定的申诉条件的，决定重新审理。

（五）涉法涉诉信访事项依法终结制度

信访人救济权利已经充分行使、放弃行使或者已经丧失，反映的问题已经依法律按政策公正处理，仍反复申诉控告、缠访缠诉，除有法律规定情形外，政法机关可依照涉法涉诉信访终结工作有关规定予以终结，并告知信访人。对已终结的信访事项，不再启动复查程序，各级各有关部门不再统计、交办、通报，由信访人住所地的党委和政府及其基层组织落实对信访人的教育疏导、矛盾化解和帮扶救助工作，有关政法机关配合做好法律释明和政策解释工作。

二、涉仲裁类信访事项办理

仲裁根据纠纷性质不同，主要有民商事纠纷仲裁、劳动人事争议仲裁、农村土地承包经营纠纷仲裁和体育纠纷仲裁四种类型。以上四种仲裁在适用范围、法律依据、程序规则等方面均存在差异，需要结合具体纠纷情况判断适用哪种仲裁方式。

（一）适用范围

1. 民商事纠纷仲裁，适用于平等主体的公民、法人和其他组织之间发生的合同纠纷和其他财产权益纠纷。婚姻、收养、监护、扶养、继承纠纷，以及依法应当由行政机关处理的行政争议，不适用民商事纠纷仲裁。

2. 劳动人事争议仲裁，适用于用人单位与劳动者发生的劳动人事争议，主要包括：因确认劳动关系发生的争议；因订立、履行、变更、解除和终止劳动合同发生的争议；因工作时间、休息休假、社会保险、福利、培训以及劳动保护发生的争议；因劳动报酬、工伤医疗费、经济补偿或者赔偿金发生的争议；事业单位、社会团体与其建立人事关系的工作人员之间因终止人事关系以及履行聘用合同发生的争议；军队文职人员用人单位与聘用制文职人员之间因履行聘用合同发生的争议等。

3. 农村土地承包经营纠纷仲裁，适用于农村土地承包经营权相关纠纷，主要包括：因订立、履行、变更、解除和终止农村土地承包合同发生的纠纷；因农村土地承包经营权互换、转让和土地经营权转包、出租、入股等流转发生的纠纷；因收回、调整承包地发生的纠纷；因确认农村土地承包经营权发生的纠纷；因侵害农村土地承包经营权发生的纠纷等。因征收集体所有的土地及其补偿发生的纠纷，不属于农村土地承包经营纠纷仲裁范围。

4. 体育纠纷仲裁，适用于不服体育组织处理决定的纠纷，因运动员注册、交流发生的纠纷及竞技体育活动中发生的其他纠纷。其涉及的法律关系往往是体育社会组织等机构对运动员、俱乐部，或俱乐部对运动员、教练员等垂直管理关系；纠纷形式多表现为当事人对处罚决定、不予转会或注册决定等管理决定不服而申请仲裁。

（二）申请和受理

符合以上条件的信访事项可以导入仲裁程序，但需按要求提交申请材料。

1. 民商事纠纷仲裁，申请人申请仲裁时应当向仲裁委员会提交仲裁协议、仲裁申请书及副本（依据被申请人人数提供相应的份数），申请书中应当明确具体的仲裁请求和事实、理由。仲裁委员会收到仲裁申请书之日起 5 日内，认为符合受理条件的，应当受理，并通知当事人；认为不符合受理条件的，应当书面通知当事人不予受理，并说明理由。

2. 劳动人事争议仲裁，申请人申请仲裁时应当向劳动人事争议仲裁委员会提交书面仲裁申请及副本（依据被申请人人数提供相应的份数），申请书中应当明确具体的仲裁请求和事实、理由。书写仲裁申请确有困难的，可以口头申请，由仲裁委员会记入笔录，并告知对方当事人。仲裁委员会收到仲裁申请书之日起 5 日内，认为符合受理条件的，应当受理，并通知申请人；认为不符合受理条件的，应当书面通知申请人不予受理，并说明理由。

3. 农村土地承包经营纠纷仲裁，申请人申请仲裁时应当向农村土地承包仲裁委员会提交书面仲裁申请及副本（依据被申请人人数提供相应的份数），申请书中应当明确具体的仲裁请求和事实、理由。仲裁委员会收到仲裁申请书之日起5个工作日内，认为符合受理条件的，应当受理，并通知当事人；认为不符合受理条件的，应当书面通知当事人不予受理，并说明理由。

4. 体育纠纷仲裁，申请人申请仲裁时应当向体育仲裁委员会提交仲裁申请书、证明体育仲裁管辖依据的文件、申请人的身份证明文件。证明体育仲裁管辖依据的文件一般包括仲裁协议、体育组织章程、体育赛事规则等。对体育社会组织、运动员管理单位、体育赛事活动组织者按照兴奋剂管理或者其他管理规定作出的取消参赛资格、取消比赛成绩、禁赛等处理决定不服提起仲裁时，申请人需提交相关体育组织作出的处理决定，以此来证明纠纷对象之间的法律关系，明确体育仲裁机构处理纠纷的事实依据。

体育仲裁委员会收到仲裁申请书之日起5日内，认为符合受理条件的，应当受理，并通知当事人；认为不符合受理条件的，应当书面通知申请人不予受理，并说明理由。体育仲裁委员会在收到仲裁申请书后，除直接受理或者不予受理外，对部分仲裁申请会告知当事人限期补正，再根据当事人的补正情况作进一步处理。申请人补正后符合受理条件的，体育仲裁委员会应当受理；逾期未补正的，视为撤回申请，对申请人已提交的仲裁申请书及其附件，体育仲裁委员会不予留存。

（三）仲裁委员会和仲裁庭

1. 民商事纠纷仲裁，由设在直辖市和省、自治区人民政府所在地的市，或者其他设区的市的仲裁委员会受理。仲裁委员会依据《仲裁法》制定仲裁规则，仲裁委员会独立于行政机关，与行政机关没有隶属关系，各地仲裁委员会之间也没有隶属关系。截至2023年底，全国有279家仲裁机构，当事人可以在签订仲裁协议时，选择全国任何一家仲裁委员会，不受地域限制，产生争议后，则由该协议约定的仲裁委员会进行仲裁。仲裁委员会由法律、经济贸易专家和有实际工作经验的人员组成。

仲裁庭可以由3名仲裁员或者1名仲裁员组成。由3名仲裁员组成的，设首席仲裁员。当事人约定由3名仲裁员组成仲裁庭的，应当各自选定或者各自委托仲裁委员会主任指定1名仲裁员，第3名仲裁员由当事人共同选定或者共同委托仲裁委员会主任指定。第3名仲裁员为首席仲裁员。当事人约定由1名仲裁员成立仲裁庭的，应当由当事人共同选定或者共同委托仲裁委员会主任指定仲裁员。当事人没有在仲裁规则规定的期限内约定仲裁庭的组成方式或者选定仲裁员的，由仲裁委员会主任指定。

2. 劳动人事争议仲裁，由劳动人事争议仲裁委员会受理。国务院劳动行政部门依据《劳动争议调解仲裁法》制定仲裁规则，省、自治区、直辖市人民政府劳动行政部门对本行政区域的劳动人事争议仲裁工作进行指导。劳动人事争议仲裁委员会负责管辖本区域内发生的劳动人事争议。劳动人事争议仲裁委员会由干部主管部门代表、人力资源社会保障等相关行政部门代表、军队文职人员工作管理部门代表、工会代表和用人单位方面代表组成，履行聘任、解聘专职或者兼职仲裁员，受理争议案件，讨论重大或者疑难的劳动争议案件，对仲裁活动进行监督等职责。劳动人事争议仲裁委员会下设办事机构，负责办理日常工作。

仲裁庭由 3 名仲裁员组成，设首席仲裁员。简单争议案件可以由 1 名仲裁员独任仲裁。

3. 农村土地承包经营纠纷仲裁，由农村土地承包仲裁委员会受理。农村土地承包仲裁委员会由当地人民政府依据《农村土地承包经营纠纷调解仲裁法》组织设立，仲裁委员会办公室设在当地农业农村部门。委员会由当地人民政府及其有关部门代表、有关人民团体代表、农村集体经济组织代表、农民代表和法律、经济等相关专业人员兼任组成。仲裁委员会履行聘任、解聘仲裁员，受理仲裁申请，监督仲裁活动的职责。

仲裁庭由 3 名仲裁员组成，首席仲裁员由当事人共同选定，其他 2 名仲裁员由当事人各自选定；当事人不能选定的，由农村土地承包仲裁委员会主任指定。事实清楚、权利义务关系明确、争议不大的农村土地承包经营纠纷，经双方当事人同意，可以由 1 名仲裁员仲裁。

4. 体育纠纷仲裁，由体育仲裁委员会受理。国家体育总局依照《体育法》组织设立中国体育仲裁委员会，专门处理体育纠纷，委员会住所地在北京。仲裁委员会由体育行政部门代表、体育社会组织代表、运动员代表、教练员代表、裁判员代表以及体育、法律专家组成。

仲裁庭由 1 名或者 3 名仲裁员组成。案件由 3 人仲裁庭审理的，双方当事人应当在收到仲裁通知之日起 15 日内各自选定或者委托仲裁委员会主任从《仲裁员名册》中指定 1 名仲裁员。当事人未在上述期限内选定或者委托主任指定的，由主任指定。首席仲裁员由双方当事人在被申请人收到仲裁通知之日起 15 日内共同选定或者共同委托主任从《仲裁员名册》中指定。案件由独任仲裁员审理的，双方当事人在被申请人收到仲裁通知之日起 15 日内共同选定或共同委托主任指定 1 名仲裁员作为独任仲裁员。

（四）和解与调解

1. 和解。当事人申请仲裁后，可以自行和解。达成和解协议的，可以请求仲裁庭根据和解协议的内容作出裁决书，也可以撤回仲裁申请。当事人达成和解协议、撤回仲裁申请后反悔的，可以根据仲裁协议重新申请仲裁。

2. 调解。劳动人事争议仲裁、农村土地承包经营纠纷仲裁的仲裁庭在作出裁决前，应当先行调解；民商事纠纷仲裁、体育纠纷仲裁的仲裁庭在作出仲裁裁决前，可以先行调解，调解不成的，应当及时作出裁决。调解达成协议的，仲裁庭应当制作调解书或者根据协议的结果制作裁决书（体育仲裁中，仲裁庭根据当事人请求制作调解书或者裁决书）。调解书经双方当事人签收后，即发生法律效力。在调解书签收前当事人反悔的，仲裁庭应当及时作出裁决。

（五）仲裁裁决

1. 民商事纠纷仲裁的仲裁庭应当在所属仲裁委员会仲裁规则规定的时限内作出裁决。裁决书自作出之日起发生法律效力且一裁终局。裁决作出后，当事人就同一纠纷再申请仲裁或者向人民法院起诉的，仲裁委员会或者人民法院不予受理。当事人对裁决书中的文字、计算错误或者对仲裁庭已经裁决但在裁决书中遗漏的事项，可以自收到裁决书之日起30日内请求仲裁庭补正。一方当事人不履行裁决的，另一方当事人可以依据《民事诉讼法》的有关规定向人民法院申请执行；当事人有证据证明裁决存在法定撤销或者不予执行情形的，可以向有管辖权的人民法院申请撤销或者不予执行仲裁裁决。

2. 劳动人事争议仲裁应当自劳动人事争议仲裁委员会受理仲裁申请之日起45日内结束。案情复杂需要延期的，经劳动人事争议仲裁委员会主任或者其委托的仲裁院负责人批准，可以延期并书面通知当事人，但是延长期限不得超过15日。逾期未作出仲裁裁决的，当事人可以就该劳动人事争议事项向人民法院提起诉讼。除法律另有规定外，就追索劳动报酬、工伤医疗费、经济补偿或者赔偿金不超过当地月最低工资标准12个月金额，或者因执行国家的劳动标准在工作时间、休息休假、社会保险等方面发生的争议作出的仲裁裁决为终局裁决，裁决书自作出之日起发生法律效力。劳动者对仲裁裁决不服的，可以自收到仲裁裁决书之日起15日内向人民法院提起诉讼；用人单位有证据证明仲裁裁决有撤销情形的，可以自收到仲裁裁决书之日起 30 日内向劳动人事争议仲裁委员会所在地的中级人民法院申请撤销裁决。裁决被人民法院裁定撤销的，当事人可以自收到裁定书之日起 15 日内就该劳动人事争议事项向人民法院提起诉讼。当事人对非终局裁决不服的，可以自收到仲裁裁决书之日起 15 日内向人民法院提起诉讼；期满不起诉的，裁决书发生法律效力。

3. 农村土地承包经营纠纷仲裁应当自受理仲裁申请之日起 60 日内结束；案情复杂需要延长的，经农村土地承包仲裁委员会主任批准可以延长，并书面通知当事人，但延长期限不得超过 30 日。当事人不服仲裁裁决的，可以自收到裁决书之日起 30 日内向人民法院起诉。逾期不起诉的，裁决书即发生法律效力。如果一方当事人逾期不履行发生法律效力的裁决书，另一方当事人可以向被申请人住所地或者财产所在地的基层人民法院申请执行。

4. 体育纠纷仲裁一般在仲裁庭组庭后 3 个月内作出裁决；有特殊情况需要延长的，由首席仲裁员或者独任仲裁员在期满前提出书面申请，经主任批准可以适当延长。裁决书自作出之日起发生法律效力。当事人应当按照裁决书确定的履行期限履行裁决；没有确定履行期限的，应当立即履行。任何一方不履行的，当事人可以向有管辖权的人民法院申请强制执行。仲裁裁决一裁终局，裁决作出后，当事人就同一纠纷再申请体育仲裁或者向人民法院起诉的，仲裁委员会或者人民法院不予受理。

三、涉党员申诉或者申请复审等程序类信访事项办理

（一）对所受党纪处分不服的申诉程序

《中国共产党纪律处分条例》《中国共产党党员权利保障条例》《中国共产党纪律检查机关监督执纪工作规则》《中国共产党纪律检查机关控告申诉工作条例》等对党员不服党纪处分的申诉程序作了规定。党员不服处分决定的申诉，由批准或者决定处分的党委（党组）或者纪律检查委员会受理。对党员的申诉，需要复议、复查的，由纪律检查委员会相关负责人批准后受理，按照党的纪律检查机关案件审理工作的有关规定办理。不需要复议、复查的，由承办的纪律检查机关或者有关党组织对申诉人说明理由，做好工作。

经过复议、复查，如果原结论或者处理决定是正确的，应作出维持原结论或者处理的决定，并报原批准的党委（党组）或者纪律检查委员会批准结案；需要改变原结论或者处理决定的，应作出新的处理决定，并经原批准的党委（党组）或者纪律检查委员会批准执行。如果复议、复查结论和决定是由原批准的党委（党组）或者纪律检查委员会作出的，则不必办理上述批准手续。对申诉的问题复议、复查后，由承办的党委（党组）或者纪律检查委员会将处理意见或者复议、复查结论同申诉人见面，听取其意见。决定应当告知申诉人，抄送相关单位，并在一定范围内宣布。复议、复查工作应当在3个月内办结。

申诉人如果对复议、复查结论仍然不服，由批准的党委

（党组）或者纪律检查委员会，将申诉人的意见及复议、复查的结论和有关材料，一并报上一级党委（党组）或者纪律检查委员会审查决定，或者由申诉人本人按照规定程序逐级向上一级党的委员会或者纪律检查委员会直至中央提出申诉。

（二）对问责决定不服的申诉程序

党组织、党的领导干部违反党章和其他党内法规，存在失职失责情形的，应当予以问责。问责决定由有管理权限的党组织作出。根据《中国共产党问责条例》第二十条、第二十一条的规定，问责对象对问责决定不服的，可以自收到问责决定之日起1个月内，向作出问责决定的党组织提出书面申诉。作出问责决定的党组织接到书面申诉后，应当在1个月内作出处理决定，并以书面形式告知提出申诉的党组织、领导干部及其所在党组织。申诉期间，不停止问责决定的执行。问责决定作出后，发现问责事实认定不清楚、证据不确凿、依据不充分、责任不清晰、程序不合规、处理不恰当，或者存在其他不应当问责、不精准问责情况的，应当及时予以纠正。必要时，上级党组织可以直接纠正或者责令作出问责决定的党组织予以纠正。

（三）对组织处理决定不服的申诉程序

组织处理是指党组织对违规违纪违法、失职失责失范的领导干部采取的岗位、职务、职级调整措施，包括停职检查、调整职务、责令辞职、免职、降职。根据《中国共产党组织处理规定（试行）》第十二条、第十三条的规定，领导干部对组织处理决定不服的，可以在收到组织处理决定后，向作出组织处理决定的党委（党组）提出书面申诉。党委（党组）应当在收到申诉的1个月内作出申诉处理决定，以书面形式告知干部本人以及所在单位。领导干部对申诉处理决定不服的，可以向上级组织（人事）部门提出书面申诉。上级组织（人事）部门应当在2个月内予以办理并作出答复，情况复杂的不超过3个月。申诉期间，不停止组织处理决定的执行。对领导干部组织处理存在事实认定不清楚、责任界定不准确的，应当重新调查核实。处理不当的，应当及时予以纠正。必要时，上级党委（党组）可以责令作出组织处理决定的党委（党组）予以纠正。

（四）对监察处理决定不服的申请复审、复核程序

根据《监察法实施条例》的有关规定，监察对象对监察机关作出的涉及本人的处理决定不服的，可以在收到处理决定之日起1个月内，向作出决定的监察机关申请复审。复审机关应当依法受理，并在受理后1个月内作出复审决定。监察对象对复审决定仍不服的，可以在收到复审决定之日起1个月内，向上一级监察机关申请复核。复核机关应当依法受理，并在受理后2个月内作出复核决定。上一级监察机关的复核决定和国家监察委员会的复审、复核决定为最终决定。复审、复核机关经审查认定处理决定有错误或者不当的，应当依法撤销、变更原处理决定，或者责令原处理机关及时予以纠正。复审、复核机关经审查认定处理决定事实清楚、适用法律正确的，应当予以维持。复审、复核期间，不停止原处理决定的执行。

（五）公务员对人事处理决定不服的复核与申诉程序

公务员对涉及本人的处分，辞退或者取消录用，降职，定期考核定为不称职，免职，申请辞职、提前退休未予批准，不按照规定确定或者扣减工资、福利、保险待遇等人事处理不服的，可以申请复核或者提出申诉。有权处理机关、单位依据《公务员法》《公务员申诉规定》等法律法规办理。公务员申请复核，应当自知道该人事处理之日起30日内向原人事处理机关提交书面申请。在复核决定作出前，申请复核的公务员不得提出申诉。复核决定逾期未作出的，申请复核的公务员可以在复核期满之日起15日内提出申诉。公务员对复核结果不服的，可以自接到复核决定之日起15日内提出申诉；也可以不经复核，自知道人事处理之日起30日内直接提出申诉。公务员对申诉处理决定不服的，可以自接到申诉处理决定之日起30日内提出再申诉。

公务员对本人所在机关作出的人事处理决定不服的申诉，由同级公务员主管部门管辖。省级以下机关公务员对公务员主管部门作出的申诉处理决定不服的再申诉，由同级党委或者上一级公务员主管部门管辖。其中，对省、自治区、直辖市公务员主管部门作出的申诉处理决定不服的再申诉，由省、自治区、直辖市党委管辖。地方党委受理的再申诉，由党委指定的部门负责组建公务员申诉公正委员会开展案件审理工作。县级以下机关公务员对经县级党委批准或者乡镇党委作出的人事处理不服的申诉，由上一级公务员主管部门管辖。中央垂直管理部门省级以下机关公务员对人事处理不服的申诉，由上一级机关管辖。对申诉处理决定不服的再申诉，由作出申诉处理决定的机关的上一级机关管辖。实行双重领导并以上级单位领导为主的部门省级以下机关、省以下垂直管理部门公务员的申诉，由上一级机关管辖。对省垂直管理机关作出的申诉处理决定不服的再申诉，由省、自治区、直辖市党委管辖。

原人事处理机关应当自接到复核申请书后的30日内作出复核决定，并以书面形式告知申请人。受理公务员申诉和再申诉的机关应当自受理之日起60日内作出处理决定。案情复杂的，可以适当延长，但是延长时间不得超过30日。复核、申诉期间，人事处理继续执行。

（六）事业单位工作人员对人事处理决定不服的申诉程序

事业单位工作人员与所在单位发生人事争议的，依照《劳动争议调解仲裁法》等有关规定处理。事业单位工作人员对涉及本人的考核结果、处分决定等不服的，可以按照国家有关规定申请复核、提出申诉。

四、涉特定行政程序类信访事项办理

行政机关具有执法主体多、范围领域广、行为数量大等特点，且作出的行政行为牵涉广大人民群众的切身利益。在办理与行政机关相关的信访事项过程中，应注重发挥行政机关了解情况、熟悉程序的优势，依法将信访事项导入行政复议、行政裁决、行政确认、行政许可、行政处罚等行政程序办理，推动行政机关严格依法履职，提高信访事项的办理质效。

（一）导入行政复议程序办理

行政复议主要用以防止和纠正违法或者不当的行政行为，保护公民、法人和其他组织的合法权益，监督和保障行政机关依法行使职权，是化解行政争议的主要渠道。

1. 适用范围

公民、法人或者其他组织认为行政主体的行政行为侵害其合法权益的，可依法申请行政复议。主要情形有：（1）对行政机关作出的行政处罚决定不服；（2）对行政机关作出的行政强制措施、行政强制执行决定不服；（3）申请行政许可，行政机关拒绝或者在法定期限内不予答复，或者对行政机关作出的有关行政许可的其他决定不服；（4）对行政机关作出的确认自然资源的所有权或者使用权的决定不服；（5）对行政机关作出的征收征用决定及其补偿决定不服；（6）对行政机关作出的赔偿决定或者不予赔偿决定不服；（7）对行政机关作出的不予受理工伤认定申请的决定或者工伤认定结论不服；（8）认为行政机关侵犯其经营自主权或者农村土地承包经营权、农村土地经营权；（9）认为行政机关滥用行政权力排除或者限制竞争；（10）认为行政机关违法集资、摊派费用或者违法要求履行其他义务；（11）申请行政机关履行保护人身权利、财产权利、受教育权利等合法权益的法定职责，行政机关拒绝履行、未依法履行或者不予答复；（12）申请行政机关依法给付抚恤金、社会保险待遇或者最低生活保障等社会保障，行政机关没有依法给付；（13）认为行政机关不依法订立、不依法履行、未按照约定履行或者违法变更、解除政府特许经营协议、土地房屋征收补偿协议等行政协议；（14）认为行政机关在政府信息公开工作中侵犯其合法权益；（15）认为行政机关的其他行政行为侵犯其合法权益。

国防、外交等国家行为；行政法规、规章或者行政机关制定、发布的具有普遍约束力的决定、命令等规范性文件；行政机关对行政机关工作人员的奖惩、任免等决定；行政机关对民事纠纷作出的调解等情形，不适用行政复议。

2. 管辖

行政复议机关主要包括县级以上各级人民政府以及其他依照行政复议法履行行政复议职责的行政机关。

国务院部门主要管辖的行政复议案件有：（1）对本部门作出的行政行为不服的；（2）对本部门依法设立的派出机构依照法律、行政法规、部门规章规定，以派出机构的名义作出的行政行为不服的；（3）对本部门管理的法律、行政法规、部门规章授权的组织作出的行政行为不服的。

县级以上地方各级人民政府主要管辖的行政复议案件有：（1）对本级人民政府工作部门作出的行政行为不服的；（2）对下一级人民政府作出的行政行为不服的；（3）对本级人民政府依法设立的派出机关作出的行政行为不服的；（4）对本级人民政府或者其工作部门管理的法律、法规、规章授权的组织作出的行政行为不服的。省、自治区、直辖市人民政府同时管辖对本机关作出的行政行为不服的行政复议案件。

省、自治区人民政府依法设立的派出机关参照设区的市级人民政府的职责权限，管辖相关行政复议案件。对县级以上地方各级人民政府工作部门依法设立的派出机构依照法律、法规、规章规定，以派出机构的名义作出的行政行为不服的行政复议案件，由本级人民政府管辖；其中，对直辖市、设区的市人民政府工作部门按照行政区划设立的派出机构作出的行政行为不服的，也可以由其所在地的人民政府管辖。

对海关、金融、外汇管理等实行垂直领导的行政机关、税务和国家安全机关的行政行为不服的，向上一级主管部门申请行政复议。

对履行行政复议机构职责的地方人民政府司法行政部门的行政行为不服的，可以向本级人民政府申请行政复议，也可以向上一级司法行政部门申请行政复议。

3. 申请

当事人同意导入行政复议程序的，应当自知道或者应当知道该行政行为之日起 60 日内向行政复议机关提交行政复议申请，但是法律规定的申请期限超过 60 日的除外。

4. 受理

行政复议机关收到行政复议申请后，应当在 5 日内进行审查。对符合法律规定的行政复议申请，行政复议机关应当予以受理。对不符合法律规定的行政复议申请，行政复议机关应当在审查期限内决定不予受理并说明理由；不属于本机关管辖的，还应当在不予受理决定中告知申请人有管辖权的行政复议机关。

5. 作出决定

适用普通程序审理的行政复议案件，行政复议机关应当自受理申请之日起60日内作出行政复议决定，但是法律规定的行政复议期限少于60日的除外。情况复杂，不能在规定期限内作出行政复议决定的，经行政复议机关的负责人批准，可以适当延长，并书面告知当事人，但是延长期限最多不超过30日。适用简易程序审理的行政复议案件，行政复议机关应当自受理申请之日起30日内作出行政复议决定。

6. 救济途径

当事人对行政复议决定不服的，可以依照《行政诉讼法》的规定向人民法院提起行政诉讼，但是法律规定行政复议决定为最终裁决的除外。

7. 信访程序与行政复议程序的衔接机制

近年来，一些地方探索建立行政复议与信访衔接机制。信访部门经登记、甄别认为信访事项可以导入行政复议程序的，在征得信访人同意的情况下，信访部门引导信访人提交行政复议申请，并转送相应层级的行政复议机构。信访人若不同意，案件仍退回信访部门，由其转送有权处理机关、单位依法处理。

经过行政复议机构确认导入的案件，行政复议机构予以接收；经确认不符合受理条件、不宜导入行政复议的案件，退回信访部门。信访部门与行政复议机构通过建立对接机制、规范导入流程、明确各方权责和办理期限，加强数据共享、风险联控，实现涉行政复议信访事项精准分流、有效导入、高效办理、及时反馈。从实践情况来看，建立行政复议与信访协调衔接机制，有利于充分发挥行政复议公正高效、便民为民的制度优势和化解行政争议的主渠道作用，促进行政纠纷实质性化解在初始阶段和行政复议程序中，更好地维护人民群众合法权益，维护社会和谐稳定。

（二）导入行政裁决、行政确认、行政许可、行政处罚等程序办理

可以通过行政裁决、行政确认、行政许可、行政处罚等行政程序办理的信访事项，信访人可以直接向有权处理的机关、单位提出，也可以由信访部门接收后转送。有关处理机关、单位内部的信访工作机构与业务部门应当会商确认，由业务部门依据相关的法律法规分别导入相应的程序，并书面告知信访人。

1. 行政裁决

行政裁决是指行政机关根据当事人申请，根据法律法规授权，居中对与行政管理活动密切相关的民事纠纷进行裁处的行为。2018 年 12 月中共中央办公厅、国务院办公厅印发《关于健全行政裁决制度加强行政裁决工作的意见》，对行政裁决制度的完善和发展作出部署，为健全行政裁决制度、加强行政裁决工作提供了重要指引。行政裁决具有成本低、效率高、程序简便、专业性强的特点，有利于快速解决矛盾纠纷，发挥解决民事纠纷的“分流阀”作用。

行政裁决的主要特征有：（1）主体的行政性。裁决主体是法律法规授权的行政机关，不同于受理民事诉讼案件的人民法

院和受理民事仲裁的民间仲裁机构。（2）对象的特定性。行政裁决的受理范围是与行政管理活动密切相关的民事纠纷，主要集中在自然资源权属争议、政府采购活动争议、知识产权侵权纠纷和补偿争议等方面。（3）结果的非终局性。行政相对人不服行政裁决而引起的纠纷属于行政纠纷。当事人不服行政裁决处理决定的，除法律规定属于终局裁决的情形外，可依法申请行政复议或者提起行政诉讼。

目前，我国尚无行政裁决方面的统一立法，有关行政裁决的规定一般散见于各单行法律法规之中。根据相关法律法规规定，适用行政裁决程序的事项主要包括自然资源权属争议、政府采购活动争议、知识产权侵权纠纷和补偿争议，以及法律法规规定适用行政裁决的其他民事纠纷（详见“可导入行政裁决的部分事项清单”）。

可导入行政裁决的部分事项清单

序号	事项名称	法律依据	实施主体
1	土地权属争议	《土地管理法》第 14 条	单位之间：县级以上人民政府 个人之间、个人与单位之间：各级人民政府
2	林木林地权属争议	《森林法》第 22 条	
3	草原权属争议	《草原法》第 16 条	
4	采矿权矿区范围争议	《矿产资源法》第 49 条	县级以上人民政府
5	探矿权勘查范围争议	《矿产资源法实施细则》第 23 条	省级以上自然资源主管部门
6	侵犯植物新品种权争议	《种子法》第 28、72 条	县级以上农业农村、林业草原主管部门

续表

序号	事项名称	法律依据	实施主体
7	专利侵权纠纷	《专利法》第65条	管理专利工作的部门
8	企业名称争议	《企业名称登记管理规定》第21条	企业登记机关
9	医疗机构名称争议	《医疗机构管理条例实施细则》第49条	县级以上卫生健康委员会
10	政府采购活动争议	《政府采购法》第55、56、57、58条	县级以上财政主管部门
11	水事纠纷	《水法》第56、57条	县级以上人民政府或者其授权部门
12	地区之间防汛抗洪水事纠纷	《防汛条例》第19条	
13	水土流失纠纷	《水土保持法》第46条	县级以上人民政府
14	违反《河道管理条例》经济损失争议	《河道管理条例》第47条	县级以上河道主管机关
15	客运经营者发车时间安排纠纷	《道路旅客运输及客运站管理规定》第74条	当地交通运输主管部门
16	移民安置纠纷	《大中型水利水电工程建设征地补偿和移民安置条例》第55条	县级以上人民政府或其移民管理机构
17	电信网间互联争议	《电信条例》第20条	国务院信息产业主管部门、省级电信管理机构
18	电力并网互联争议	《电力监管条例》第26条	电力监管机构
19	其他民事纠纷	其他法律法规规定	/

2. 行政确认

行政确认是指行政主体依法对行政相对人的法律地位、特定法律关系或有关法律事实进行甄别、确定、认可或者证明，并以法定方式进行宣告的行政行为。目前，我国尚无行政确认方面的统一立法，有关行政确认的规定一般散见于各单行法律法规之中，如失业保险资格或者待遇认定、工伤保险资格或者待遇认定、颁发学位证书或者毕业证书。

3. 行政许可

行政许可是指行政机关根据公民、法人或者其他组织的申请，经依法审查，准予其从事特定活动的行为。行政许可的性质是对法律一般禁止性规定的解除，通常表现为通过颁发许可证或者执照等形式，依法赋予公民、法人或者其他组织从事某种活动或实施某种行为的权利或资格。例如，颁发营业执照、律师执业证书等。依照《行政许可法》，行政许可行为主要包括两类：一是行政机关对申请人作出的是否准予许可的决定；二是就行政许可的变更、延续、撤回、注销、撤销等事项作出的行政行为。

行政许可适用情形主要有以下几类：（1）直接涉及国家安全、公共安全、经济宏观调控、生态环境保护以及直接关系人身健康、生命财产安全等特定活动，需要按照法定条件予以批准的事项。（2）有限自然资源开发利用、公共资源配置以及直接关系公共利益的特定行业的市场准入等，需要赋予特定权利的事项。（3）提供公众服务并且直接关系公共利益的职业、行业，需要确定具备特殊信誉、特殊条件或者特殊技能等资格、资质的事项。（4）直接关系公共安全、人身健康、生命财产安全的重要设备、设施、产品、物品，需要按照技术标准、技术规范，通过检验、检测、检疫等方式进行审定的事项。（5）企业或者其他组织的设立等，需要确定主体资格的事项等。

行政许可的实施机关主要包括：（1）具有行政许可权的行政机关在其法定职权范围内实施。（2）法律、法规授权的具有管理公共事务职能的组织，在法定授权范围内，以自己的名义实施行政许可。（3）行政机关在其法定职权范围内，依照法律、法规、规章的规定，可以委托其他行政机关实施行政许可。委托机关应当将受委托行政机关和受委托实施行政许可的内容予以公告、进行监督，并对该行为的后果承担法律责任。受委托行政机关在委托范围内，以委托行政机关名义实施行政许可；不得再委托其他组织或者个人实施行政许可。（4）经国务院批准，省、自治区、直辖市人民政府可以决定一个行政机关行使有关行政机关的行政许可权。（5）行政许可需要行政机关内设的多个机构办理的，该行政机关应当确定一个机构统一受理行政许可申请，统一送达行政许可决定。（6）行政许可依法由地方人民政府两个以上部门分别实施的，本级人民政府可以确定一个部门受理行政许可申请并转告有关部门分别提出意见后统一办理，或者组织有关部门联合办理、集中办理。

行政许可的程序主要如下：

（1）申请。公民、法人或者其他组织从事特定活动，依法需要取得行政许可的或者依法需要变更、延续的，应当通过信函、电报、电传、传真、电子数据交换和电子邮件等方式向行政机关提出申请。行政机关应当将有关行政许可的事项、依据、条件、数量、程序、期限以及需要提交的全部材料的目录和申请书示范文本等在办公场所公示。

（2）受理。申请事项属于本行政机关职权范围，申请材料齐全、符合法定形式，或者申请人按照本行政机关的要求提交全部补正申请材料的，应当受理行政许可申请。申请事项依法不属于本行政机关职权范围的，应当即时作出不予受理的决定，并告知申请人向有关行政机关申请。申请材料存在可以当场更正的错误的，应当允许申请人当场更正；申请材料不齐全或者不符合法定形式的，应当当场或者在 5 日内一次告知申请人需要补正的全部内容，逾期不告知的，自收到申请材料之日起即为受理。行政机关受理或者不予受理行政许可申请，应当出具加盖本行政机关专用印章和注明日期的书面凭证。

（3）审查与决定。行政机关对行政许可申请进行审查后，能够当场作出决定的，应当当场作出书面的行政许可决定；否则，应当在法定期限内按照规定程序作出行政许可决定。根据法定条件和程序，需要对申请材料的实质内容进行核实的，行政机关应当指派 2 名以上工作人员进行核查。依法应当先经下级行政机关审查后报上级行政机关决定的行政许可，上级行政机关不得要求申请人重复提供申请材料。行政机关依法作出不予行政许可的书面决定的，应当说明理由，并告知申请人享有依法申请行政复议或者提起行政诉讼的权利。

（4）办理期限。除可以当场作出行政许可决定的外，行政机关应当自受理行政许可申请之日起 20 日内作出行政许可决定。20 日内不能作出决定的，经本行政机关负责人批准，可以延长 10 日，并应当将延长期限的理由告知申请人。法律、法规另有规定的，依照其规定。行政许可采取统一办理或者联合办理、集中办理的，办理的时间不得超过 45 日；45 日内不能办结的，经本级人民政府负责人批准，可以延长 15 日，并应当将延长期限的理由告知申请人。

4. 行政处罚

行政处罚是指行政机关依法对违反行政管理秩序的公民、法人或者其他组织，以减损权益或者增加义务的方式予以惩戒的行为。实施行政处罚，是行政主体有效地行使行政管理职权，维护行政管理秩序，保障法律贯彻执行的主要手段之一。

行政处罚主要有以下种类：（1）警告、通报批评；（2）罚款、没收违法所得、没收非法财物；（3）暂扣许可证件、降低资质等级、吊销许可证件；（4）限制开展生产经营活动、责令停产停业、责令关闭、限制从业；（5）行政拘留；（6）法律、行政法规规定的其他行政处罚。

行政处罚的设定依据：（1）法律可以设定各种行政处罚，限制人身自由的行政处罚，只能由法律设定。（2）行政法规可以设定除限制人身自由以外的行政处罚，法律对违法行为已经作出行政处罚规定，行政法规需要作出具体规定的，必须在法律规定的给予行政处罚的行为、种类和幅度的范围内规定；法律对违法行为未作出行政处罚规定，行政法规为实施法律，可以补充设定行政处罚。（3）地方性法规可以设定除限制人身自由、吊销营业执照以外的行政处罚。法律、行政法规对违法行为已经作出行政处罚规定，地方性法规需要作出具体规定的，必须在法律、行政法规规定的给予行政处罚的行为、种类和幅度的范围内规定；法律、行政法规对违法行为未作出行政处罚规定，地方性法规为实施法律、行政法规，可以补充设定行政处罚。（4）国务院部门规章、地方政府规章可以在法律、行政法规规定的给予行政处罚的行为、种类和幅度的范围内作出具体规定；尚未制定法律、行政法规的，可以设定警告、通报批评或者一定数额罚款的行政处罚。除法律、法规、规章外，其他规范性文件不得设定行政处罚。

行政处罚的实施机关：（1）行政处罚一般由违法行为发生地的县级以上地方人民政府具有行政处罚权的行政机关在法定职权范围内实施。法律、行政法规另有规定的，依照其规定。（2）国家在城市管理、市场监管、生态环境、文化市场、交通运输、应急管理、农业等领域推行建立综合行政执法制度，相对集中行政处罚权。国务院或者省、自治区、直辖市人民政府可以决定一个行政机关行使有关行政机关的行政处罚权。限制人身自由的行政处罚权只能由公安机关和法律规定的其他机关行使。（3）法律、法规授权的具有管理公共事务职能的组织可以在法定授权范围内实施行政处罚。（4）行政机关可以依法在其法定权限内书面委托符合规定条件的组织实施行政处罚。委托行政机关和受委托组织应当将委托的具体事项、权限、期限等内容向社会公布。委托行政机关对受委托组织实施行政处罚的行为应当负责监督，并对该行为的后果承担法律责任。受委托组织在委托范围内，以委托行政机关名义实施行政处罚，不得再委托其他组织或者个人实施行政处罚。

行政处罚决定的主要要求：（1）行政处罚的实施机关、立案依据、实施程序和救济渠道等信息应当公示。（2）行政机关作出行政处罚决定时必须查明事实，违法事实不清、证据不足的，不得给予行政处罚。（3）行政处罚应当由具有行政执法资格的执法人员实施，执法人员不得少于 2 人，法律另有规定的除外。执法人员与案件有直接利害关系或者有其他关系可能影响公正执法的，应当回避。（4）行政机关在作出行政处罚决定之前，应当告知当事人拟作出的行政处罚内容及事实、理由、依据，并告知当事人依法享有的陈述、申辩、要求听证等权利。（5）违法行为在 2 年内未被发现的，不再给予行政处罚；涉及公民生命健康安全、金融安全且有危害后果的，上述期限延长至 5 年。法律另有规定的除外。（6）当事人对行政处罚决定不服，可以申请行政复议或者提起行政诉讼。行政复议或者行政诉讼期间，行政处罚不停止执行。法律另有规定的除外。

5. 行政赔偿

行政赔偿是指行政机关及其工作人员在行使职权过程中，侵犯公民、法人和其他组织合法权益，造成损害的，受害人有权依据《国家赔偿法》规定，要求取得赔偿的制度。

行政赔偿的适用范围：（1）行政机关及其工作人员侵犯受害人人身权，主要包括违法拘留或者违法采取限制公民人身自由的行政强制措施；非法拘禁或者以其他方法非法剥夺公民人身自由；以殴打、虐待等行为或者唆使、放纵他人以殴打、虐待等行为造成公民身体伤害或者死亡；违法使用武器、警械造成公民身体伤害或者死亡；造成公民身体伤害或者死亡的其他违法行为。（2）行政机关及其工作人员侵犯受害人财产权，主要包括违法实施罚款、吊销许可证和执照、责令停产停业、没收财物等行政处罚；违法对财产采取查封、扣押、冻结等行政强制措施；违法征收、征用财产；造成财产损害的其他违法行为。

属于下列情形之一的，国家不承担赔偿责任：（1）行政机关工作人员与行使职权无关的个人行为；（2）因公民、法人和其他组织自己的行为致使损害发生的；（3）法律规定的其他情形。

行政赔偿义务机关：（1）行政机关及其工作人员行使行政职权侵犯公民、法人和其他组织的合法权益造成损害的，该行政机关为赔偿义务机关。（2）两个以上行政机关共同行使行政职权时侵犯公民、法人和其他组织的合法权益造成损害的，共同行使行政职权的行政机关为共同赔偿义务机关。（3）法律、法规授权的组织在行使授予的行政权力时侵犯公民、法人和其他组织的合法权益造成损害的，被授权的组织为赔偿义务机关。（4）受行政机关委托的组织或者个人在行使受委托的行政权力时侵犯公民、法人和其他组织的合法权益造成损害的，委托的行政机关为赔偿义务机关。（5）赔偿义务机关被撤销的，继续行使其职权的行政机关为赔偿义务机关；没有继续行使其职权的行政机关的，撤销该赔偿义务机关的行政机关为赔偿义务机关。（6）经复议机关复议的，最初造成侵权行为的行政机关为赔偿义务机关，但复议机关的复议决定加重损害的，复议机关对加重的部分履行赔偿义务。

申请行政赔偿的主要规定：（1）申请行政赔偿应当递交申请书，载明受害人的姓名、性别、年龄、工作单位和住所，法人或者其他组织的名称、住所和法定代表人或者主要负责人的姓名、职务；具体的要求、事实根据和理由；申请的年、月、日等。不是受害人本人的，应当说明与受害人的关系，并提供相应证明。（2）可以先向赔偿义务机关提出，也可以在申请行政复议或者提起行政诉讼时一并提出。（3）赔偿请求人可以向共同赔偿义务机关中的任何一个赔偿义务机关要求赔偿，该赔偿义务机关应当先予赔偿。（4）当面递交申请书的，赔偿义务机关应当当场出具加盖本行政机关专用印章并注明收讫日期的书面凭证。申请材料不齐全的，赔偿义务机关应当当场或者在5日内一次性告知赔偿请求人需要补正的全部内容。（5）赔偿义务机关应当自收到申请之日起2个月内，作出是否赔偿的决定。赔偿义务机关决定赔偿的，应当制作赔偿决定书，并自作出决定之日起10日内送达赔偿请求人。赔偿义务机关决定不予赔偿的，应当自作出决定之日起10日内书面通知赔偿请求人，并说明不予赔偿的理由。（6）赔偿义务机关在规定期限内未作出是否赔偿的决定，赔偿请求人可以自期限届满之日起3个月内，向人民法院提起诉讼。赔偿请求人对赔偿的方式、项目、数额有异议的，或者赔偿义务机关作出不予赔偿决定的，赔偿请求人可以自赔偿义务机关作出赔偿或者不予赔偿决定之日起 3 个月内，向人民法院提起诉讼。根据《行政复议法》规定，赔偿请求人对行政机关作出的赔偿决定或者不予赔偿决定不服的，可以依法申请行政复议。

五、涉行政履职程序类信访事项办理

《信访工作条例》第三十一条第五项规定，“属于申请查处违法行为、履行保护人身权或者财产权等合法权益职责的，依法履行或者答复”，主要是指确属行政机关法定职责，但无具体强制性处理程序事项。此类信访事项范围仅限于“查处违法行为、履行保护人身权或者财产权等合法权益”职责，对于行政机关其他无具体强制性处理程序的法定职责，如内部安全管理、保密等，则不在此项规定的适用范围内。

涉行政履职程序类信访事项的提出形式一般应当符合《信访工作条例》第十七条第一款的要求，直接向行政机关提出的，也可适用相关领域法律法规规定。例如，《安全生产法》第七十三条规定，负有安全生产监督管理职责的部门应当建立举报制度，公开举报电话、信箱或者电子邮件地址等网络举报平台，受理有关安全生产的举报。信访人提出涉行政履职程序类的诉求，应当基于明确客观的事实依据，不能主观臆想或者捏造、歪曲事实。信访人应当对诉求的真实性负责。

行政许可、行政处罚等特定行政程序通常有具体的处理程序，并应当正式作出行政处理决定，而行政履职程序只是依法履职，一般没有具体的强制性程序规定，也不需要作出正式的处理决定。例如，《未成年人网络保护条例》第八条规定："任何组织和个人发现违反本条例规定的，可以向网信、新闻出版、电影、教育、电信、公安、民政、文化和旅游、卫生健康、市场监督管理、广播电视等有关部门投诉、举报。收到投诉、举报的部门应当及时依法作出处理；不属于本部门职责的，应当及时移送有权处理的部门。"行政机关收到投诉举报后依法处理或者移送，投诉举报事项处理程序是根据事项性质和具体情况确定的。最终处理结果可能表现为制止违法行为、消除违法状态，或者对违法行为人采取行政强制措施、进行行政处罚等。法律法规对此类事项中行政机关的履职时限没有明确规定，但根据《行政诉讼法》第四十七条第一款"公民、法人或者其他组织申请行政机关履行保护其人身权、财产权等合法权益的法定职责，行政机关在接到申请之日起两个月内不履行的，公民、法人或者其他组织可以向人民法院提起诉讼"这一法律规定精神，行政机关应当在接到申请之日起 2 个月内履职或者答复。

关于救济途径，负有查处违法行为、履行保护人身权或者财产权等合法权益职责的行政机关，拒绝履职或者不予答复的，信访人可以依照《行政复议法》《行政诉讼法》有关规定申请行政复议，或者向人民法院提起行政诉讼。

六、前五类之外的其他信访事项办理

根据《信访工作条例》第三十一条第六项的规定，对不属于涉法涉诉类、涉仲裁类、涉党员申诉或申请复审类、涉特定行政程序类、涉行政履职程序类等五类情形的信访事项，如群众反映的历史遗留问题、法律法规尚无明确规定的问题、政策调整产生的问题、无法导入其他法定途径的问题，以及“三跨三分离”等疑难复杂问题，通过信访事项处理、复查、复核进行办理。

（一）信访事项处理

信访事项处理，应当听取信访人陈述事实和理由，并调查核实，出具信访处理意见书。对重大、复杂、疑难的信访事项，可以举行听证。对于这类情形，《信访工作条例》第三十四条规定，应当自受理之日起 60 日内办结；情况复杂的，经本机关、单位负责人批准，可以适当延长办理期限，但延长期限不得超过 30 日，并告知信访人延期理由。

1. 听取信访人陈述并进行调查核实

有权处理机关、单位应当认真听取信访人陈述，并在此基础上调查核实，这是一种为信访人提供主张权利、陈述理由和提供证据的程序规定。调查要遵循主动调查、全面调查、信访当事人参与三项原则。调查的时限必须以不影响在法定或指定的期限内作出办理决定为基本要求。

调查主要有四种方式：一是要求信访当事人（包括信访投诉对象、相关利益方等）说明情况，既可以要求其口头说明，也可以要求其书面说明；可以要求信访人和被投诉的有关组织、人员双方当事人共同到场说明情况，确保双方当事人都有陈述、申辩的机会和权利。二是向第三人、证人和相关方进行调查，以证实信访人所提供情况的真实性、合法性，扩大信息来源，准确查明事实。三是查阅档案资料，查询信息系统。四是实地调查，通过实地走访、调研、勘测等方式进一步查实、查证相关资料、信息。

对重大、复杂、疑难的信访事项，可以举行听证，听证应当公开举行，通过质询、辩论、评议、合议等方式，查明事实、分清责任。

2. 作出处理意见

有权处理的机关、单位开展完调查活动后，以调查认定的事实为基础，依据有关法律、法规、规章及其他有关规定作出处理意见。

信访处理意见书（办理结果告知单）应当以书面形式作出，载明信访人的投诉请求、事实和理由、处理意见及其法律依据，加盖信访业务专用章，告知信访人申请复查、复核的途径和期限。对于请求事实清楚，符合法律、法规、规章或者其他有关规定的，应当予以支持；对于请求事由合理但缺乏法律依据的，应当作出解释说明；对于请求缺乏事实根据或者不符合法律、法规、规章或者其他有关规定的，不予支持。

3. 信访处理意见书的送达

信访处理意见需制作送达回证，包括送达文书及件数、送达方式、送达地址、送达时间、信访人签字及意见、代收人签字及代收理由、送达人签字、备注等内容，最后由承办单位盖章。有关送达要求参照《民事诉讼法》相关规定。

4. 信访处理意见书的执行

有权处理的机关、单位作出支持信访请求意见的，应当督促有关机关或者单位执行；不予支持的，应当做好信访人的疏导教育工作。《信访工作条例》第四十条明确信访部门对于机关、单位拒不执行信访处理意见的，应当及时督办，并提出改进的工作建议。对在信访工作中推诿、敷衍、拖延、弄虚作假造成严重后果的机关、单位及工作人员，应当向有管理权限的机关、单位提出追究责任的建议。对信访部门提出的改进工作、完善政策、追究责任的建议，有关机关、单位应当书面反馈采纳情况。

《信访工作条例》第四十二条进一步明确，拒不执行有权处理机关、单位作出的支持信访请求意见导致信访事项发生，造成严重后果的，对直接负责的主管人员和其他直接责任人员，依规依纪依法严肃处理；构成犯罪的，依法追究刑事责任。

5. 信访处理意见书的效力

关于行政机关的信访处理行为的性质及其可诉性问题，根据《最高人民法院关于适用〈中华人民共和国行政诉讼法〉的解释》第一条第二款第九项规定，行政机关针对信访事项作出的登记、受理、交办、转送、复查、复核意见等行为不属于人民法院行政诉讼的受案范围。《最高人民法院关于进一步保护和规范当事人依法行使行政诉权的若干意见》也有类似规定。相关司法判例也表明，信访制度是与行政复议和行政诉讼制度相互独立、相互分离的权利救济制度。一般而言，信访答复意见、复查复核意见对当事人权利义务并不产生实际影响，不属于行政复议、行政诉讼的受案范围。但有两点例外：一是对当事人权利义务造成实际影响的信访答复意见、复查复核意见，是能够申请复议、可诉的行为；二是以信访处理代替履行法定职责的可诉。对属于公民、法人或者其他组织申请政府职能部门履行法定职责的事项，行政机关如果将其作为信访事项，适用信访“兜底”处理，一般被称为“信访代替履职”，这种处理方式不但可诉，而且属于适用法律依据错误。

（二）信访事项复查

复查，是指信访人不服办理机关、单位的信访处理意见而提出申请，依法由原办理机关、单位的上一级机关、单位对该信访事项处理意见和有关情况进行审查并作出信访复查意见的过程。

1. 复查的主体

复查机关是指原办理机关、单位的上一级机关、单位。办理机关是非垂直领导的党委或政府工作部门的，复查机关可以是办理机关的上级主管部门，也可以是本级党委或政府；办理机关是实行垂直领导的部门，复查机关为其上一级主管部门；办理机关是地方党委或政府的，复查机关只能是上一级党委或政府；办理机关是省级党委或政府工作部门的，复查机关是本级党委或政府。

2. 复查的程序

《信访工作条例》第三十五条规定，信访人对信访处理意见不服的，可以自收到书面答复之日起30日内请求原办理机关、单位的上一级机关、单位复查。收到复查请求的机关、单位应当自收到复查请求之日起30日内提出复查意见，并予以书面答复。在信访工作实践中，复查的启动和办理一般有三个环节。

（1）申请。申请复查的基本条件：①申请人必须是不服信访事项处理意见的信访人；②有具体的复查请求和事实依据；③向有权复查的机关提出申请；④在申请复查的期限范围内，即信访人应当自收到书面答复之日起30日内申请复查。

申请复查的方式：信访人一般应当采用书面方式申请复查，并载明申请人的姓名（名称）、住址（地址）和办理机关的主要答复意见、申请复查的主要事实、理由、时间。信访人书面申请复查有困难的，也可以口头申请，收到申请的工作人员应当当场记录以上内容，并要求复查申请人采用签字等方式予以确认。

（2）审查。形式审查：对不符合申请复查基本条件的，收到复查申请的机关、单位不予复查，告知信访人相关理由，同时出具不予复查书面说明。对符合申请复查基本条件的，接受复查申请；申请事由部分不清的，可以要求申请人在合理的期限内补正。

实质审查：主要是审查事实认定是否准确，处理程序是否符合分类处理要求，处理意见是否依法依规、是否适当等。

（3）作出复查意见。复查机关、单位对信访人提出的有效申请进行审查后，应当自收到复查申请之日起 30 日内，向信访人出具书面复查意见（复查告知单）。处理意见事实清楚、依据充分、处理恰当的，维持原处理意见。处理意见事实不清、依据不足或者处理不恰当的，依职权直接变更、撤销原处理意见或者责令办理机关、单位重新办理。其中，对应当适用信访“兜底”处理以外的其他法定途径而未适用的，应当区分情况，撤销信访处理意见，要求原办理机关、单位适用其他法定途径重新处理，或者变更原处理意见。

复查机关责令原办理机关、单位重新处理的，办理机关、单位不得以同一事实或理由作出与原处理意见相同或基本相同的意见。

（三）信访事项复核

复核，是指信访人不服复查机关、单位的信访复查意见而提出申请，依法由复查机关、单位的上一级机关、单位对该信访事项的复查意见和有关情况进行审查并作出信访复核意见的过程。

1. 复核的主体

复核机关是指复查机关、单位的上一级机关、单位。复查机关是非垂直领导的设区的市级以下党委或政府工作部门的，复核机关可以是复查机关的上级主管部门，也可以是本级党委或政府；复查机关是实行垂直领导的部门的，复核机关为其上一级主管部门；复查机关是省级党委或政府工作部门的，复核机关是本级党委或政府。

2. 复核的程序

《信访工作条例》第三十六条规定，信访人对复查意见不服的，可以自收到书面答复之日起 30 日内向复查机关、单位的上一级机关、单位请求复核。收到复核请求的机关、单位应当自收到复核请求之日起 30 日内提出复核意见。复核环节可以再次引入听证，如果复核期间举行听证的，听证所需时间不计算在复核期限内。在信访工作实践中，复核的启动和办理一般有三个环节。

（1）申请。申请复核的基本条件：①申请人必须是不服复查意见的信访人，不服办理意见的只能先申请复查，不能越级直接申请复核；②有具体的复核请求和事实依据；③向有权复核的机关提出申请；④在申请复核的期限范围内，即信访人应当自收到复查意见之日起 30 日内申请复核。

申请复核的方式：信访人一般应当采用书面方式申请复核，并载明申请人的姓名（名称）、住址（地址）和办理机关的主要答复意见、复查意见、申请复核的主要事实、理由、时间。信访人书面申请复核有困难的，也可以口头申请，收到申请的工作人员应当当场记录以上内容，并要求复核申请人采用签字等方式予以确认。

（2）审查。形式审查：对不符合申请复核基本条件的，收到复核申请的机关、单位不予复核，告知信访人相关理由，同时出具不予复核书面说明。对符合申请复核基本条件的，接受复核申请；申请事由部分不清的，可以要求申请人在合理的期限内补正。

实质审查：主要是审查办理机关、复查机关事实认定是否准确，处理程序是否符合分类处理要求，处理意见是否依法依规、是否适当。

（3）作出复核意见。复核机关、单位对信访人提出的有效申请进行审查后，应当自收到复核请求之日起30日内，向信访人出具书面复核意见（复核告知单）。事实清楚、依据充分、处理恰当的，维持原处理意见。复查意见事实不清、依据不足或者处理不恰当的，依职权直接变更、撤销原处理意见或者责令原办理机关、单位重新办理。复核机关责令原办理机关、单位重新处理的，原办理机关、单位不得以同一事实或理由作出与原处理意见相同或基本相同的意见。

信访人对复核意见不服，仍然以同一事实和理由提出投诉请求的，各级党委和政府信访部门和其他机关、单位不再受理。

需要说明的是，复查复核制度作为信访工作制度的重要组成部分，其初衷是通过严谨的程序设计，及时监督、纠正信访事项办理过程中存在的问题，解决群众合理诉求，保障群众合法权益。因此，不能简单从程序上理解复查复核制度，要坚决摒弃“重程序、轻实体”的错误思想，要把复查、复核真正作为解决问题和化解矛盾的过程，把查清事实、明确责任、化解矛盾贯穿复查复核工作的始终，把“三到位一处理”要求贯穿复查复核工作的始终，真正做到对疑难复杂信访问题的“事心双解”，切实维护好人民群众的合法权益。

七、帮扶救助

《信访工作条例》第三十七条对帮扶救助专门作出安排，明确各级机关、单位在办理信访事项时，对生活确有困难的信访人，可以告知或者帮助其向有关机关或者机构依法申请社会救助。符合国家司法救助条件的，有关政法部门应当按照规定给予司法救助。

对生活困难的信访人进行帮扶救助，是中国特色社会主义制度的独有优势，是贯彻落实习近平总书记关于加强和改进人民信访工作的重要思想的根本体现，是履行“为民解难、为党分忧”政治责任的必然要求。在帮扶救助、有效解决信访群众生活困难的同时，也能够进一步加强党和群众之间的血肉联系，维护社会的安定团结与和谐稳定。做好这项工作意义十分重大。

（一）救助的对象

根据信访人在信访行为中发生的不同情况，救助的对象主要分为以下三类：一是反映生活困难问题的信访人；二是合理诉求解决后，仍存在无稳定就业或收入来源、身患重病或近亲属患有重病，无法定抚养、赡养、扶养义务人或法定抚养、赡养、扶养义务人无法有效履行抚养、赡养、扶养责任等困难情况的信访人；三是诉求无理但存在上述困难情况的信访人。

（二）救助的基本原则

一是坚持以人民为中心。践行党的群众路线，倾听群众呼声，关心群众疾苦，千方百计为群众解决急难愁盼问题。

二是坚持落实责任。党政同责、一岗双责，属地管理、分级负责，谁主管、谁负责，对确有生活困难的群众，及时由属地和相关部门协调进行帮扶救助。

三是坚持实事求是。对信访人的生活实际情况进行核实了解，实事求是，符合条件的及时帮扶救助，不符合条件的不予纳入救助范围。

四是坚持“事心双解”。对信访人帮扶救助后，动态跟踪了解信访人的思想状态变化和生活改善状况，实现“事心双解”。

（三）救助的种类

1. 社会救助

社会救助，是指国家和社会对由于各种原因而陷入生存困境的公民，给予财物接济和生活扶助，以保障其最低生活需要的制度。依据《社会救助暂行办法》的相关规定，社会救助主要包括：（1）最低生活保障，是指国家对共同生活的家庭成员人均收入低于当地最低生活保障标准，且符合当地最低生活保障家庭财产状况规定的家庭给予的救助。按照申请、调查核实、公示、审批的流程办理，实行动态管理、定期核查。对获批的家庭，按月发给最低生活保障金。（2）特困人员供养，是指国家对无劳动能力、无生活来源且无法定赡养、抚养、扶养义务人，或者其法定赡养、抚养、扶养义务人无赡养、抚养、扶养能力的老年人、残疾人以及未满16周岁的未成年人给予的救助。申请审批流程同最低生活保障；乡镇人民政府、街道办事处发现符合条件的应主动为其办理供养。(3) 受灾人员救助，是指国家对基本生活受到自然灾害严重影响的人员提供的生活救助。包括灾时应急救助和灾后恢复救助。(4) 医疗救助，是指国家对最低生活保障家庭成员、特困供养人员、县级以上人民政府规定的其他特殊困难人员等给予的基本医疗卫生服务保障。原则上依申请办理，但对于最低生活保障家庭成员、特困供养人员的医疗救助，由县级人民政府医疗保障部门直接办理。(5) 教育救助，是指国家对在义务教育阶段就学的最低生活保障家庭成员、特困供养人员给予的保障措施。根据不同教育阶段需求，采取减免相关费用、发放助学金、给予生活补助、安排勤工助学等方式实施，保障教育救助对象基本学习、生活需求。(6) 住房救助，是指国家对符合规定标准的住房困难的最低生活保障家庭、分散供养的特困人员，给予的住房保障。通过配租公共租赁住房、发放住房租赁补贴、农村危房改造等方式实施。(7) 就业救助，是指国家对最低生活保障家庭中有劳动能力并处于失业状态的成员，通过贷款贴息、社会保险补贴、岗位补贴、培训补贴、费用减免、公益性岗位安置等办法给予的保障措施。(8) 临时救助，是指国家对因火灾、交通事故等意外事件，家庭成员突发重大疾病等原因，导致基本生活暂时出现严重困难的家庭，或者因生活必需支出突然增加超出家庭承受能力，导致基本生活暂时出现严重困难的最低生活保障家庭，以及遭遇其他特殊困难的家庭给予的临时接济，以及对生活无着的流浪、乞讨人员提供临时食宿、急病救治、协助返回等生活扶助。

2. 国家司法救助

国家司法救助，是指人民法院、人民检察院、公安机关、司法行政机关在办理案件、处理涉法涉诉信访问题过程中对遭受犯罪侵害或民事侵权，无法通过诉讼获得有效赔偿的当事人，采取的一次性辅助性救济措施。对于能够通过诉讼获得赔偿、补偿的，一般应当通过诉讼渠道解决。当事人可以申请国家司法救助的情形主要包括：（1）刑事案件被害人受到犯罪侵害，致使重伤或严重残疾，因案件无法侦破造成生活困难的；或者因加害人死亡或没有赔偿能力，无法经过诉讼获得赔偿，造成生活困难的。（2）刑事案件被害人受到犯罪侵害危及生命，急需救治，无力承担医疗救治费用的。（3）刑事案件被害人受到犯罪侵害而死亡，因案件无法侦破造成依靠其收入为主要生活来源的近亲属生活困难的；或者因加害人死亡或没有赔偿能力，依靠被害人收入为主要生活来源的近亲属无法经过诉讼获得赔偿，造成生活困难的。（4）刑事案件被害人受到犯罪侵害，致使财产遭受重大损失，因案件无法侦破造成生活困难的；或者因加害人死亡或没有赔偿能力，无法经过诉讼获得赔偿，造成生活困难的。（5）举报人、证人、鉴定人因举报、作证、鉴定受到打击报复，致使人身受到伤害或财产受到重大损失，无法经过诉讼获得赔偿，造成生活困难的。（6）追索赡养费、扶养费、抚育费等，因被执行人没有履行能力，造成申请执行人生活困难的。（7）对于道路交通事故等民事侵权行为造成人身伤害，无法经过诉讼获得赔偿，造成生活困难的。（8）党委政法委和政法各单位根据实际情况，认为需要救助的其他人员。

此外，充分发挥慈善救助作用，进一步畅通公益慈善力量参与救助渠道，鼓励支持自然人、法人及其他组织以捐赠财产、设立项目、提供服务等方式，对生活确有困难的信访人提供相应的慈善救助。

开展救助过程中，要全面准确地收集信访人的收入、住房、家庭成员等实际情况，深入分析信访人在生活、医疗、就业等方面存在的实际困难，系统设计帮扶救助方案，实施精准帮扶，在解决实际困难中打开信访人的心结。同时，加强动态跟踪和定期评估，对信访人经过帮扶救助后摆脱困境的，要适时引入救助措施退出机制，引导信访人自力更生、自主生活。

第五章　信访工作监督追责法治化

推进信访工作法治化，关键是强化监督追责。各级党委和政府、信访工作联席会议及其办公室、信访部门、职能部门等都负有监督职责，应坚持责任主体、责任环节全覆盖，对不履行或者未能正确履行信访工作责任的，依规依纪依法严肃处理，做到有责要担当、失责必追究。要通过加强对信访问题受理情况、办理情况和对引发信访问题的监督，避免应受理不受理、应办理不办理以及导致信访事项发生，造成严重后果的，要严肃追究责任。

第一节　概　述

《信访工作条例》围绕“谁来监督、怎么监督，追谁的责、追什么责”，作了全面系统的制度安排，构建起包括监督主体、监督机制、责任追究在内的较为完整的监督体系和责任追究体系，有效保障了监督追责工作的落实。在监督主体上囊括了各级党委和政府、信访工作联席会议及其办公室、信访部门、人大机关等，在监督机制上涵盖了督查、反馈、考核、通报、提出建议、报告情况等多个方面，在追责要求上与《中国共产党纪律处分条例》《中国共产党党内监督条例》《公职人员政务处分法》《治安管理处罚法》《刑法》等法律法规实现有序衔接。

一、依法依规认定责任

《信访工作条例》《信访工作责任制实施办法》等对信访事项的预防、提出、受理、转送、交办、办理、监督以及信访秩序维护等逐一明确了责任主体、程序、内容、时限等，依法规范各级党政机关履行信访工作职责，建立起科学严密的信访工作责任体系，以责任到位推动工作到位，进而有效促进信访工作决策部署的贯彻落实，提高解决信访问题的效率和质量。

（一）引发信访问题的责任

《信访工作条例》第五条规定了信访工作应当遵循的原则，其中第五项规定，坚持源头治理化解矛盾，要求多措并举、综合施策，着力点放在源头预防和前端化解，把可能引发信访问题的矛盾纠纷化解在基层、化解在萌芽状态。《信访工作责任制实施办法》第四条规定，各级党政机关应当将信访工作列入议事日程，定期听取工作汇报、分析信访形势、研究解决工作中的重要问题，从人力物力财力上保证信访工作顺利开展；应当科学、民主决策，依法履行职责，从源头上预防和减少导致信访问题的矛盾和纠纷。

《信访工作条例》第四十二条规定了引发信访问题的责任，指出因下列情形之一导致信访事项发生，造成严重后果的，对直接负责的主管人员和其他直接责任人员，依规依纪依法严肃处理；构成犯罪的，依法追究刑事责任：（1）超越或者滥用职权，侵害公民、法人或者其他组织合法权益；（2）应当作为而不作为，侵害公民、法人或者其他组织合法权益；（3）适用法律、法规错误或者违反法定程序，侵害公民、法人或者其他组织合法权益；（4）拒不执行有权处理机关、单位作出的支持信访请求意见。《信访工作责任制实施办法》第十一条也明确规定，各级党政机关及其领导干部、工作人员因决策失误、工作失职，损害群众利益，导致信访问题产生，造成严重后果的，应当追究责任。

（二）信访部门的责任

《信访工作条例》第十四条规定了信访部门应当履行受理、转送、交办、督促检查等职责，第二十二条规定了登记、转送、交办的时限、原则、去向等具体要求。与此相对应，第四十三条规定了信访部门责任：各级党委和政府信访部门对收到的信访事项应当登记、转送、交办而未按照规定登记、转送、交办，或者应当履行督办职责而未履行的，由其上级机关责令改正；造成严重后果的，对直接负责的主管人员和其他直接责任人员依规依纪依法严肃处理。

（三）有权处理机关、单位的责任

《信访工作条例》第二十三条规定了有权处理机关、单位的受理职责。与此相对应，第四十四条规定了负有受理信访事项职责的机关、单位有下列情形之一的，由其上级机关、单位责令改正；造成严重后果的，对直接负责的主管人员和其他直接责任人员依规依纪依法严肃处理：（1）对收到的信访事项不按照规定登记；（2）对属于其职权范围的信访事项不予受理；（3）未在规定期限内书面告知信访人是否受理信访事项。

《信访工作条例》第四章为信访事项办理专章，具体规定了各级机关、单位及其工作人员办理信访事项的职责。与此相对应，第四十五条规定了对信访事项有权处理的机关、单位有下列情形之一的，由其上级机关、单位责令改正；造成严重后果的，对直接负责的主管人员和其他直接责任人员依规依纪依法严肃处理：（1）推诿、敷衍、拖延信访事项办理或者未在规定期限内办结信访事项；（2）对事实清楚，符合法律、法规、规章或者其他有关规定的投诉请求未予支持；（3）对党委和政府信访部门提出的改进工作、完善政策等建议重视不够、落实不力，导致问题长期得不到解决；（4）其他不履行或者不正确履行信访事项处理职责的情形。

《信访工作责任制实施办法》第十一条也明确规定了对信访事项负有受理、办理职责的机关、单位应当追究受理、办理的失职失责情形。

（四）其他责任

《信访工作条例》第四十六条规定了有关机关、单位及领导干部、工作人员处理信访事项的其他责任，有下列情形之一的，由其上级机关、单位责令改正；造成严重后果的，对直接负责的主管人员和其他直接责任人员依规依纪依法严肃处理；构成犯罪的，依法追究刑事责任：（1）对待信访人态度恶劣、作风粗暴，损害党群干群关系；（2）在处理信访事项过程中吃拿卡要、谋取私利；（3）对规模性集体访、负面舆情等处置不力，导致事态扩大；（4）对可能造成社会影响的重大、紧急信访事项和信访信息隐瞒、谎报、缓报，或者未依法及时采取必要措施；（5）将信访人的检举、揭发材料或者有关情况透露、转给被检举、揭发的人员或者单位；（6）打击报复信访人；（7）其他违规违纪违法的情形。

二、落实监督追责主体责任

权责对等、权责一致，是落实监督追责主体责任的基本要求。各级党委和政府、信访工作联席会议及其办公室和信访部门、职能部门等，分别在信访工作监督追责中承担相应的责任。

（一）党委和政府监督

各级党委和政府应当对开展信访工作、落实信访工作责任的情况组织专项督查，以依规依法及时就地解决信访问题为导向，每年对信访工作情况进行考核。考核结果应当在适当范围内通报，并作为对领导班子和有关领导干部综合考核评价的重要参考。各级党委和政府督查部门应当将疑难复杂信访问题列入督查范围。

（二）信访工作联席会议及其办公室监督

信访工作联席会议及其办公室根据工作需要开展督查，就发现的问题向有关地方和部门进行反馈，重要问题向本级党委和政府报告。对在信访工作中履职不力、存在严重问题的领导班子和领导干部，视情节轻重，由信访工作联席会议进行约谈、通报、挂牌督办，责令限期整改。

（三）信访部门监督

党委和政府信访部门对工作中发现的问题，应当提出改进工作、完善政策、追究责任的建议，积极履行“三项建议”职责。编制信访情况年度报告，每年向本级党委和政府、上一级党委和政府信访部门报告。根据巡视巡察工作需要，提供被巡视巡察地区、单位领导班子及其成员和下一级主要负责人有关信访举报，落实信访工作责任制，具有苗头性、倾向性的重要信访问题，以及需要巡视巡察工作关注的重要信访事项等情况。

（四）人大监督

人大常委会有关部门对信访人反映的普遍性问题，可以向司法机关、行政机关提出意见，但不直接受理、处理个案。

信访人不服行政机关处理、复查、复核意见，人民法院两审终审裁判、人民检察院法律监督意见的，可以向人大常委会有关部门反映。

第二节 党委和政府监督

各级党委和政府承担着贯彻落实党中央、国务院关于信访工作各项决策部署的职责，是推动化解信访问题和信访矛盾的责任主体，因此，明确党委和政府在信访工作中的监督职责，是确保信访工作权威、提升信访工作力度的前提。《信访工作条例》第三十八条、第三十九条分别从督查、考核两个方面，对各级党委和政府信访工作监督职责作出了明确规定。

一、信访工作督查

《信访工作条例》第三十八条对党委和政府及其督查部门开展信访工作督查的主体、方式等作出规定，明确了有关要求和内容。

（一）党委和政府信访工作督查

《信访工作条例》第三十八条第一款规定："各级党委和政府应当对开展信访工作、落实信访工作责任的情况组织专项督查。"在工作实践中，应当从以下几个方面把握：

1. 督查的主体为党委和政府。区别于信访工作联席会议及其办公室、信访部门、党委和政府督查部门，专指在信访与督查职能部门之上，由党委和政府组织、以党委和政府名义进行、对党委和政府负责的督查。

2. 督查的形式为专项督查。根据《政府督查工作条例》第十四条的规定，政府督查通常包括综合督查、专项督查、事件调查、日常督办、线索核查等。《信访工作条例》从督查的任务、特点出发，将党委和政府信访工作督查定性为专项督查，既对督查进行准确定位，又进一步明确了督查要聚焦信访工作主题、专注信访工作领域。

3. 督查的对象为本级党委和政府所属部门、下级党委和政府。所属部门包括所有担负受理、办理信访事项职责的机关及单位。上级党委和政府对下级党委和政府进行信访工作督查，可以督查下一级党委和政府及其所属部门，必要时可以督查所辖各级党委和政府及其所属部门。

4. 督查的内容为开展信访工作、落实信访工作责任的情况。《信访工作条例》规定了各级机关、单位领导和组织开展信访工作的职责，明确了相应责任。党委和政府信访工作督查应当紧紧围绕这些职责要求进行，突出政治性、全局性，体现严肃性、权威性。

（二）党委和政府支持信访督查工作

党的十八大以来，国家信访局按照中共中央办公厅督查室、国务院办公厅督查室要求，积极为有关专项督查及国务院大督查提供问题线索，推动解决了一大批疑难复杂信访问题。有的地方信访部门也探索建立与党委和政府督查部门联动机制，围绕房地产、劳动社保等重点领域开展专项督查，形成强大工作合力，明显提升了督查权威和效能。《信访工作条例》第三十八条第三款总结实践经验做法，规定“各级党委和政府督查部门应当将疑难复杂信访问题列入督查范围”，对党委和政府督查部门提出了要求，为解决疑难复杂信访问题拓宽了渠道。党委和政府督查部门应当定期或不定期向信访部门征集问题线索，把解决疑难复杂信访问题列入督查计划，尽到督查之责。信访部门要积极作为，主动加强与党委和政府督查部门的沟通，建立健全协调对接机制，经常性分专题、分地域梳理有关信访问题，向党委和政府督查部门提供问题线索，将疑难复杂信访问题列入党委和政府督查部门督查范围，高位推动解决。在集中提供信访突出问题线索的同时，对于确需通过党委和政府督查部门推动解决的重要问题，可采取“一事一议”的方式，按程序报党委和政府督查部门开展督查。

二、信访工作考核

为压实信访工作责任、推动及时就地解决问题、提升信访工作整体水平，开展信访工作考核十分必要。近年的实践证明，科学合理的考核体系、项目和指标设计，能够推动相关地方和部门真正重视信访工作，切实落实好上级党委和政府关于信访工作的各项决策部署；能够推动相关地方和部门决策科学化和执行规范化，从源头上预防和减少信访问题的发生；能够激发相关地方和部门解决信访问题的积极性和创造性，从而更好地维护群众合法权益。

《信访工作条例》第三十九条总结实践经验，对信访工作考核作出规定，要求党委和政府以依规依法及时就地解决信访问题为导向，每年对信访工作情况进行考核，考核结果在适当范围内通报，注重对考核结果的运用，以考核推动党委和政府监督落地，促进信访工作落实。中共中央办公厅、国务院办公厅印发的《关于创新群众工作方法解决信访突出问题的意见》强调，改进和完善考核方式，合理设置考核项目和指标，不简单以信访数量多少为标准进行考评，推动各地区把工作重点放在预防和解决问题上。

（一）考核主要原则和要求

《信访工作条例》规定信访工作考核以依规依法及时就地解决信访问题为导向，阐明了考核应当把握的主要原则，指引了信访工作应当坚持的正确方向。其中，解决信访问题是信访工作的基本职责所在；依规依法是建设法治信访，将信访纳入法治化轨道的必然要求；及时就地是从解决信访问题的客观规律和维护社会稳定的现实需要出发，突出时效性，突出属地管理、分级负责，旨在引导各级各部门把问题化解在早、化解在小、化解在基层，防止矛盾积累、问题上行、风险升级。总的来看，信访工作年度考核应当坚持实事求是、科学精准，分级负责、逐级推动，突出重点、综合评价，公开透明、客观公正等原则，科学精准设置考核项目和指标，采取定性与定量评价相结合的方式，突出信访工作中的重点难点问题，对解决信访问题、维护信访秩序、完成年度重点工作、信访工作创新等情况进行综合考核。

（二）考核结果运用

《信访工作条例》吸收《信访工作责任制实施办法》有关内容，从两个方面对考核结果的运用作出规定。首先，回答了“用在哪里”这个问题，明确考核结果应当在适当范围内通报，并作为对领导班子和有关领导干部综合考核评价的重要参考。其中，通报旨在表彰先进、鞭策后进，推动信访工作形成比学赶超的良好氛围；作为对领导班子和有关领导干部综合考核评价的重要参考，则是依据《党政领导干部考核工作条例》有关规定，落实了考核领导班子、领导干部群众工作本领，以及坚持以人民为中心、密切联系群众、为群众排忧解难情况等要求。其次，就“怎么用”从正反两方面作出规定：对在信访工作中作出突出成绩和贡献的机关、单位或者个人，可以按照有关规定给予表彰和奖励；对在信访工作中履职不力、存在严重问题的领导班子和领导干部，视情节轻重，由信访工作联席会议进行约谈、通报、挂牌督办及责令限期整改。需要特别说明的是，约谈、通报、挂牌督办及责令限期整改是由信访工作联席会议代表党委和政府进行。其中，通报和责令限期整改是延续了《信访工作责任制实施办法》第十三条已有要求，而约谈、挂牌督办则是依据《信访工作条例》第十一条、第十三条有关信访工作联席会议领导组织信访工作责任制落实、督导考核等职责规定，借鉴安全生产、生态环境保护等行业领域做法，结合近年来信访工作考核实践，从工作需要出发新增的考核结果运用方式。从近年来工作实践看，不少省份都对信访工作存在较多问题的市县及其相关领导干部进行了通报、约谈，有效强化了考核权威，传导了责任和压力，推动了信访事项真解决、真化解，取得了良好效果。

（三）考核需要注意的问题

信访工作考核要坚持树立正确导向，既要引导地方和基层全力解决问题、化解矛盾，也要引导信访人依法理性反映诉求。各级党委和政府、信访工作联席会议及其办公室和信访部门要严格落实党中央关于统筹规范督查检查考核工作的各项要求，不断改进完善信访工作考核评价体系，对信访数据进行精细化统计，科学设置考核项目和指标，规范考核程序和实际操作办法，突出预防和解决信访问题的实际效果，增强考核的科学性和可操作性。在工作实践中，应改进信访工作考核评价体系，关键看依法实质解决信访问题的情况，切实改变一些地方简单以信访数量和进京访数量为主要指标的考核方式，力戒层层加码、变形走样、过度考核等问题，同时要注意在考核中处理好解决信访问题与维护信访秩序的关系。

第三节　信访工作联席会议及其办公室监督

《信访工作条例》第十一条明确规定，中央信访工作联席会议领导组织信访工作责任制落实、督导考核等工作，中央信访工作联席会议办公室督促检查联席会议议定事项的落实；第十三条明确规定，地方各级信访工作联席会议负责本地区信访工作的督促落实。信访工作联席会议机制在信访监督中承担重要职责，是加强党对信访工作领导的重要抓手。在实践工作中，信访工作联席会议及其办公室的监督，一般体现在其与信访部门共同开展的督查之中。《信访工作条例》第三十八条第二款规定："信访工作联席会议及其办公室、党委和政府信访部门应当根据工作需要开展督查，就发现的问题向有关地方和部门进行反馈，重要问题向本级党委和政府报告。"这是在设立中央信访工作联席会议等相关规定的基础上，总结固化党的十八大以来信访工作督查实践作出的规定，既给信访工作联席会议和信访部门赋予了督查职权，也规定了其督查责任。

一、督查主要内容

贯彻落实习近平总书记关于信访工作重要指示批示精神情况；贯彻落实党中央、国务院关于信访工作的决策部署情况；信访工作联席会议议定事项落实情况；信访工作开展和信访工作责任落实情况；信访工作联席会议办公室、信访部门交办督办信访事项化解情况；信访事项受理办理，特别是特殊疑难信访事项化解情况；其他需要督查的情况。

二、督查类型

信访工作联席会议和信访部门督查，根据督查内容可以分为指示批示督查、决策督查、信访事项督查。指示批示督查主要指督促检查各地区各部门贯彻落实中央领导同志以及本地区、本部门、本单位领导同志关于信访工作重要指示精神和批示要求情况。决策督查主要指督促检查各地区各部门贯彻落实党中央、国务院以及地方各级党委和政府、各级信访工作联席会议关于信访工作的决策部署情况。信访事项督查主要指督促检查群众反映的信访问题，特别是普遍性、典型性信访突出问题化解情况，以及信访工作联席会议办公室、信访部门交办督办事项化解情况。

三、督查方式

信访工作督查的方式有实地督查和非现场督查两类。

实地督查，一般采取深入基层一线，以听取情况介绍、查阅相关资料、实地查看现场、回访信访人、访谈基层干部等方式进行；非现场督查，一般采取网上、视频、发函、约谈等方式进行。前者确保一竿子插到底，后者则具有便捷高效等特点，两者均可以通过督查核实诉求、查清问题，都要反馈督查意见、提出改进工作建议。在具体工作实践中，可根据需要采取不同方式开展督查。

四、督查反馈和报告

为充分发挥督查作用，确保督查效果，《信访工作条例》第三十八条明确了督查反馈和报告的有关要求，强调督查之后应当反馈，特别是反馈督查发现的问题，重要问题应当报告本级党委和政府。

信访事项督查反馈，应紧紧围绕督查目的和内容进行，通常包括对信访事项事实和责任主体认定、工作中存在的问题、解决问题的工作建议等。反馈应客观公正指出问题，准确恰当适用法规，并提出科学合理的建议。反馈提出的建议应充分考虑工作实际，既要符合政策，又要具备可操作性；既维护群众合法权益，又维护基层工作权威；既推动解决具体问题，又促进政策落实和完善，以点带面推动类似问题成批解决。根据督查情况，汇总整理督查中发现的“主要问题、典型经验做法、主要意见建议”三张清单，建立健全督查与提出改进工作、完善政策、追究责任建议相贯通的工作机制，对贯彻落实中央决策部署和要求不及时不到位的限期整改，对发现的普遍性、典型性信访突出问题督促化解，对严重侵害群众合法权益的依法问责，对发现的党员干部涉嫌违纪违法问题线索移送有关纪检监察机关或主管部门处理。对督查过程中发现的好经验好做法，也可在反馈时一并予以肯定，及时总结宣传推广，拓展督查成果。跟踪督查反馈落实情况，形成督查、反馈、整改工作闭环，对落实督查反馈打折扣、做选择、搞变通的，采取通报、约谈等方式督促整改。根据督查反馈的意见建议，被督查地区或部门应及时形成整改落实的具体措施。

五、有关工作要求

为发挥督查工作在推进信访改革措施落地、解决信访突出问题等方面的重要作用，督查要紧紧围绕信访工作新形势新任务新要求，强化责任、突出重点，通过督查推动信访工作高质量发展，推动各项决策部署落地，推动各类信访矛盾化解。

（一）围绕中心

坚持围绕贯彻落实习近平总书记重要指示批示精神和党中央、国务院决策部署来开展督查，深入督查贯彻中央关于信访工作重要部署、加强党对信访工作领导、化解突出信访问题等情况，着力解决思想认识不到位、化解矛盾不用力、工作作风不扎实等突出问题。

（二）完善机制

深入研究信访工作新形势新特点，认真总结近年来信访督查工作实践中的好经验、好做法，进一步健全完善督查工作机制，推动信访督查工作法治化、科学化、制度化、规范化。打造上下联动、部门协同、分工负责、合力攻坚的信访督查工作格局，把督查工作贯穿于信访工作各环节、全过程，完善事前事中事后督查，形成督查工作完整链条，构建起“全覆盖”“全流程”的督查工作机制。

（三）创新方法

大力开展联合督查，在信访工作联席会议的统筹协调下，充分发挥职能部门作用，有效整合督查资源力量。积极探索提级督查，通过“一事一报”等方式，将本级难以推动解决的疑难复杂信访问题提请党委和政府或上级信访部门督查督办，在更高层面推动问题解决。创新开展网上督查、视频督查，强化互联网、云计算、大数据、人工智能等信息技术在信访工作督查中的运用，以科技手段不断提高督查效率和水平。

（四）务求实效

一是要把督查与信访重点工作有机结合起来，确保信访重点工作圆满完成。二是要加大对群众反映强烈的热点难点问题的督查力度，持续抓好重点领域典型事项督查，以推动解决好人民群众的急难愁盼问题。三是要加强对领导干部接访下访、矛盾纠纷排查化解、重点问题风险防控、重要敏感信息核查处置等工作的督查，通过日常督查和集中督查相结合，严防潜在隐患转化为现实危害或引发连锁反应。四是要深入基层一线，研究破除制约基层信访工作发展的瓶颈问题，坚持解剖麻雀、举一反三，既推动解决个案，又督促指导面上工作，不断提高基层化解矛盾的能力水平。

第四节 信访部门监督

信访部门负责督促检查重要信访事项的处理和落实，指导本级其他机关、单位和下级的信访工作。《信访工作条例》从提出“三项建议”、报告信访情况、建立信访与其他党内监督工作衔接机制等方面，对信访部门履行监督职责作出安排。

一、提出“三项建议”

《信访工作条例》第四十条对信访部门提出改进工作、完善政策和追究责任“三项建议”作出规定，为信访部门充分发挥监督作用提供了制度保障，并且明确要求“对信访部门提出的改进工作、完善政策、追究责任的建议，有关机关、单位应当书面反馈采纳情况”，进一步强化了信访部门提出“三项建议”的权威性和约束力。各级信访部门应结合自身实际制定相关工作规则，推动提出“三项建议”工作制度化、规范化，围绕预防和减少问题发生、解决信访突出问题，及时提出改进工作建议和完善政策建议，针对信访工作中的违纪情形提出追究责任建议，使一些可能引发群体性事件、个人极端事件、负面舆论炒作等信访问题及时化解在萌芽状态，取得良好的社会效果。

（一）提出改进工作的建议

《信访工作条例》第四十条第一款规定：“党委和政府信访部门发现有关机关、单位存在违反信访工作规定受理、办理信访事项，办理信访事项推诿、敷衍、拖延、弄虚作假或者拒不执行信访处理意见等情形的，应当及时督办，并提出改进工作的建议。”从实践看，需要提出改进工作建议的情形主要有以下几个方面：一是落实党中央、国务院关于信访工作决策部署不到位，完成重点工作任务不到位。二是在信访事项受理过程中，应当登记、转送、交办而未按照规定登记、转送、交办；应当履行督办职责而未履行；对属于其职权范围的信访事项不予受理；未在规定期限内书面告知信访人是否受理信访事项。三是在信访事项处理过程中，推诿、敷衍、拖延信访事项办理或者未在规定期限内办结信访事项；对事实清楚，符合法律、法规、规章或者其他有关规定的投诉请求未予支持；对党委和政府信访部门提出的改进工作、完善政策等建议重视不够、落实不力，导致问题长期得不到解决。四是超越或者滥用职权，应当作为而不作为，适用法律、法规错误或者违反法定程序，侵害公民、法人或者其他组织合法权益，拒不执行有权处理机关、单位作出的支持信访请求意见，导致信访事项发生。五是对可能造成社会影响的重大、紧急信访事项和信访信息隐瞒、谎报、缓报，或者未依法及时采取必要措施。六是信访工作机制不健全、责任不落实。七是其他需要改进工作的情形。

需要指出的是，提出改进工作建议一般与督办结合进行，形式与督办方式相适应，即采取实地督查方式的对应现场提出改进工作建议并在督查报告中载明，采取网上督办方式的对应网上提出改进工作建议，采取发函督办方式的对应发函提出改进工作建议。督办并提出改进工作建议后，若问题仍然存在、工作没有明显改进的，可再次督办并再次提出改进工作建议，也可不经督办直接单独提出改进工作建议。无论采取何种方式提出改进工作的建议，接收建议的机关单位都应以书面形式向提出建议的信访部门进行反馈。

（二）提出完善政策的建议

《信访工作条例》第四十条第二款规定：“对工作中发现的

有关政策性问题，应当及时向本级党委和政府报告，并提出完善政策的建议。”群众信访反映的诉求，都是与自己切身利益相关的问题，体现着施政效果，是检验为政得失的窗口。信访问题有的是政策执行的问题，有的是政策制定引发的问题，信访部门应当自觉发挥参谋助手作用，多维度、全视角、深层次地综合分析群众来信来访信息，发现政策制定、执行中存在的问题和不足。针对相关政策不完善、不周延、不衔接等问题，或者相关政策在执行中引发矛盾纠纷较为突出的，视情向有关机关、单位提出完善政策的建议，重要情况应当及时向党中央、国务院报告，努力为党委和政府科学民主决策提供高价值高水准的信息服务，推动各项政策措施更加符合群众期盼和社会发展实际。完善政策的建议，一般由信访部门以书面形式向本级党委和政府提出。党委和政府对信访部门提出的完善政策建议应当指定有关职能部门组织研究论证，并要求有关职能部门就建议办理及政策完善等情况向信访部门作出书面反馈。

（三）提出追究责任的建议

《信访工作条例》着眼充分发挥信访监督作用，第四十条第三款规定：“对在信访工作中推诿、敷衍、拖延、弄虚作假造成严重后果的机关、单位及其工作人员，应当向有管理权限的机关、单位提出追究责任的建议。”主要是指信访部门根据工作发现的情况，就某些机关、单位的违法失职行为，向其上级有领导关系的机关、单位提出追责建议；就某些机关、单位工作人员的违法失职行为，向有人事任免权限的机关、单位提出追责建议。追责的情形主要是不落实改进工作的建议，造成严重后果的；对待信访人态度恶劣，作风粗暴，损害党群干群关系；在处理信访事项过程中吃拿卡要、谋取私利；对可能造成社会影响的重大、紧急信访事项和信访信息隐瞒、谎报、误报，或者未依法及时采取必要措施；将信访人的检举、揭发材料或者有关情况透露、转给被检举、揭发的人员或者单位；打击报复信访人以及其他违规违纪违法的情形，造成严重后果，信访部门应当按照法律、《中国共产党纪律处分条例》等相关规定，向有管理权限的机关、单位提出追究责任的建议，或移交相关问题线索，由有管理权限的机关、单位依规依纪依法处理。有关机关、单位对信访部门提出的追究责任的建议应当认真研究处理，并及时向信访部门书面反馈采纳情况。

二、信访情况年度报告

《信访工作条例》第四十一条对健全信访情况年度报告制度作出规定，信访情况年度报告是信访部门履行监督职责，为党委和政府提供决策参考的重要方式。报告制度旨在服务党委和政府宏观把握群众信访情况，通过信访渠道了解和监督各机关、单位工作，促进有关机关、单位及信访部门积极履行职责、主动改进工作，更好服务党和国家工作大局以及推动解决人民群众反映突出的信访问题。

（一）报告主体

《信访工作条例》规定报告主体为党委和政府信访部门，编制信访情况年度报告是信访部门的重要工作内容。信访部门应当每年梳理总结信访工作领域整体工作情况，深入进行分析研究，并向本级党委和政府、上一级党委和政府信访部门报告。党委和政府信访部门以外的其他机关、单位的信访工作机构，也可参照执行，建立健全向所在机关、单位党组（党委）报告信访情况制度。

（二）报告对象

《信访工作条例》在《信访条例》要求向本级政府报告信访情况基础上，扩大了报告对象的范围。一方面，随着《信访工作条例》适用范围全覆盖，报告对象从本级政府扩展到本级党委和政府；另一方面，为加强上级信访部门对下级信访部门的指导，加大信访系统信息资源整合共享力度，规定同时应向上一级党委和政府信访部门报告信访情况。

（三）报告形式

《信访工作条例》规定信访部门应当编制信访情况年度报告，固定报告周期为一年一报，明确了报告形式，强化了报告的严肃性系统性。需要指出，信访部门承担着综合反映信访信息，分析研判信访形势，为党委和政府提供决策参考的职责，为此，信访部门报告工作、报告信访信息的形式丰富、载体多样，除定期的工作报告外，一般还包括简报、摘报等各种形式，以便及时向党委和政府报告相关工作。

（四）报告内容

《信访工作条例》规定，年度报告内容包括：信访事项的数据统计、信访事项涉及领域以及被投诉较多的机关、单位；党委和政府信访部门转送、交办、督办情况；党委和政府信访部门提出改进工作、完善政策、追究责任建议以及被采纳情况；其他应当报告的事项。报告通过综合分析信访形势、群众提出信访事项的分类情况、处理情况、信访部门监督情况，以此来发现普遍性和倾向性问题，了解施政得失，发挥反映社情民意的“晴雨表”作用，有利于决策机关作出客观判断，促进决策科学化、民主化。

1. 报告信访事项数据统计及涉及领域。信访事项的数据统计是指反映情况，提出建议、意见或者投诉请求的数量和比例等数据，包括通过数据分析得出的形势判断和特点描述。信访事项涉及的领域是指信访事项属于哪个方面的问题，通过对这些数据、领域的汇总分析，让党委和政府全面了解信访形势，了解群众所思所想所忧所盼，及时调整政策、改进工作。信访数据统计中，为确保数据客观反映工作实际情况，必须对各项数据的内涵、外延，予以准确界定。

2. 报告被投诉较多的机关、单位。被投诉较多的机关、单位，通常也是引发信访问题较多的机关、单位。向党委和政府报告被投诉较多的机关、单位，是如实反映群众诉求的职责所在，也是发挥群众监督作用的必然要求，是督促有关机关、单位依法履职、为民尽责、为党分忧，解决信访问题、化解信访矛盾的有力抓手。信访部门应当履职尽责，准确认定被投诉较多的机关、单位，严肃认真、客观公正向党委和政府报告，不能当“老好人”，更不能“粉饰太平”，对重大、紧急信访事项和信访信息隐瞒、谎报、缓报。

3. 报告转送、交办、督办及提出“三项建议”情况。报告转送、交办情况是指信访部门需报告向哪些机关、单位转送、交办了多少信访事项，包括事项类别、办理及汇报情况等。报告督办情况是指信访部门需报告督办了哪些机关、单位，哪些机关、单位存在违反信访工作规定受理、办理信访事项，办理信访事项推诿、敷衍、拖延、弄虚作假或者拒不执行信访处理意见等情形，相应的数量、所占的比例等。报告“三项建议”提出和采纳情况是指信访部门需报告向哪些部门提出了多少建议，建议被采纳的数量、效果及未被采纳的数量、原因等。转送、交办、督办，提出改进工作、完善政策、追究责任建议，是信访部门处理信访事项、推动解决信访问题的主要职责和任务。向党委和政府以及上级信访部门报告转送、交办、督办及提出“三项建议”情况，也有利于党委和政府以及上级信访部门了解有关机关、单位处理信访事项的总体情况，特别是报告有关机关、单位对“三项建议”的采纳情况，有利于提高信访部门工作的权威性严肃性，提高有关机关、单位对“三项建议”的重视程度，督促有关机关、单位妥善处理信访问题、积极化解信访矛盾。

三、信访工作与其他党内监督工作衔接

根据监督追责法治化要求，各级党委和政府、信访工作联

席会议及其办公室、信访部门、职能部门等都负有监督职责。其中，信访部门应及时督办、提出追究责任建议、移交相关线索，会同纪检监察、政法等单位，建立相应工作机制，及时纠正、处理职能部门和信访人的违规违纪违法行为。

（一）信访工作与纪检监察工作衔接

信访工作与纪检监察工作的衔接，主要体现在严格执行信访工作责任制，切实落实领导责任，惩处信访工作违纪行为，维护信访工作秩序，保护信访人合法权益，促进社会和谐稳定等方面。

1. 法规依据。2024 年 1 月 1 日起施行的《中国共产党纪律处分条例》第一百三十五条对在信访工作中的违纪行为作出了处分规定。2016 年 10 月，中办、国办印发《信访工作责任制实施办法》，明确了党政机关及其领导干部、工作人员不履行或者未能正确履行信访工作职责应当追究责任的情形。

2. 实践做法。在具体工作中，各地纪检监察机关既主动监督信访工作，也严格依规依纪依法追究个别党员干部、公职人员的责任、给予相应的处理。一些省份也探索建立了相应衔接机制，如组织联合督查、移交问题线索等，会同纪检监察机关，进一步提升信访部门监督效能。

3. 主要任务。信访部门配合纪检监察工作应建立健全工作机制，主要做好以下工作：一是加强情况沟通联系。主要是信访工作联席会议及其办公室、党委和政府信访部门围绕信访事项，根据督查督办情况，汇总整理问题清单、典型经验清单、意见建议清单，就发现的突出问题及时向纪检监察机关反馈。二是认真提出“三项建议”。主要是信访工作联席会议及其办公室、党委和政府信访部门对查实的信访问题反映出的公职人员滥用职权、玩忽职守、侵害公民、法人合法权益等问题，应当向有管辖权的纪检监察机关提出追究责任的建议。三是及时移交问题线索。主要是信访工作联席会议及其办公室、党委和政府信访部门在工作中发现的相关问题线索，可以移送有管辖权的纪检监察机关依规依纪依法处理。

（二）信访工作与巡视巡察工作衔接

《信访工作条例》第四十一条第二款规定：“根据巡视巡察工作需要，党委和政府信访部门应当向巡视巡察机构提供被巡视巡察地区、单位领导班子及其成员和下一级主要负责人有关信访举报，落实信访工作责任制，具有苗头性、倾向性的重要信访问题，需要巡视巡察工作关注的重要信访事项等情况。”这主要是根据中央巡视办与国家信访局建立的工作协调机制开展情况来制定的，现将已有实践做法扩展到全国，既是落实加强党风廉政建设的内在要求，也是坚持以党内监督为主导，推动信访监督与其他监督有机贯通、相互协调的具体举措。

1. 法规依据。《中国共产党巡视工作条例》第十四条第一款规定：“纪检监察机关、组织部门应当协助同级党组织开展巡视工作，宣传、统战、政法、保密、审计、财政、统计、信访等部门和单位应当支持巡视工作，协同做好人员选派、情况通报、政策咨询、问题研判、措施配合、整改监督、成果运用等工作。”第二十一条规定：“巡视组开展巡视前，根据工作需要，应当听取同级纪检监察机关和组织、宣传、统战、政法、保密、审计、财政、统计、信访等部门和单位关于被巡视党组织领导班子及其成员的有关情况通报。”《信访工作条例》与《中国共产党巡视工作条例》相关规定有机衔接，明确了信访工作与巡视巡察工作衔接的具体措施。

2. 实践做法。在中央层面，中央巡视办与国家信访局建立工作协调机制，确定国家信访局配合中央巡视办做好进驻前情况通报、提供综合分析情况、抄送重要信访情况、加强业务沟通交流等工作机制。在每次巡视前，国家信访局都应中央巡视办的要求，向其通报有关信访举报情况，以及被巡视地区和单位贯彻落实习近平总书记对信访工作重要指示批示精神、落实信访工作责任制等情况。一些省份也探索建立了相应机制，既能发挥信访举报渠道作用为巡视巡察提供服务，也能借力巡视巡察工作进一步提升信访部门监督效能。

3. 主要任务。信访部门配合巡视巡察工作应建立健全工作机制，主要做好以下工作：第一，进驻前情况通报。包括信访部门向巡视巡察机构通报被巡视巡察党组织领导班子及其成员和下一级主要负责人有关信访举报情况，以及被巡视巡察地区单位贯彻落实习近平总书记对信访工作重要指示批示精神、落实信访工作责任制等情况。第二，提供综合分析情况。包括信访部门依据群众信访反映，向巡视巡察机构提供有关地方、部门年度相关数据统计、综合分析材料及信访工作考核情况。第三，抄送重要信访情况，包括信访部门将信访工作联席会议《信访信息快报》《群众反映》等相关信访信息材料中具有典型性、苗头性、倾向性的重要信访问题，以及需要巡视巡察工作关注的重要信访事项等及时抄送巡视巡察机构。在信访部门配合巡视巡察工作的同时，巡视巡察机构也应适时向信访部门通报巡视巡察推动解决有关信访问题情况。

（三）信访工作与干部监督工作衔接

党要管党，首先是管好干部；从严治党，关键是从严治吏。干部监督是党内监督的重要组成部分，事关干部队伍成色、事关党内政治生态、事关事业兴衰成败。信访监督是群众监督转化为党内监督的重要途径，也是干部监督的重要问题线索来源。《党政领导干部选拔任用工作条例》规定："实行地方党委组织部门和纪检监察、巡视巡察、机构编制、审计、信访等有关机构联席会议制度，就加强对干部选拔任用工作的监督，沟通信息、交流情况、研究问题，提出意见和建议。"《信访工作条例》第三十条第二款规定："党委和政府信访部门应当按照干部管理权限向组织（人事）部门通报反映干部问题的信访情况，重大情况向党委主要负责同志和分管组织（人事）工作的负责同志报送。组织（人事）部门应当按照干部选拔任用监督的有关规定进行办理。"《信访工作责任制实施办法》进一步明确规定："各级组织人事部门在干部考察工作中，应当听取信访部门意见，了解掌握领导干部履行信访工作职责情况。"各级信访部门应当密切与组织（人事）部门的工作对接，按规定定期通报反映干部问题信访情况，充分发挥信访工作独特优势，推进信访监督与干部监督贯通融合。

第五节　人大监督

全国人民代表大会常务委员会和县级以上地方各级人民代表大会常务委员会按照《各级人民代表大会常务委员会监督法》规定的程序行使监督职权。

一、人大监督的原则

各级人民代表大会常务委员会依据宪法和有关法律的规定，按照民主集中制的原则，集体行使监督职权，对本级人民政府、监察委员会、人民法院和人民检察院的工作实施监督，促进依法行政、依法监察、公正司法。

二、人大监督议题的来源途径

各级人民代表大会常务委员会开展监督工作的议题，根据下列途径反映的问题确定：

1. 本级人民代表大会常务委员会在执法检查中发现的突出问题；

2. 本级人民代表大会代表对人民政府、监察委员会、人民法院和人民检察院工作提出的建议、批评和意见集中反映的问题；

3. 本级人民代表大会常务委员会组成人员提出的比较集中的问题；

4. 本级人民代表大会专门委员会、常务委员会工作机构在调查研究中发现的突出问题；

5. 人民来信来访集中反映的问题；

6. 社会普遍关注的其他问题。

三、人大监督的方式

人大监督机关通过信访集中反映的问题及建议，发现法律政策在执行阶段存在的问题，督促职能部门正确履职，进而推动各项制度的落实及完善。

（一）听取和审议人民政府、监察委员会、人民法院和人民检察院的专项工作报告

各级人民代表大会常务委员会每年选择若干关系改革发展稳定大局和群众切身利益、社会普遍关注的重大问题，有计划地安排听取和审议本级人民政府、监察委员会、人民法院和人民检察院的专项工作报告。常务委员会组成人员对专项工作报告的审议意见交由本级人民政府、监察委员会、人民法院或者人民检察院研究处理。人民政府、监察委员会、人民法院或者人民检察院应当将研究处理情况由其办事机构送交本级人民代表大会有关专门委员会或者常务委员会有关工作机构征求意见后，向常务委员会提出书面报告。常务委员会认为必要时，可以对专项工作报告作出决议；本级人民政府、监察委员会、人

民法院或者人民检察院应当在决议规定的期限内，将执行决议的情况向常务委员会报告。

（二）法律法规实施情况的检查

各级人民代表大会常务委员会每年选择若干关系改革发展稳定大局和群众切身利益、社会普遍关注的重大问题，有计划地对有关法律、法规实施情况组织执法检查。执法检查结束后，执法检查组应当及时对所检查的法律、法规实施情况进行评价，提出执法中存在的问题和改进执法工作等方面的建议，并形成执法检查报告提请常务委员会审议。常务委员会组成人员对执法检查报告的审议意见连同执法检查报告，一并交由本级人民政府、监察委员会、人民法院或者人民检察院研究处理。人民政府、人民法院、人民检察院应当报告研究处理情况。必要时，由委员长会议或者主任会议决定提请常务委员会审议，或者由常务委员会组织跟踪检查。

第六节　责任追究

《信访工作条例》第四十二条至第四十六条对涉及信访事项发生、提出、受理办理和督办的所有主体，都作出了责任追究的规定。《中国共产党纪律处分条例》第一百三十五条规定："在信访工作中，有下列行为之一，造成不良影响或者严重后果的，对直接责任者和领导责任者，给予警告或者严重警告处分；

情节较重的，给予撤销党内职务或者留党察看处分；情节严重的，给予开除党籍处分：（一）不按照规定受理、办理信访事项；（二）对规模性集体访等处置不力，导致事态扩大；（三）对党委和政府信访部门提出的改进工作、完善政策等建议重视不够、落实不力，导致问题长期得不到解决；（四）其他不履行或者不正确履行信访工作职责行为。不履行或者不正确履行职责，导致信访事项发生，造成不良影响或者严重后果的，对直接责任者和领导责任者，依照前款规定处理。”

一、关于追究引发信访问题的责任

为了从源头上减少信访问题的发生，《信访工作条例》规定了引发信访事项的责任人的责任，以督促有关机关、单位及其工作人员严格依法办事、积极履行职责。

（一）责任追究的对象

根据《信访工作条例》第二条规定的适用范围，适用的机关、单位均与行使公权力或者提供公共服务密切相关，这些机关、单位的工作人员因行使公权力或者提供公共服务不当引发信访问题，理应被作为追责对象。其中直接负责的主管人员，是指机关、单位内部对有关工作和事项负有直接领导和管理职责，对外代表机关、单位主体实施相关行为，对引发信访问题起决定性作用的人员。其他直接责任人员，是指具体承办人员和协助主管人员的分管人员。

（二）责任追究的情形

《信访工作条例》第四十二条采取列举的方式，归纳了需要追究引发信访问题责任的四种情形。

1. 超越或者滥用职权，侵害公民、法人或者其他组织合法权益。（1）超越职权主要是指超越法定职权范围，违法决定、处理其无权决定、处理的事项，给公民、法人或者其他组织造成权益损害。超越法定职权范围通常包括超越事务管辖权限、地域管辖权限或层级管辖权限。（2）滥用职权主要是指自由裁量权行使不当，造成显失公正后果等。主要表现是：受不正当动机和目的支配致使行为背离法定目的和利益，任意无常，不遵循既成的先例和惯例；强人所难，要求相对人履行客观上无法履行的义务，等等。

2. 应当作为而不作为，侵害公民、法人或者其他组织合法权益。主要是指机关、单位负有实施某种积极行为的义务，能够实行而不实行，通常包括不履行法定职责、拖延履行法定职责等。

3. 适用法律、法规错误或者违反法定程序，侵害公民、法人或者其他组织合法权益。（1）适用法律、法规错误主要是指机关、单位作出决定、处理事项，没有按照法律、法规、规章的要求进行，或者错误地援引了法律、法规、规章，包括没有适用法律、法规、规章，适用无效的法律、法规、规章，应适用效力等级较高的法律、法规却适用了效力等级较低的法规、规章，适用法律、法规、规章存在遗漏，适用了不应适用的其他法律、法规、规章或规范性文件等。（2）违反法定程序主要是指违反了法律、法规、规章规定的程序、步骤、方式、时限等。

4. 拒不执行有权处理机关、单位作出的支持信访请求意见。主要是指有权处理信访事项的机关、单位作出的支持信访请求的处理意见，没有得到有效执行，未能实现信访人寻求权利救济、维护自身合法权益的目的，包括不执行处理意见、无故拖延执行处理意见等。对拒不执行有权处理机关、单位作出的支持信访请求意见的进行追责，旨在强化信访处理意见书的约束力，保障信访处理意见管用、有效，切实发挥纠偏、救济的作用。

（三）责任追究的情节条件

根据《信访工作条例》第四十二条的规定，导致信访事项发生并造成严重后果的，才追究引发信访问题的责任，包括两个方面：一是导致了信访事项发生。没有发生信访事项，则不能依据《信访工作条例》追究引发信访问题的责任。二是造成了严重后果。并非所有的信访事项都要追究引发信访问题的责任。如果发生了信访事项，但并未造成严重后果，则无须追责。严重与否，一般从对信访人合法权益的影响和对国家社会的影响两方面来判断。如对群众生命健康权、人身自由权、财产权等合法权益造成损害，或者损害了国家利益，或者造成了不良社会影响，其后果一般应认定为严重。

二、关于追究信访部门登记、转送、交办、督办责任

《信访工作条例》第四十三条对各级党委和政府信访部门登记、转送、交办、督办责任作出了明确规定。

（一）信访部门责任与有权处理机关、单位责任的区别

本条所列责任专指党委和政府信访部门的责任，且明确为登记、转送、交办、督办相关责任。单列党委和政府信访部门责任，既是对信访部门的严格要求，也旨在强调各主体处理信访问题的自身定位和各自责任，避免出现信访部门与有权处理机关、单位混淆职责边界、错误定责追责的现象。

（二）责任追究的情形

1. 未按规定登记。通常包括未登记、未如实登记等。对已经建设或联通信访信息系统的信访部门，未登记通常是指未将信访事项录入信访信息系统。未如实登记，主要是指未如实登记信访人的基本信息及其反映的诉求和相关事实、理由等。

2. 未按规定转送。通常包括应转送未转送、未在规定期限内转送，以及未转送到合适的有权处理机关、单位等。其中，未转送到合适的有权处理机关、单位主要是指将信访事项转送到没有相应事权的机关或单位。比如，有的事项有权处理部门为市县职能部门却转送给没有事权的乡镇；有的事项涉及两个以上机关、单位，未经认真研究事权关系，随意选择其中一个机关或单位一转了之；有的事项责任主体为中直单位或央企，却转到地方处理。

3. 未按规定交办。信访事项是否需要交办，通常从信访诉求、社会影响等方面进行衡量。需着重考虑群众反映强烈、较为重要典型、存在风险隐患、需要及时妥善处理并反馈办理结果等因素。符合上述条件却未予交办的，通常属于应被追究责

任的范围。

4. 未按规定督办。主要是指应督未督的问题。信访事项受理、办理过程中出现以下情形应当督办，如未督办即属于未履行相应职责，应予追责：（1）未按规定受理信访事项；（2）未按规定办理信访事项，包括办理方式不恰当、办理不及时、办理主体不适格、延期办理但未出具延期办理告知书；（3）未按规定反馈信访事项办理结果，包括未按期出具处理（复查、复核）意见书、处理（复查、复核）意见书格式不规范、未正确履行送达职责、未将办理情况及时录入信访信息系统、信访部门未对交办事项的汇报履行审核责任；（4）处理意见明显不当，包括事实认定不清楚、定性不准确、政策法规适用错误、未全面回应群众诉求、以过程性意见代替结果性意见；（5）不执行信访处理意见；（6）办理信访事项推诿、敷衍、拖延或弄虚作假；（7）其他未落实“三到位一处理”要求需要督查督办的。

（三）责任追究的方式

根据未按规定登记、转送、交办、督办的情节轻重，分别规定了需要承担的相应责任。对情节较轻的，明确由其上级机关责令改正；对造成严重后果的，明确对直接负责的主管人员、其他直接责任人员都要依规依纪依法严肃处理。

三、关于追究有权处理机关受理、办理责任

针对《信访工作条例》第二十三条以及第二十七条至第三十七条规定的有权处理机关、单位的受理、办理职责，《信访工

作条例》第四十四条规定了负有受理、办理信访事项职责的机关、单位的受理、办理责任。

（一）受理信访事项责任

《信访工作条例》第四十四条就受理信访事项列举了需要追究责任的情形，分别是：对收到的信访事项不按照规定登记；对属于其职权范围的信访事项不予受理；未在规定期限内书面告知信访人是否受理信访事项。同时规定，对存在上述问题的，由其上级机关、单位责令改正；造成严重后果的，对直接负责的主管人员和其他直接责任人员依规依纪依法严肃处理。

认定受理责任要把握以下三点：一是对不按规定登记的认定。信访事项登记要如实、准确，对信访人身份信息以及主要诉求、问题属地等重要内容，应当实事求是，正确判定、准确概括并记录。各地区各部门应当加强信访工作信息化建设，推进信访信息系统互联互通、信息共享，实现与国家信访信息系统的联通，做到事事可查询、可跟踪、可督办、可评价。二是对应予受理却不予受理的认定。机关、单位对属于其法定职权范围的信访事项负有受理职责，不得以任何借口推诿，不予受理。对涉及两个或者两个以上机关、单位的信访事项，《信访工作条例》第二十四条第一款规定："由所涉及的机关、单位协商受理；受理有争议的，由其共同的上一级机关、单位决定受理机关；受理有争议且没有共同的上一级机关、单位的，由共同的信访工作联席会议协调处理。"拒不执行有关决定，以受理争议等为借口推诿不办的，应予追责。三是对书面告知的认定。

书面告知的内容主要包括被告知人、告知的事项、出具告知的机关或单位及日期等，告知的形式和载体可以是纸质，也可以是手机短信等。与口头告知相区别，提出书面告知的要求，主要是为保证所出具的告知能被作为查询、举证的凭证和证据。

（二）办理信访事项责任

《信访工作条例》第四十五条规定了对信访事项有权处理的机关、单位处理问题的责任。需要追究责任的情形分别是：推诿、敷衍、拖延信访事项办理或者未在规定期限内办结信访事项；对事实清楚，符合法律、法规、规章或者其他有关规定的投诉请求未予支持；对党委和政府信访部门提出的改进工作、完善政策等建议重视不够、落实不力，导致问题长期得不到解决；其他不履行或者不正确履行信访事项处理职责的情形。同时规定，对存在上述问题的，由其上级机关、单位责令改正；造成严重后果的，对直接负责的主管人员和其他直接责任人员依规依纪依法严肃处理。

认定办理责任要把握以下三点：一是对推诿、敷衍、拖延的认定。推诿主要是指有关机关、单位不履行法定职责，将本属于自己职责范围内的信访事项拒之门外、不予办理。敷衍主要是指虽然办理信访事项，但流于形式、程序空转，不认真解决实际问题。拖延主要是指效率低下，未在规定期限内办结信访事项，迟迟没有进展和结果。二是对应予支持却未予支持的认定。事实清楚，符合法律法规却未得到支持，应认定构成本条违法情形，“事实清楚，符合法律、法规、规章或者其他有关规定”是构成本条违法情形的前提条件，如不具备此前提，即使有权处理机关、单位作出不予支持的决定存在程序失当等情形，也不构成本条违法情形。三是对落实信访部门建议不力导致问题长期得不到解决的认定。首先是信访部门已经提出了改进工作等建议；其次是建议未能得到及时有效落实或回应，并造成了问题久拖不决、信访人合法权益长期遭受侵害的结果。如果上述情况同时具备，即构成本条违法情形，应予追究责任。

四、关于追究其他违法违纪责任

《信访工作条例》第四十六条针对在处理信访事项过程中可能存在的态度恶劣、作风粗暴，吃拿卡要、谋取私利等问题，明确了有关机关、单位及其领导干部、工作人员处理信访事项的其他责任追究要求。主要包括以下情形。

（一）对待信访人态度恶劣、作风粗暴，损害党群干群关系

信访工作是党的群众工作的重要组成部分，必须做到坚持群众路线，如果有关机关、单位工作人员对待信访人态度恶劣、作风粗暴，工作不讲究方式方法，就违背了信访工作的初心使命，损害党群干群关系，出现这样的问题应当被追究责任。对个别无理缠访、无理取闹的信访人，也应当耐心细致地进行教育疏导，努力做到思想教育到位。

（二）在处理信访事项过程中吃拿卡要、谋取私利

信访工作领域发生吃拿卡要、谋取私利等违纪违法问题，

直接伤害信访人的权益和感情，损害的是党和政府在人民群众中的威信和形象，也更易引发社会公众关注。对吃拿卡要、谋取私利等重点问题监管，强化监督和追责，旨在引导有关机关、单位工作人员在信访事项处理过程中切实知敬畏、存戒惧、守底线。

（三）对规模性集体访、负面舆情等处置不力，导致事态扩大

规模性集体访、负面舆情等是影响社会稳定的突出风险和隐患，针对规模性集体访、负面舆情等的处置提出责任追究要求，旨在倒逼有关机关、单位强化底线思维，增强风险意识，保持高度警惕，扎实做好风险隐患排查和矛盾化解工作，切实守住底线。

（四）对可能造成社会影响的重大、紧急信访事项和信访信息隐瞒、谎报、缓报，或者未依法及时采取必要措施

《信访工作条例》第二十五条规定了各级机关、单位报告信访事项和信访信息义务，明确了重大、紧急信访事项和信访信息的应急报告和应急处理机制，地方各级党委和政府信访部门应当向上一级信访部门报告相关事项和信息，并同时报告国家信访局。本项所称“隐瞒”，是指发现或者接到了重大、紧急信访事项和信访信息，但因害怕被追究责任，故意不按照《信访工作条例》或者其他法律、法规的要求向上报告。所称“谎报”，主要是指将本来十分严重、紧急的情况故意淡化，或者将不严重、紧急的情况报告为很严重、紧急。所称“缓报”，是指

故意不及时报告。所称“未依法及时采取必要措施”，从行为看，主要是指未及时果断进行现场处置、未落实有关工作预案等；从结果看，主要是指导致情况恶化、酿成群体性事件、严重影响社会稳定等。

（五）将信访人的检举、揭发材料或者有关情况透露、转给被检举、揭发的人员或者单位

本项与《信访工作条例》第二十八条第三款“各级机关、单位工作人员与信访事项或者信访人有直接利害关系的，应当回避”，以及第三十条第三款“不得将信访人的检举、揭发材料以及有关情况透露或者转给被检举、揭发的人员或者单位”的规定相对应，是为了规范机关、单位及其工作人员的行为，以保护信访人。禁止行为既包括将记载有关信息的书面材料、电子存储设备等物质载体转给被检举、揭发对象，也包括以任何形式披露给被检举、揭发对象，使被检举、揭发对象知晓有关情况。需要注意的是，一些申诉求决类信访事项同时伴随着对有关机关、单位及其工作人员违法犯罪行为的揭露和检举，涉及揭露和检举的内容不应被透露、转给被检举、揭发对象，但转送其中的申诉求决事项不属于本项应予追究责任的情形。

（六）打击报复信访人

本项与《信访工作条例》第十八条第四款“任何组织和个人不得打击报复信访人”的规定相对应。主要是指有关机关、

单位及其工作人员滥用职权，对提出批评、举报、控告、申诉等投诉请求的信访人实施报复陷害。比如，利用职权制造理由或借口，对信访人违规取消低保待遇，非法克扣工资福利，或压制职称评定、职务晋升等。

第六章　维护信访秩序法治化

良好的信访秩序是信访工作的基础和保障。推进维护信访秩序法治化，要求深入践行以人民为中心的发展思想，坚持权利义务相统一原则，通过对信访工作和信访行为双向规范，树立法治信访鲜明导向。

第一节　概　述

维护信访秩序是所有信访活动参与人的共同责任。信访人应当遵守关于规范信访秩序的法律法规和政策规定，依法理性反映诉求，尊重、服从依法处理结论，不能以维权之名扰乱社会秩序。各级政法机关应当会同信访部门，依法维护信访秩序，对扰乱社会秩序的违法犯罪行为及时依法处理，加强法治宣传教育，让依法信访理念深入人心，得到社会普遍认同。

一、坚持权利义务相统一，依法依规有序信访

《宪法》第三十三条第四款明确规定，任何公民享有宪法和法律规定的权利，同时必须履行宪法和法律规定的义务。信访工作也不例外，坚持权利与义务相统一，是推进依法依规有序信访的必然要求。《信访工作条例》突出双向规范，既规定了各机关、单位依法依规处理信访问题的程序和要求，又明确了信访人在信访过程中应当遵守法律、法规。

（一）信访人依法享有通过信访途径反映诉求的权利

《宪法》规定公民享有政治权利、社会权利以及经济文化等方面的权利，其中第四十一条赋予公民提出批评和建议，提出申诉、控告或者检举的权利，规定“对于公民的申诉、控告或者检举，有关国家机关必须查清事实，负责处理。任何人不得压制和打击报复”。为保障公民的通信自由和通信秘密，依法打击违法犯罪，《治安管理处罚法》第四十八条规定，冒领、隐匿、毁弃、私自开拆或者非法检查他人邮件的，处 5 日以下拘留或者 500 元以下罚款；《刑法》第三百零四条规定，邮政工作人员严重不负责任，故意延误投递邮件，致使公共财产、国家和人民利益遭受重大损失的，处 2 年以下有期徒刑或者拘役。《信访工作条例》第十七条规定，公民、法人或者其他组织可以采用信息网络、书信、电话、传真、走访等形式，向各级机关、单位反映情况，提出建议、意见或者投诉请求，有关机关、单位应当依规依法处理；同时，为保障信访人行使权利，第六条、

第十八条对各级机关、单位及其工作人员畅通信访渠道、为信访人提供便利、领导干部定期接访等方面提出了明确要求。

在信访工作中，要正确处理好维权与维稳的关系，对涉及维权的维稳问题，应把群众合理合法的利益诉求解决好，真正把重心放在源头、把力量放在基层、把精力用于依法按政策解决信访问题上。公安机关、检察机关、审判机关等各相关部门应正确区分涉信访违法犯罪行为和行使正当信访权利行为，依法维护信访人的合法权益，畅通信访渠道，不得限制合法信访活动，未经法定程序不得剥夺、限制信访人的人身自由，不得违法动用刑事手段干涉公民依法行使信访权利。对信访活动中的违法行为，要根据诉求是否正当、行为社会危害性等区别对待。对在工作中发现的反映信访工作人员或者其他公职人员涉嫌违纪、职务违法犯罪的，要及时移交纪检监察机关。对超越或者滥用职权、拦卡堵截正常走访人员、应当作为而不作为等侵害信访人合法权益以及打击报复信访人的，要严格依法追究法律责任。

（二）信访人应当按照相关法律规定进行信访活动

信访活动只有依照相关法律规定，才能正常进行；信访活动只有正常进行，相关诉求才能及时得到回应，更好更快得到解决，社会才能更加安全稳定。《信访工作条例》第十九条第二款、第二十条、第二十六条明确了信访人进行信访活动应当遵从的要求。信访人在进行信访活动时应严格遵守《信访工作条例》以及其他相关规定，不得损害国家、社会、集体的利益和其他公民的合法权利，自觉维护社会公共秩序和信访秩序。但是，有的信访人法治意识淡薄，片面强调权利而不认真履行义务，不依照法律规定进行信访活动，严重干扰正常信访秩序，扰乱社会公共秩序，影响其他信访人合法反映诉求，对法律尊严和国家形象造成严重损害。对此，应当予以制止和纠正。信访人要强化法治意识，明白既有依法反映诉求的权利，也有遵守法律法规、接受依法作出的信访处理结论的义务。

二、及时依法处理扰乱社会秩序和信访秩序的行为

人民群众进行信访活动需要正常秩序，即信访秩序。《信访工作条例》第五条要求“规范信访秩序”；第二十六条要求信访人“自觉维护社会公共秩序和信访秩序”；第二十七条要求各级机关、单位及其工作人员应当“维护正常信访秩序”；第四十七条要求有关机关、单位工作人员对违反《信访工作条例》第二十条、第二十六条规定的信访人应当“进行劝阻、批评或者教育”，对信访活动中的违法犯罪行为应“依法给予治安管理处罚”“依法追究刑事责任”。《刑法》《治安管理处罚法》等相关法律以及《信访工作条例》对信访活动中可能发生的扰乱社会秩序、妨害社会管理、危害公共安全等违法犯罪行为做了禁止性规定并明确相应处罚。

需要指出的是，处理的主体包括信访部门、有权处理机关及有关政法机关。处理的方式依据情节轻重逐级递进，从劝阻、批评或者教育，到采取现场处置措施、给予治安管理处罚，再

到追究刑事责任。劝阻、批评或者教育的实施主体是与信访事项受理、办理直接相关的机关、单位工作人员，包括信访部门，有权处理的机关、单位及公安机关的相关工作人员。采取现场处置措施、给予治安管理处罚的实施主体则依据职责法定的原则，明确为公安机关。依法追究刑事责任的实施主体是有关政法部门，包括公安机关、检察机关和审判机关等。为维护法律权威，上述机关对扰乱社会秩序的违法犯罪行为应当及时依法处理到位。

及时依法处理扰乱社会秩序和信访秩序的违法犯罪行为，保障依法依规有序信访需要注意以下五点。

1. 坚持法治思维。信访工作法治化是新时代“全面依法治国”的重要举措。党的十八届三中全会提出，“把涉法涉诉信访纳入法治轨道解决，建立涉法涉诉信访依法终结制度”。党的十八届四中全会进一步明确要求“把信访纳入法治化轨道”。党的二十大报告明确提出“坚持法治国家、法治政府、法治社会一体建设，全面推进科学立法、严格执法、公正司法、全民守法，全面推进国家各方面工作法治化”。《信访工作条例》第五条明确规定，要“将信访纳入法治化轨道，依法维护群众权益、规范信访秩序”。各级机关、单位及其工作人员要正确区分涉信访违法犯罪行为和行使正当信访权利行为，引导群众依法理性反映诉求、维护权益，推动矛盾纠纷及时有效化解，不得违法动用执法司法手段侵犯信访人权利、阻止信访人正常上访。要坚持打击与保护并重，实体公正与程序公正并重，依法处理信访活动中违法犯罪行为，让人民群众切实感受到公平正义就在身边，形成良好的信访生态。要通过依法处理和法治宣传教育，明确规矩、划清底线，坚决纠治以闹求解决、以访谋利益、无理缠访闹访等问题，营造依法依规信访的良好氛围。工作中，对那些聚众闹事、冲击党政机关、打砸抢的极少数人，必须坚决依法处置。要依法重点打击以信访为名实施的违法犯罪行为，依法严惩聚众或者以暴力手段冲击、围堵党政机关，以携带枪支、弹药、爆炸物、易燃易爆危险物品、管制刀具等危险方式上访、闹访，以及在敏感时间节点、重点敏感区域、非信访接待场所以喊口号、打横幅等方式上访、闹访、滋事扰序等行为，切实维护正常信访秩序和社会秩序。

2. 坚持宽严相济。坚持惩治与教育相结合，依法打击极少数，教育帮助绝大多数。对煽动、教唆、组织、策划、指挥实施和积极参与非法聚集，与其他利益诉求群体串联“抱团”实施相关违法犯罪行为，实施殴打国家机关工作人员、打砸公私财物等暴力犯罪行为，利用信息网络制造、传播、主动向境外提供相关虚假信息、企图以外压内，多次到特定场所表达诉求，以及专门利用国家重大活动等重要节点在非信访接待场所表达诉求、滋事扰序，向地方政府施压的人员，依法严惩。要根据诉求是否正当、行为社会危险性等区别对待。对有正当信访事由且初次实施违法行为、情节轻微，或者被引诱、胁迫参与，经劝阻或者制止，立即停止实施的，可以依法不予处罚。对一般参与、情节较轻，行为人认识到违法犯罪行为危害性，确有悔过表现，明确表示依法信访，或者具有自首、立功表现的，可以依法从轻、减轻或者免予处罚。对自愿如实供述自己的罪行，承认指控的犯罪事实，愿意接受处罚的，可以依法从宽处理。对实施违法犯罪行为而依法不予行政处罚、不负刑事责任的精神病人，应当及时通报居住地公安机关，责令其家属或者监护人严加看管和送医治疗。

3. 坚持责罚相当。《行政处罚法》第五条规定，设定和实施行政处罚必须以事实为依据，与违法行为的事实、性质、情节以及社会危害程度相当。《治安管理处罚法》第五条规定，治安管理处罚必须以事实为依据，与违反治安管理行为的性质、情节以及社会危害程度相当。《刑法》第五条规定，刑罚的轻重，应当与犯罪分子所犯罪行和承担的刑事责任相适应。结合信访工作实际，对越级走访，多人就同一信访事项到信访接待场所走访但不按照规定推选集体访代表，拒不通过法定途径提出投诉请求，不依照法定程序申请信访事项复查、复核，或者信访诉求已经依法解决，仍然以同一事实和理由提出投诉请求，在信访接待场所多次缠访，在信访接待场所滞留、滋事，或者将年老、年幼、体弱、患有严重疾病、肢体残疾等生活不能自理的人弃留在信访接待场所等情形，由相关国家机关工作人员进行劝阻、批评或者教育。经劝阻、批评和教育无效的，对堵门、堵路、拦车、长时间滞留、采取过激行为的，公安机关应当依法予以警告或者制止，依法采取处置措施；构成违反治安管理行为或者犯罪的，依法追究法律责任。在信访活动中或者以信访为名，煽动、教唆、组织、策划、指挥他人实施违法犯罪行为的，应当按照其在共同违法犯罪中所起的作用以及违法犯罪情节予以处罚，违法行为构成犯罪，应当依法追究刑事责任的，不得以行政处罚代替刑事处罚。

4. 坚持解决诉求。群众很多诉求是通过信访这个渠道反映出来的。信访问题，有的是历史遗留的“老大难”问题，有的是正在发生的现实问题，大多非常棘手。不管怎么难，都要想方设法去化解，不能躲着、拖着。依法及时就地解决了问题，信访人就不用信访。要坚持和发展新时代“枫桥经验”，坚持党的群众路线，正确处理人民内部矛盾，通过信访渠道摸清群众愿望和诉求，找到工作差距和不足，举一反三，加以改进，更好为群众服务。在依法打击违法犯罪的同时，相关部门要主动协助推动把群众合理合法的利益诉求解决好，努力推动从源头解决问题，减少非法信访以及相关违法犯罪行为的发生。办案时，要及时了解违法犯罪嫌疑人的个人情况和信访诉求，将有关情况通报有关信访责任部门和党委、政府，推动有关部门及时对信访人诉求调查核实、作出处理。经有关部门调查核实，属法律和政策有明确规定的，协调推动有关方面依法按政策解决；属诉求合理、正当，因客观条件不具备、一时难以解决的，配合有关部门讲清道理，做好深入细致的说服教育工作，并及时向党委和政府汇报；属诉求不合理的，配合有关部门做好解释说服工作。对生活确有困难、需要帮扶的，协调推动有关方面按照规定予以救助扶助、解决困难问题。

5. 坚持宣传教育。在办理涉信访的案件中，公安机关、人民检察院、人民法院要认真贯彻“谁执法谁普法”普法责任制，加大法治宣传教育力度，引导群众通过理性合法途径表达利益诉求、维护社会秩序。对违法犯罪嫌疑人、被告人，要同步开展法治宣传、告知信访权利义务，结合案情充分释法说理，讲明实施违法犯罪行为对自己、家庭、他人、社会的危害性，促使其认识到错误和危害。同时，对非法聚集、暴力袭警等性质恶劣，企图通过违法犯罪行为实现不合理诉求的组织者、策划者要适时依法揭批、公开曝光。要通过依法处理和法治宣传，明确规矩、划清底线，彻底打消一些人“大闹大解决、小闹小解决、不闹不解决”的心理，引导人民群众依法理性维护合法权益，自觉运用法律手段解决矛盾纠纷，在全社会树立“维权不能违法”“法律红线不可逾越、法律底线不可触碰”的法治观念，增强全民依法信访的理念，营造“解决问题用法、化解矛盾靠法”的良好法治环境。

第二节　扰乱社会秩序和信访秩序的情形及法定责任

《刑法》《刑事诉讼法》《治安管理处罚法》《最高人民法院、最高人民检察院关于办理寻衅滋事刑事案件适用法律若干问题的解释》《最高人民法院、最高人民检察院关于办理利用信息网络实施诽谤等刑事案件适用法律若干问题的解释》《最高人民法院、最高人民检察院、公安部关于办理信息网络犯罪案件适用刑事诉讼程序若干问题的意见》《最高人民法院、最高人民检察院、公安部关于依法惩治网络暴力违法犯罪的指导意见》等相关法律法规和司法解释，对扰乱社会秩序和信访秩序的行为进行了明确规定。相关执法司法部门要坚持严格执法、公正司法，引导信访人合法维权，切实把信访维权纳入法治化轨道，增强全民依法、逐级、有序信访的理念，依法保障信访人的合法权益。

一、滋事扰序、缠访闹访及法定责任

“滋事扰序、缠访闹访”并非泛化的概念或主观判断，而是对《信访工作条例》第二十六条明确的“六个不得”行为的概括。滋事扰序、缠访闹访侵犯的客体可能是公共秩序、公共安全、社会管理、人身权或者财产权等，涉及多项法律制度，现实中有多种违法表现形式，主要包括：有的不到设立或者指定的信访接待场所走访、不向有权处理的机关反映诉求、集体访不依法推选代表；有的在走访过程中实施张贴传单、打横幅、喊口号等行为；有的借信访为名实施聚集滋事行为；还有的甚至实施殴打他人、损毁公私财物、聚众阻塞交通、冲击国家机关、暴力袭警等违法犯罪行为。根据《信访工作条例》第四十七条的规定，对信访活动中违反规定的有关行为，对有关人员首先进行劝阻、批评或者教育，经劝阻、批评或者教育无效，只有在符合“情节严重”、违反相关法律规定的情况下，才能依法给予治安管理处罚直至追究刑事责任。这一规定既彰显了教育为先、文明执法的理念，又体现了坚决治理滋事扰序、缠访闹访问题的法治精神和鲜明导向。

对滋事扰序、缠访闹访的认定不能泛化，更不能滥用。需着重把握好以下两个问题。

一是不能简单将进京走访、越级走访（俗称越级上访）认定为滋事扰序、缠访闹访。《信访工作条例》规定，走访应当到有权处理的本级或者上一级机关、单位设立或者指定的接待场所，即通常所称的“依法逐级走访”，判断依据主要是信访事项的性质和管辖层级，并非所有的进京走访都是越级走访，并非所有的进京走访、越级走访都是滋事扰序、缠访闹访。一方面，反映中央和国家机关或者省级党委和政府及其工作人员职务行为的问题，跨省（自治区、直辖市）、跨部门、跨行业且一个省（自治区、直辖市）或者一个部门无法独立解决的问题，以及省级党委和政府未按《信访工作条例》规定受理、办理信访事项等，属于中央和国家机关应当受理、办理的范围，并未违反依法逐级的要求。另一方面，如果因属地责任不落实导致问题久拖不决，即使“超越本级和上一级反映问题”，违反了《信访工作条例》关于提出信访事项的程序性要求，在进行教育疏导的同时也应加强督办。是否采取相应现场处置措施及处罚，取决于信访人在信访活动中是否违反《信访工作条例》第二十六条的规定，以及是否存在其他违反《治安管理处罚法》《集会游行示威法》等法律法规的行为。

二是不能简单将已经复查、复核事项的再次信访认定为滋事扰序、缠访闹访。《信访工作条例》第三十六条第三款规定："信访人对复核意见不服，仍然以同一事实和理由提出投诉请求的，各级党委和政府信访部门和其他机关、单位不再受理。"《信访工作条例》仅规定了"信访部门和其他机关、单位不再受理"，并非规定信访人不可以反映问题。"不再受理"不等于不登记，对所有信访群众，有关机关、单位都要热情接待；对反映的问题不属于受理范围的，要讲清道理，做好思想工作。信访部门和其他机关、单位应当从信访工作自身运行、考核等方面予以优化，而非限制信访人提出信访事项的权利，更不得以此对信访人进行处罚。是否采取相应现场处置措施及处罚，依然取决于信访人在信访活动中是否存在《信访工作条例》第二十六条规定的"六个不得"行为以及其他违法行为。

执法司法实践中，信访人在信访活动中或者以信访为名滋事扰序、缠访闹访的，根据其行为不同的表现形式和危害后果，依照相关法律规定分别进行处理。滋事扰序、缠访闹访的常见行为主要有以下六种。

1. 扰乱公共秩序

在信访活动中或者以信访为名，实施下列行为的，依照《刑法》有关规定定罪处罚。

（1）在各级党委、人大、政协、行政、监察、审判、检察、军事机关，厂矿、商场等企业单位，学校、医院、报社、电视台、科研院所等事业单位，工会、妇联等社会团体单位，机场、车站、码头等重要交通场站，或者在上述场所周边的其他公共场所，聚众实施统一着装、佩戴统一标识、静坐滞留、张贴散发材料、喊口号、打横幅等行为，或者实施跳楼、服毒等自杀、自伤行为以及扬言实施自杀、自伤行为，情节严重，致使工作、生产、营业和教学、科研、医疗活动无法进行，造成严重损失的，依照《刑法》第二百九十条第一款的规定，对首要分子和其他积极参加者，以聚众扰乱社会秩序罪定罪处罚；

（2）在各级党委、人大、政协、行政、监察、审判、检察、军事机关，聚众实施强行冲闯、围堵大门通道，围攻、辱骂工作人员，强占办公场所，投掷石块杂物等冲击国家机关行为，致使国家机关工作无法进行，造成严重损失的，依照《刑法》第二百九十条第二款的规定，对首要分子和其他积极参加者，以聚众冲击国家机关罪定罪处罚；

（3）聚众扰乱车站、码头、民用航空站、商场、公园、影剧院、展览会、运动场或者其他公共场所秩序，聚众堵塞交通或者破坏交通秩序，抗拒、阻碍国家治安管理工作人员依法执行职务，情节严重的，依照《刑法》第二百九十一条的规定，对首要分子，以聚众扰乱公共场所秩序、交通秩序罪定罪处罚；

（4）个人多次扰乱国家机关的工作秩序，经行政处罚后仍不改正，造成严重后果的，依照《刑法》第二百九十条第三款的规定，以扰乱国家机关工作秩序罪定罪处罚。

2. 组织、资助非法聚集

多次组织、资助他人到各级党委、人大、政协、行政、监察、审判、检察、军事机关，厂矿、商场等企业单位，学校、医院、报社、电视台、科研院所等事业单位，工会、妇联等社会团体单位，机场、车站、码头等重要交通场站，或者到上述场所周边的其他公共场所，非法聚集，扰乱社会秩序，情节严重的，依照《刑法》第二百九十条第四款的规定，以组织、资助非法聚集罪定罪处罚。

3. 寻衅滋事

寻衅滋事一般是指行为人蔑视国家法律、社会道德，故意在公共场所无理取闹、惹是生非、破坏社会秩序的行为，主要表现为随意殴打他人，追逐、拦截、辱骂、恐吓他人，强拿硬要或者任意损毁、占用公私财物，在公共场所起哄闹事。在信访活动中或者以信访为名，为制造影响或者发泄不满，实施下列行为之一的，依照《刑法》第二百九十三条的规定，以寻衅滋事罪定罪处罚。

（1）在各级党委、人大、政协、行政、监察、审判、检察、军事机关，厂矿、商场等企业单位，学校、医院、报社、电视台、科研院所等事业单位，工会、妇联等社会团体单位，机场、车站、码头等重要交通场站，或者在上述场所周边的其他公共场所，实施自杀、自伤、打横幅、撒传单、拦车辆、统一着装、佩戴统一标识等行为，起哄闹事，造成公共场所秩序严重混乱的；

（2）追逐、拦截、辱骂、恐吓、随意殴打他人，情节恶劣的，或者强拿硬要、任意损毁、占用公私财物，情节严重的；

（3）编造虚假信息，或者明知是编造的虚假信息，在信息网络上散布，或者组织、指使人员在信息网络上散布，起哄闹事，造成公共秩序严重混乱的。

需要指出的是，在执法司法工作中，不能将越级上访，在敏感时间节点、重点敏感区域、非信访接待场所上访，以及多次进京上访简单认定为寻衅滋事，而应严格按照法定要件作出评定，审慎处理因信访、上访而引发的寻衅滋事案件，做到不枉不纵。根据《最高人民法院、最高人民检察院关于办理寻衅滋事刑事案件适用法律若干问题的解释》第五条的规定，在车站、码头、机场、医院、商场、公园、影剧院、展览会、运动场或者其他公共场所起哄闹事，应当根据公共场所的性质、公共活动的重要程度、公共场所的人数、起哄闹事的时间、公共场所受影响的范围与程度等因素，综合判断是否“造成公共场所秩序严重混乱”。实施寻衅滋事行为，同时符合寻衅滋事罪、故意杀人罪、故意伤害罪、故意毁坏财物罪、敲诈勒索罪、抢夺罪、抢劫罪等犯罪的构成要件的，依照处罚较重的犯罪定罪处罚。

4. 阻碍执行职务

在信访活动中或者以信访为名，使用暴力、威胁方法阻碍国家机关工作人员依法执行职务；故意阻碍国家安全机关、公安机关依法执行国家安全工作任务，未使用暴力、威胁方法，造成严重后果的，符合《刑法》第二百七十七条第一款规定的，以妨害公务罪追究刑事责任。根据《刑法》第二百七十七条第五款规定，暴力袭击正在依法执行职务的人民警察的，处 3 年以下有期徒刑、拘役或者管制；使用枪支、管制刀具，或者以驾驶机动车撞击等手段，严重危及其人身安全的，处 3 年以上 7 年以下有期徒刑。

需要指出的是，根据《人民警察法》《公安机关维护民警执法权威工作规定》等法律法规、部门规章，公安民警依法履行职责、行使职权受法律保护，不受妨害、阻碍，民警及其近亲属的人身财产安全不因民警依法履行职责、行使职权行为受到威胁、侵犯，民警及其近亲属的人格尊严不因民警依法履行职责、行使职权行为受到侮辱、贬损。公安机关办理侵犯民警执法权威的刑事案件、治安案件，适用《刑事诉讼法》《治安管理处罚法》《人民警察法》关于回避的规定。民警由于行为人的行为遭受人身或者财产损失的，公安机关应当支持民警通过提起刑事附带民事诉讼或者民事诉讼等法律途径，维护自身合法权益。

5. 非法携带枪支、弹药、爆炸物、易燃易爆危险物品

我国严禁非法制造、买卖、运输、邮寄、储存、持有、私藏、走私枪支、弹药、爆炸物；严禁未经批准和许可擅自生产、储存、使用、经营、运输易燃易爆危险物品；严禁违反安全管理规定生产、储存、使用、经营、运输易燃易爆危险物品。根据《最高人民法院、最高人民检察院、公安部、工业和信息化部、住房和城乡建设部、交通运输部、应急管理部、国家铁路局、中国民用航空局、国家邮政局关于依法惩治涉枪支、弹药、爆炸物、易燃易爆危险物品犯罪的意见》，非法携带易燃易爆危

险物品进入水路、铁路、航空公共交通工具或者有关公共场所，危及公共安全，情节严重的，依照《刑法》第一百三十条的规定，以非法携带危险物品危及公共安全罪定罪处罚。对于人民检察院依法决定不起诉或者人民法院依法免予刑事处罚的案件，需要给予行政处罚的，由有关行政执法机关依法给予行政处罚。有揭发他人涉枪支、弹药、爆炸物、易燃易爆危险物品犯罪行为，查证属实的，或者提供重要线索，从而得以侦破其他涉枪支、弹药、爆炸物、易燃易爆危险物品案件等立功表现的，可以依法从轻或者减轻处罚；有重大立功表现的，可以依法减轻或者免除处罚。

6. 信息网络有关行为

"网络空间不是法外之地。"设立网站、通讯群组，用于在信访活动中或者以信访为名实施违法犯罪活动，情节严重的，依照《刑法》第二百八十七条之一的规定，以非法利用信息网络罪定罪处罚；明知他人利用信息网络在信访活动中或者以信访为名实施犯罪行为，为其提供技术支持或者其他帮助，情节严重的，依照《刑法》第二百八十七条之二的规定，以帮助信息网络犯罪活动罪定罪处罚；网络服务提供者不履行法律、行政法规规定的信息网络安全管理义务，经监管部门责令采取改正措施而拒不改正，情节严重的，依照《刑法》第二百八十六条之一的规定，以拒不履行信息网络安全管理义务罪定罪处罚。对于利用信息网络制造、传播、主动向境外提供相关虚假信息、企图以外压内的，依法予以打击。

在信访活动中或者以信访为名实施网络暴力违法犯罪的，应当根据《刑法》等有关法律法规进行查处。对网络暴力犯罪行为损害社会公共利益的，人民检察院可以依法向人民法院提起公益诉讼。人民检察院办理此类公益诉讼案件，可以依法要求网络服务提供者提供必要的技术支持和协助。根据《最高人民法院、最高人民检察院、公安部关于办理信息网络犯罪案件适用刑事诉讼程序若干问题的意见》，信息网络犯罪案件包括：危害计算机信息系统安全犯罪案件，拒不履行信息网络安全管理义务、非法利用信息网络、帮助信息网络犯罪活动的犯罪案件，主要行为通过信息网络实施的诈骗、赌博、侵犯公民个人信息等其他犯罪案件。

需要指出的是，对在国家重大活动举办场所等非信访场所实施上述前 5 种行为，在认定"造成严重损失""情节严重""造成严重后果""造成公共场所秩序严重混乱""情节恶劣"等入罪情节时，这些特定场所将作为重要考虑因素；构成相关犯罪的，从重处罚。在这些特定场所实施违反治安管理行为的，从重处罚，依法可以行政拘留的，依法予以行政拘留。

在信访活动中或者以信访为名，实施上述 6 种行为，不构成犯罪、依法不起诉或者免予刑事处罚的，依法予以治安管理处罚或者其他行政处罚、处分。其中，对扰乱公共秩序行为，根据《治安管理处罚法》第二十三条至第二十九条的规定予以处罚。

对阻碍执行职务行为，根据《治安管理处罚法》第五十条，有下列行为之一的，处警告或者200元以下罚款；情节严重的，处5日以上10日以下拘留，可以并处500元以下罚款：（1）拒不执行人民政府在紧急状态情况下依法发布的决定、命令的；（2）阻碍国家机关工作人员依法执行职务的；（3）阻碍执行紧急任务的消防车、救护车、工程抢险车、警车等车辆通行的；（4）强行冲闯公安机关设置的警戒带、警戒区的。阻碍人民警察依法执行职务的，从重处罚。

信访人为制造影响或发泄不满，煽动、策划非法集会、游行、示威，不听劝阻，符合《治安管理处罚法》第五十五条规定的，以煽动、策划非法集会、游行、示威依法予以治安管理处罚；举行集会、游行、示威活动未经主管机关许可，未按照主管机关许可的目的、方式、标语、口号、起止时间、地点、路线进行，或者在进行中出现危害公共安全、破坏社会秩序情形的，根据《集会游行示威法》第二十七条规定予以制止、命令解散；不听制止，拒不解散的，依法强行驱散、强行带离现场或者立即予以拘留；符合《集会游行示威法》第二十八条规定的，对其负责人和直接责任人员依法予以警告或者15日以下拘留。集会、游行、示威过程中实施其他违法犯罪行为的，依法追究法律责任。

二、捏造歪曲事实、诬告陷害及法定责任

“捏造”，是指无中生有、虚构事实，意图使被诬告者受到错误调查、侦查、起诉、审判等。“诬告陷害”，是指采取捏造

事实，伪造材料等方式反映问题，意图使他人受到不良政治影响、名誉损失、经济处罚或其他责任追究的行为。现实生活中，捏造歪曲事实、诬告陷害往往与侮辱诽谤相关联。《宪法》第四十一条在规定相关权利的同时，明确规定公民不得捏造或者歪曲事实进行诬告陷害。《信访工作条例》第十九条第二款规定："信访人提出信访事项，应当客观真实，对其所提供材料内容的真实性负责，不得捏造、歪曲事实，不得诬告、陷害他人。"

1. 诬告陷害

《信访工作条例》第四十七条第三款规定："信访人捏造歪曲事实、诬告陷害他人，构成违反治安管理行为的，依法给予治安管理处罚；构成犯罪的，依法追究刑事责任。"从司法实践看，如不足以引起司法机关追究被害人的刑事责任，可视为情节轻微，一般由公安机关依照治安管理处罚规定给予相应处罚。如捏造的事实足以引起司法机关追究被害人的刑事责任，且具有主观故意，则属情节严重，构成诬告陷害罪，依照《刑法》第二百四十三条第一款、第二款的规定进行处理，即"捏造事实诬告陷害他人，意图使他人受刑事追究，情节严重的，处三年以下有期徒刑、拘役或者管制；造成严重后果的，处三年以上十年以下有期徒刑。国家机关工作人员犯前款罪的，从重处罚"。如果不是有意诬陷，而是错告，或者检举失实的，不适用前述规定。

需要指出的是，党员、公职人员诬告陷害他人，符合《中国共产党纪律处分条例》第五十九条第二款"政治品行恶劣，匿名诬告，有意陷害或者制造其他谣言，造成损害或者不良影响”和《公职人员政务处分法》第三十二条第四项“诬告陷害，意图使他人受到名誉损害或者责任追究等不良影响”等规定情形的，还应接受相应党纪、政纪处理。同时，对受到诬告陷害的党员、公职人员，也应当主持公道，及时依据相关规定予以有力保护。《中国共产党党内监督条例》第四十四条规定，经调查，监督对象没有不当行为的，应当予以澄清和正名。对以监督为名侮辱、诽谤、诬陷他人的，依纪严肃处理；涉嫌犯罪的移送司法机关处理。监督对象对处理决定不服的，可以依照党章规定提出申诉。有关党组织应当认真复议复查，并作出结论。《监察法》第六十四条规定，控告人、检举人、证人捏造事实诬告陷害监察对象的，依法给予处理。

2. 侮辱、诽谤

侮辱是指以暴力或者其他方法公然贬低、损害他人人格、名誉的行为。诽谤是指捏造并散布虚构的事实，以损害他人人格、名誉的行为。侮辱、诽谤所侵害的是名誉权，导致他人社会评价降低。

对写恐吓信或者以其他方法威胁他人人身安全的；公然侮辱他人或者捏造事实诽谤他人的；捏造事实诬告陷害他人，企图使他人受到刑事追究或者受到治安管理处罚的；对证人及其近亲属进行威胁、侮辱、殴打或者打击报复的；多次发送淫秽、侮辱、恐吓或者其他信息，干扰他人正常生活的，根据《治安管理处罚法》第四十二条，处 5 日以下拘留或者 500 元以下罚款；情节较重的，处5日以上10日以下拘留，可以并处500元以下罚款。

侮辱、诽谤情节严重，被害人要求公安机关立案侦查的，应当严格执行相关规定，除严重危害社会秩序和国家利益的由公安机关立案侦查外，应当将有关案件材料移送人民法院，同时告知被害人自行向人民法院起诉。根据《刑法》第二百四十六条，以暴力或者其他方法公然侮辱他人或者捏造事实诽谤他人，情节严重的，处3年以下有期徒刑、拘役、管制或者剥夺政治权利。

对于网络侮辱、诽谤行为，被害人或者其近亲属向公安机关报案，公安机关经审查认为已构成犯罪但不符合公诉条件的，可以告知报案人向人民法院提起自诉。针对他人实施网络暴力行为，侵犯他人名誉权、隐私权等人格权，受害人请求行为人承担民事责任的，人民法院依法予以支持。通过信息网络检举、揭发他人犯罪或者违法违纪行为，只要不是故意捏造事实或者明知是捏造的事实而故意散布的，不应当认定为诽谤违法犯罪。针对他人言行发表评论、提出批评，即使观点有所偏颇、言论有些偏激，只要不是肆意谩骂、恶意诋毁的，不应当认定为侮辱违法犯罪。

三、其他违法行为及法定责任

除上述“滋事扰序、缠访闹访”行为外，信访人在信访活动中或者以信访为名还可能涉及以下几方面的违法犯罪，应承担相应的法律责任。

（一）危害公共安全

1. 驾驶机动车任意冲闯。为制造社会影响、发泄不满情绪、实现个人诉求，信访人驾驶机动车在公共场所任意冲闯，危害公共安全。

2. 违法飞行无人驾驶航空器。2023 年 5 月 31 日，国务院、中央军委公布《无人驾驶航空器飞行管理暂行条例》，并明确自 2024 年 1 月 1 日起施行。为制造社会影响，信访人不遵守临时管制空域限制放飞无人驾驶航空器，危害人群密集场所、活动等安全。

3. 其他以危险方法危害公共安全。在实践中，危害公共安全的危险方法多种多样，随着时间、空间、具体情况的不同而呈现出复杂多变的样貌。

上述行为，构成违反治安管理行为的，由公安机关依法给予处罚；构成其他违法行为的，由有关部门依法予以行政处罚。符合《刑法》第一百一十四条、第一百一十五条第一款规定的，以危险方法危害公共安全罪追究刑事责任。

4. 破坏交通工具。为制造社会影响、发泄不满情绪、实现个人诉求，信访人破坏火车、汽车、电车、船只、航空器，足以使火车、汽车、电车、船只、航空器发生倾覆、毁坏危险，符合《刑法》第一百一十六条、第一百一十九条第一款规定的，以破坏交通工具罪追究刑事责任。

5. 破坏广播电视设施、公用电信设施。为制造社会影响、发泄不满情绪、实现个人诉求，信访人破坏广播电视设施、公用电信设施，危害公共安全，符合《治安管理处罚法》第三十三条规定的，处 10 日以上 15 日以下拘留；符合《刑法》第一百二十四条第一款规定的，以破坏广播电视设施、公用电信设施罪追究刑事责任。

6. 妨害公共交通安全。妨害公共交通工具安全驾驶行为具有高度危险性，极易诱发重大交通事故，造成重大人身伤亡、财产损失，严重威胁公共安全。2019 年 1 月，最高人民法院、最高人民检察院、公安部印发了《关于依法惩治妨害公共交通工具安全驾驶违法犯罪行为的指导意见》。2021 年《刑法修正案（十一）》第二条规定，“对行驶中的公共交通工具的驾驶人员使用暴力或者抢控驾驶操纵装置，干扰公共交通工具正常行驶，危及公共安全的，处一年以下有期徒刑、拘役或者管制，并处或者单处罚金”。根据《最高人民法院、最高人民检察院关于执行〈中华人民共和国刑法〉确定罪名的补充规定（七）》，《刑法》第一百三十三条之二规定的这一行为构成妨害安全驾驶罪，处 1 年以下有期徒刑、拘役或者管制，并处或者单处罚金。2023 年 12 月 13 日，最高人民法院、最高人民检察院、公安部、司法部印发《关于办理醉酒危险驾驶刑事案件的意见》，其中第十六条规定：“醉驾同时构成交通肇事罪、过失以危险方法危害公共安全罪、以危险方法危害公共安全罪等其他犯罪的，依照处罚较重的规定定罪，依法从严追究刑事责任。醉酒驾驶机动车，以暴力、威胁方法阻碍公安机关依法检查，又构成妨害公务罪、袭警罪等其他犯罪的，依照数罪并罚的规定处罚。”

信访人以递交信访材料、反映问题等为由，非法拦截、强登、扒乘机动车或者其他交通工具；在信访接待场所、其他国家机关门前或者交通通道上堵塞、阻断交通或者非法聚集；为制造影响或者发泄不满，乘坐公共交通工具拒不按照规定购票，或者抛撒信访材料及采取其他方式无理取闹，影响交通工具正常行驶，符合《治安管理处罚法》第二十三条相关规定的，以妨碍交通工具正常行驶行为依法予以治安管理处罚。聚众实施上述行为的，对首要分子处10日以上15日以下拘留，可以并处1000元以下罚款；符合《刑法》第二百九十一条规定的，对首要分子以聚众扰乱交通秩序罪处5年以下有期徒刑、拘役或者管制。

（二）侵犯公民人身权利、民主权利

1. 殴打他人或者故意伤害。信访人为制造影响或者发泄不满，殴打他人或者以其他方法伤害他人身体，符合《治安管理处罚法》第四十三条规定的，处5日以上10日以下拘留，并处200元以上500元以下罚款；情节较轻的，处5日以下拘留或者500元以下罚款。有下列情形之一的，处10日以上15日以下拘留，并处500元以上1000元以下罚款：（1）结伙殴打、伤害他人的；（2）殴打、伤害残疾人、孕妇、不满14周岁的人或者60周岁以上的人的；（3）多次殴打、伤害他人或者一次殴打、伤害多人的。符合《刑法》第二百三十四条规定的，以故意伤害罪追究刑事责任。明知患有艾滋病或者其他严重传染性疾病，故意以撕咬、抓挠等方式伤害他人，符合《刑法》第二百三十四条规定的，以故意伤害罪追究刑事责任。需要指出的是，根据2022年12月22日最高人民检察院、公安部发布实施的《关于依法妥善办理轻伤害案件的指导意见》，要准确区分寻衅滋事罪与故意伤害罪，犯罪嫌疑人无事生非、借故生非，随意殴打他人的，属于“寻衅滋事”；故意挑拨对方实施不法侵害，借机伤害对方的，一般不认定为正当防卫。

2. 非法限制人身自由。信访人为制造影响或者发泄不满，组织、胁迫、诱骗不满16周岁的人或者残疾人进行恐怖、残忍表演，以暴力、威胁或者其他手段强迫他人劳动，非法限制他人人身自由、非法侵入他人住宅或者非法搜查他人身体，符合《治安管理处罚法》第四十条规定的，处10日以上15日以下拘留，并处500元以上1000元以下罚款；情节较轻的，处5日以上10日以下拘留，并处200元以上500元以下罚款；胁迫、诱骗或者利用他人乞讨的，反复纠缠、强行讨要或者以其他滋扰他人的方式乞讨的，依据《治安管理处罚法》第四十一条规定处罚。符合《刑法》第二百三十八条规定的，以非法拘禁罪追究刑事责任。需要指出的是，根据《最高人民法院关于办理人身安全保护令案件适用法律若干问题的规定》，家庭成员之间以冻饿或者经常性侮辱、诽谤、威胁、跟踪、骚扰等方式实施的身体或者精神侵害行为，应当认定为《反家庭暴力法》第二条规定的“家庭暴力”。当事人因遭受家庭暴力或者面临家庭暴力的现实危险，依照《反家庭暴力法》向人民法院申请人身安全保护令的，人民法院应当受理。

3. 偷窥、偷拍、窃听、散布他人隐私。符合《治安管理处罚法》第四十二条第六项规定的，以侵犯他人隐私行为予以治安管理处罚；情节严重，符合《刑法》第二百五十三条之一规定的，以侵犯公民个人信息罪追究刑事责任。根据《最高人民法院、最高人民检察院关于办理侵犯公民个人信息刑事案件适用法律若干问题的解释》，“公民个人信息”是指以电子或者其他方式记录的能够单独或者与其他信息结合识别特定自然人身份或者反映特定自然人活动情况的各种信息，包括姓名、身份证号码、通信通讯联系方式、住址、账号密码、财产状况、行踪轨迹等。根据《最高人民法院、最高人民检察院、公安部关于依法惩治网络暴力违法犯罪的指导意见》，组织“人肉搜索”，违法收集并向不特定多数人发布公民个人信息，情节严重，符合《刑法》第二百五十三条之一规定的，以侵犯公民个人信息罪定罪处罚；依照《刑法》和司法解释规定，同时构成其他犯罪的，依照处罚较重的规定定罪处罚。

4. 遗弃。信访人将年老、年幼、体弱、患有严重疾病、肢体残疾等生活不能自理的人弃留在信访接待场所，经有关国家机关工作人员劝阻、批评和教育无效，继续实施上述行为，符合《治安管理处罚法》第四十五条第二项规定的，处5日以下拘留或者警告；符合《刑法》第二百六十一条规定的，以遗弃罪追究刑事责任。

（三）侵犯财产

1. 诈骗。违法行为人以帮助信访为名骗取他人公私财物，符合《治安管理处罚法》第四十九条规定的，以诈骗行为依法予以治安管理处罚；符合《刑法》第二百六十六条规定的，以诈骗罪追究刑事责任。这里违法的主体可以是信访人，也可以是其他人。

2. 敲诈勒索。敲诈勒索是指以非法占有为目的，使用威胁、要挟方法，强行索要公私财物的行为。威胁是指以恶害相通告迫使被害人交出财物，威胁的内容是否合法属实以及威胁的方式在所不问，只要足以使他人产生恐惧即可；要挟方法是指抓住被害人的某些把柄或者制造某种迫使其交付财物的借口。信访人以制造社会影响、采取极端闹访行为、持续缠访闹访等威胁、要挟手段，敲诈勒索，符合《治安管理处罚法》第四十九条规定的，以敲诈勒索行为依法予以治安管理处罚；符合《刑法》第二百七十四条规定的，以敲诈勒索罪追究刑事责任。

3. 故意损毁财物。信访人为制造影响或者发泄不满，故意毁损公私财物，符合《治安管理处罚法》第四十九条规定的，以故意毁损财物行为予以治安管理处罚；符合《刑法》第二百七十五条规定的，以故意毁坏财物罪追究刑事责任。信访人由于泄愤报复或者其他个人目的，毁坏机器设备、残害耕畜或者以其他方法破坏生产经营，符合《刑法》第二百七十六条规定的，以破坏生产经营罪追究刑事责任。

（四）妨害社会管理秩序

1. 煽动群众暴力抗拒国家法律、行政法规实施。符合《刑法》第二百七十八条规定的，以煽动暴力抗拒法律实施罪追究刑事责任。

2. 招摇撞骗。违法行为人假冒信访机关工作人员或者其他虚假身份，以帮助信访等理由为借口，骗取、索要他人财物，符合《治安管理处罚法》第五十一条规定的，以招摇撞骗依法予以治安管理处罚；符合《刑法》第二百七十九条规定的，以招摇撞骗罪追究刑事责任。

3. 投放虚假危险物质扰乱公共秩序。投放虚假的爆炸性、毒害性、放射性、腐蚀性物质或者传染病病原体等危险物质扰乱公共秩序的，依据《治安管理处罚法》第二十五条的规定，处 5 日以上 10 日以下拘留，可以并处 500 元以下罚款；情节较轻的，处 5 日以下拘留或者 500 元以下罚款。符合《刑法》第二百九十一条之一第一款规定的，以投放虚假危险物质罪追究刑事责任。

4. 侵害英雄烈士名誉、荣誉。英雄烈士事迹和精神是中华民族的共同历史记忆和社会主义核心价值观的重要体现。侵害英雄烈士名誉、荣誉，符合《治安管理处罚法》第二十六条、第四十二条规定的，以寻衅滋事、侮辱、诽谤依法予以治安管理处罚；情节严重，符合《刑法》第二百九十九条之一规定的，以侵害英雄烈士名誉、荣誉罪追究刑事责任。2022 年 1 月 11 日，最高人民法院、最高人民检察院、公安部印发《关于依法惩治侵害英雄烈士名誉、荣誉违法犯罪的意见》，进一步明确了司法适用中对英雄烈士的认定、相关入罪标准以及办案工作要求。根据《英雄烈士保护法》第二十六条，以侮辱、诽谤或者其他方式侵害英雄烈士的姓名、肖像、名誉、荣誉，损害社会公共利益的，依法承担民事责任。

5. 侮辱国旗国徽、篡改国歌歌词曲谱。为了惩治侮辱国旗、国徽、国歌的犯罪行为，切实维护国歌奏唱、国旗国徽使用的严肃性和国家尊严，《刑法》第二百九十九条规定，在公共场合，故意以焚烧、毁损、涂划、玷污、践踏等方式侮辱中华人民共和国国旗、国徽；在公共场合，故意篡改中华人民共和国国歌歌词、曲谱，以歪曲、贬损方式奏唱国歌，或者以其他方式侮辱国歌，情节严重的，处 3 年以下有期徒刑、拘役、管制或者剥夺政治权利。根据《国旗法》第二十三条、《国徽法》第十八条、《国歌法》第十五条，情节较轻的，由公安机关处以警告或者 15 日以下拘留。

6. 组织和利用会道门、邪教组织或者利用迷信破坏国家法律、行政法规实施。符合《治安管理处罚法》第二十七条规定的，处 10 日以上 15 日以下拘留，可以并处 1000 元以下罚款；情节较轻的，处 5 日以上 10 日以下拘留，可以并处 500 元以下罚款。符合《刑法》第三百条第一款规定的，依法追究刑事责任。

第七章 健全完善信访工作法治化保障

信访工作法治化是一项系统工程，需要在党的统一领导下，科学安排部署、积极有效推动，协同推进信访工作体制机制完善、信访干部队伍建设、社会法治观念培养、信访工作信息化建设等各项任务，为深入推进信访工作法治化提供坚实支撑。

第一节 健全完善信访工作体制机制

信访工作体制机制，是关于信访工作组织领导、机构设置、职能定位、权责划分、运行程序、方式方法等方面体系、制度、形式的总称，对推进信访工作法治化建设具有决定性作用，是实现新时代信访工作高质量发展的根本保障。深入推进信访工作法治化建设，需要进一步健全完善信访工作体制机制，全面贯彻落实《信访工作条例》各项规定要求，不断优化制度、完善机制、重塑流程，做到用法治思维明晰信访工作职责，用法治意识引导群众表达诉求，用法治方式解决矛盾问题，切实把信访工作纳入法治化轨道。

一、创新完善新时代信访工作体制

《信访工作条例》对新时代信访工作体制和格局作出了新的规定，即党委统一领导、政府组织落实、信访工作联席会议协调、信访部门推动、各方齐抓共管。其中，党委统一领导处于核心地位，是构建新时代信访工作体制和格局的根本保证；政府组织落实主要是牵头组织各方力量贯彻落实关于信访工作的部署要求；信访工作联席会议协调是加强党对信访工作领导的重要抓手；信访部门推动处于承上启下、协调左右、督促检查、推动落实的地位；各方齐抓共管主要是落实信访工作责任，形成化解矛盾合力。五位一体，有机联系，不可分割。

（一）党委统一领导

党委统一领导既体现在党中央对信访工作的宏观决策部署上，也体现在地方各级党委对党中央决策部署的坚决贯彻落实上。在党中央层面，从强化政治引领、制定工作遵循、提供组织保证三个维度，进一步加强党中央对信访工作的统一领导。强化政治引领，主要是发挥党中央集中统一领导的政治优势，确立信访工作的政治方向和政治原则，严明政治纪律和政治规矩，引领新时代信访工作始终沿着正确政治方向前进。制定工作遵循，主要是充分发挥党中央的领导核心和政治核心作用，通过制定信访工作方针政策，研究部署信访工作法治化建设等重大改革措施，为不断提升信访工作法治化水平、推进新时代信访工作高质量发展提供重要遵循。提供组织保证，主要是党中央发挥党管干部的政治优势，领导建设一支对党忠诚可靠、恪守为民之责、善做群众工作的高素质专业化信访工作队伍，为做好新时代信访工作提供组织保证。在地方层面，地方各级党委领导本地区信访工作，贯彻落实党中央关于信访工作的方针政策和决策部署，执行上级党组织关于信访工作的部署要求，部署推进本地区信访工作法治化建设；贯彻落实“党政同责、一岗双责，属地管理、分级负责，谁主管、谁负责”原则，统筹信访工作责任体系构建，完善信访工作法治化制度体系，支持和督促下级党组织做好信访工作；建立健全地方党委常委会研究部署信访工作制度，定期听取信访工作汇报，分析形势，部署任务，研究重大事项，解决突出问题。

（二）政府组织落实

各级政府通过健全人民建议征集制度、开展信访工作专项督查、组织信访工作考核、建立完善联合接访工作机制、加强信访工作信息化智能化建设等方式，贯彻落实上级党委和政府以及本级党委关于信访工作的部署要求，组织推进信访工作法治化建设；坚持科学决策、民主决策、依法决策，严格落实重大行政决策程序规定，着力实现决策质量和效率显著提高，切实避免因决策失误产生矛盾纠纷、引发社会风险、造成重大损失，导致信访事项发生；深化行政执法体制改革，加大重点领域执法力度，完善行政执法程序，依法依规履行职责，从源头上预防导致信访问题产生的矛盾纠纷；组织各方力量加强矛盾纠纷排查化解，依法按政策及时妥善处理信访事项，把问题化解在基层、化解在萌芽状态，防止矛盾激化、信访上行；组织各方力量充分发挥各自优势和作用，完善调解、仲裁、行政裁决、行政复议、诉讼等有机衔接、相互协调的多元化纠纷解决机制，健全领导干部接访下访、访调对接等制度，推动解决政策性、群体性信访突出问题和疑难复杂信访问题。

（三）信访工作联席会议协调

信访工作联席会议是加强党对信访工作全面领导、构建新时代信访工作体制和格局的重要抓手。根据《信访工作条例》相关规定，要健全完善各级联席会议机制，推动县级及以上联席会议机制实现全覆盖，充分发挥其统筹协调、整体推进、督促落实的作用。在中央信访工作联席会议层面，在党中央、国务院领导下，中央信访工作联席会议负责全国信访工作的统筹协调、整体推进、督促落实，具体履行以下职责，即研究分析全国信访形势，为中央决策提供参考；督促落实党中央关于信访工作的方针政策和决策部署；研究信访制度改革和信访法治化建设重大问题和事项；研究部署重点工作任务，协调指导解决具有普遍性的信访突出问题；领导组织信访工作责任制落实、督导考核等工作；指导地方各级信访工作联席会议工作；承担党中央、国务院交办的其他事项。在地方信访工作联席会议层面，地方各级信访工作联席会议在本级党委和政府领导下，负责本地区信访工作的统筹协调、整体推进、督促落实，协调解决本地区信访工作法治化等方面的重大问题，指导下级信访工作联席会议工作。地方党委和政府应当根据信访工作形势任务，及时调整本级信访工作联席会议成员单位，健全规章制度，建立健全信访信息分析研判、重大信访问题协调处理、联合督查等工作机制，提升联席会议工作的科学化、法治化、规范化水平。根据工作需要，乡镇党委和政府、街道党工委和办事处可以建立信访工作联席会议机制，或者明确党政联席会定期研究本地区信访工作，协调处理发生在本地区的重要信访问题。

（四）信访部门推动

信访部门推动在信访工作格局中处于承上启下、协调左右、督促检查、推动落实的地位，主要是推动党委和政府以及信访工作联席会议关于信访工作的安排部署得到贯彻落实，特别是组织信访系统深入推进信访工作法治化建设，推动信访问题依法依规得到及时有效解决，推动信访工作水平整体提升。各级党委和政府信访部门履行下列职责：受理、转送、交办信访事项；协调相关机关、单位共同解决重要信访问题；督促检查重要信访事项的处理和落实；综合反映信访信息，分析研判信访形势，为党委和政府提供决策参考；指导本级其他机关、单位和下级的信访工作；向相关地方党委和政府或者机关、单位提出改进工作、完善政策和追究责任的建议；承担本级党委和政府交办的其他事项。各级党委和政府应当加强信访部门建设，选优配强领导班子，配备与形势任务相适应的工作力量，建立健全信访督查专员制度，加强干部教育培训，建立健全年轻干部和新录用干部到信访工作岗位锻炼制度，打造高素质专业化信访干部队伍。

（五）各方齐抓共管

各方齐抓共管主要是落实各责任主体的信访工作责任，融合方方面面的力量和资源，团结协作、互相配合、形成合力，共同推动化解信访矛盾、提升信访工作水平。各级党委和政府以外的其他机关、单位应当做好各自职责范围内的信访工作，按照“谁主管、谁负责”的原则，依法按政策及时受理办理信访事项，做到件件有着落、事事有回音；政策制定时统筹兼顾各方面利益，综合考虑改革的力度、发展的速度和社会可承受的程度，保持政策的权威性、连续性、稳定性，从源头上预防政策性、群体性信访问题产生；针对群众信访反映的政策性、群体性问题，应当区分不同情况从政策层面推动成批化解；加强对下级机关、单位信访工作的指导，整体推动本系统本领域信访工作法治化建设深入开展。各级机关、单位应当拓宽社会力量参与信访工作的法治化制度化渠道，运用好市场、公益、慈善等途径，发挥群团组织、社会组织和“两代表一委员”、社会工作者等作用，积极反映群众意见和要求，引导群众依法理性反映诉求、维护权益，推动信访问题及时有效解决。

二、健全完善维护群众权益机制

健全完善维护群众权益机制，推动依法及时就地解决信访问题，是认真贯彻落实党的二十大精神、深入推进信访工作法治化、实现新时代信访工作高质量发展的必然要求。

（一）健全信访问题源头预防机制

坚持和发展新时代“枫桥经验”，深入推进预防法治化，完善预防性法律制度，推动更多力量向引导和疏导端用力，更加重视基层基础工作，完善矛盾纠纷多元化解机制，充分发挥人民调解、行政调解、司法调解“三调联动”的重要作用，把矛盾隐患化解在产生信访问题之前，做到发现得早、处理得好、化解得了。推动各级党委和政府加强政策关联性信访矛盾研究，把从群众信访中发现的政策性问题以及群众反映集中的意见建议作为进一步贯彻执行、改进完善相关政策的重要依据，不断提高政策的质量和水平，从政策源头预防信访问题发生。认真落实重大决策社会稳定风险评估机制，对事关群众切身利益、可能引发影响社会稳定问题的重大改革措施出台、重大政策制定调整、重大工程项目建设、重大活动举办等做到应评尽评，从制度机制上保障信访部门参与风险评估工作，不断提升风险评估的针对性和有效性。建立重大决策信访评估信息公开机制，把群众参与和社会调查贯穿风险评估的全过程，提高科学民主决策水平。

（二）完善信访事项网上受理制度

深入推进信访事项受理法治化，做到分清性质、明确管辖，转送督办到位。主要包括创新信访事项受理办理机制、健全信访问题高效解决机制、完善信访事项监督评价机制、发挥网上信访主渠道作用等。在创新信访事项受理办理机制方面，应当加快推动各地区各部门通过国家信访信息系统对接，加强资源整合和数据共享；及时、全面登记信访事项，保证信访数据完整准确；对信访人反映的事实和诉求进行认真分析、甄别，精准转送交办，督促有权处理机关严格按规定时限和程序受理办理；实行信访事项简易办理制度，简化业务办理流程，缩短受理办理时限，强化全程跟踪问效。在健全信访问题高效解决机制方面，健全完善领导干部阅办群众来信和网上信访工作制度，创新联合接访、公开听证、网上大厅等做法；健全完善“信、访、网、电、视频”受理渠道，构建责任明晰、协同高效、联动融合的工作体系，全面落实首接首办责任制，规范和完善信访事项网上受理、办理的标准、流程及评估问效，强化信访基础业务规范化检查，不断提升办理质量和效率，推动群众合理诉求一次性解决。在完善信访事项监督评价机制方面，全面推动信访事项受理办理情况可查询、可跟踪、可督办、可评价，支持群众通过国家信访信息系统参与信访事项监督和满意度评价，切实增强信访工作的透明度和公信力。在发挥网上信访重要渠道作用方面，坚持用新发展理念引领网上信访工作，走好网上群众路线，突出标准化、人文化、共享化、智能化，体现便捷性、开放性、实用性、权威性，做到及时快捷、提高效率、快速回复、加强督办，着力打造畅通、便捷、高效、权威、管用的网上信访渠道，实现“数据多跑路、群众少跑腿”。

（三）完善领导干部接访下访机制

严格落实领导干部接访下访制度，传承弘扬习近平总书记大力倡导并践行的“四下基层”“四个万家”优良作风，大力推进各级领导干部信访接待下基层，推动接访下访制度化、常态化、长效化；健全完善配套制度措施，明确接访下访领导、地点、方式、内容、处理方法、督办反馈等重点事项和关键环节的工作要求。进一步完善领导干部接访下访流程方法，加强组织实施和统筹协调，细化准备、公示、接访、包案等各环节工作内容和职责；定期制定领导接待日和下访工作时间表，提前向社会公布，方便群众反映问题和社会监督；健全完善领导干部包案化解工作机制，对分管领域涉及面广、社会关注度高的突出问题和信访积案直接包案，全程参与调查、协调和处理，一盯到底直至问题解决。不断丰富领导干部接访下访形式，把定点接访与重点约访、专题接访、带案下访、亲情家访等有机结合，把接访下访与督查、调研等有机结合，了解政策措施落实情况及基层群众的意见和期盼，研究改进工作的措施办法；把接访下访制度落实情况纳入领导干部年度述职和考核内容，防止接访下访中的形式主义、官僚主义问题。

（四）创新解决信访突出问题长效机制

做好常态化治理重复信访、化解信访积案工作，对重复信访问题和信访积案，及时梳理集中交办，签订化解责任书，严格实行台账管理、到期对账，综合施策、分类化解；认真落实

"三到位一处理"的工作要求，对诉求合理但责任不落实的，督促相关责任单位限期解决，对诉求无理的，加强思想教育疏导，有特殊困难的，及时落实帮扶救助措施，有违法行为的，依法依规处理；信访部门应当加强协调指导、跟踪调度和督办审核，及时掌握化解进度，确保化解质量。深化开展"大督查大接访大调研"活动，推动该活动向省、市、县级延伸，确保党中央、国务院关于信访工作的决策部署落实落地；聚焦贯彻落实《信访工作条例》、深化信访工作体制机制改革、信访工作法治化、信访问题源头治理、重点领域信访突出问题化解等方面开展督查调研，在调查的基础上深化研究，提出解决实际问题的对策建议；着力在"提高效率、转变作风、服务基层和群众"上下功夫，推动转作风、访民情、接地气，发现问题、总结经验、化解矛盾，提升信访工作整体水平。完善"三跨三分离"信访事项协调化解机制，分级精准对接，明晰化解职责，压实信访事项事发地、有权处理部门（单位）的主办责任和信访人户籍地、常住地及其他相关部门的协办责任，健全信访事项化解结果跟踪机制，共同推动化解"三跨三分离"信访事项，切实维护群众合法权益。进一步完善督查督办机制，创新丰富网上督查、视频督查、实地督查等督查方式，健全完善多部门联合督查机制，对有关职能部门办理程序不规范、超期办理、实体处理不到位等问题，采取适当方式加大督促力度，加强督办结果后续跟踪，持续推动问题解决，提升督查工作实效和公信力。充分发挥复查复核工作职能作用，加强程序和实体性审查，纠正信访事项受理办理中存在的问题；完善复查复核事项多元化解机制，加大听证、评议、调解力度，做到纠偏纠错、化解矛盾。

（五）完善综合分析研判和信息预警制度

健全完善信访形势综合分析研判机制，加强分析研判力度，提高对策建议的针对性和有效性，充分发挥信访工作了解社情民意和为政得失的重要窗口作用。对中央重大决策部署和重要政策措施贯彻落实情况，从群众信访中了解第一手资料，加强对前瞻性问题的分析研判，及时发现和解决落实中的相关问题；对群众信访中反映的全局性、普遍性、苗头性问题，定期开展综合分析研判，及时形成对领导决策有参考价值的意见建议；对重点领域重点群体突出矛盾和社会关注的热点难点问题进行专题分析，准确判断其趋势和影响，提出化解矛盾和源头预防的对策建议；对社会波及面广、影响范围大、涉及人数众多的典型案件，进行一案一分析，举一反三，从个性中找出共性，为推动解决同类矛盾问题提供参考借鉴。健全信访信息预警预防机制，对群众信访反映的可能引发大规模串联聚集或极端恶性事件的信息，第一时间向党委和政府及上级部门报告，并通报有关责任部门，督促及时落地核查，完善应对措施，最大限度地避免现实危害发生；进一步加强信访信息的及时报送、分析研判和应急处置，防止因应对不及时、措施不得力，错过处置的最佳时机；密切关注网络舆情，及时、主动、有序发布权威信息，引导社会舆论，避免发生负面炒作。

（六）健全人民建议征集制度

不断畅通拓宽人民建议征集渠道，增强征集工作力量，开通网上网下征集窗口，鼓励引导人民群众对党和政府的工作献计献策。广泛吸收新闻媒体、科研院所、社会组织、智库机构等参与人民建议征集工作。健全人民建议征集工作机制、完善征集工作方式方法、抓好人民建议征集分析和成果转化，推动各职能部门将人民建议征集作为出台涉及群众切身利益的政策和重大项目实施前的重要环节，推动群众“金点子”转化为经济社会发展的政策措施。完善人民建议奖励机制，对国民经济和社会发展或者对改进国家机关工作以及保护社会公共利益有贡献的建议，由有关行政机关给予奖励；对组织开展人民建议征集工作成绩突出的集体和个人进行表彰奖励。

第二节　提高信访工作人员素质能力

习近平总书记强调：“实施依法治国基本方略，建设社会主义法治国家，必须有一支高素质队伍。”[①] 法治虽然是法律之治、规则之治，但是法律是由人制定的，也是由人实施的，工作队伍素质和能力的高低直接关系着法治国家建设的成败。当前信访工作任务艰巨繁重，涉及面很广，要全面提升信访工作法治

① 习近平：《努力建设一支信念坚定、执法为民、敢于担当、清正廉洁的政法队伍》，载习近平：《论坚持全面依法治国》，中央文献出版社2020年版，第54页、第55页。

化水平，关键取决于这支队伍的整体素质。

近年来，信访干部法律素养不断增强，依法决策、依法行政水平不断提升。但是，也要清醒地看到，同信访工作法治化要求相比，信访队伍在素质能力方面还存在许多不适应的地方。从整个信访系统来看，基层基础不扎实、信息化程度不适应、工作机制不顺畅等问题还没有得到根本解决。从干部个人来看，有的干部在思想观念上还有一定偏差，“重稳控轻化解”“重程序轻解决”等问题仍然存在；有的干部法治素养有待进一步提高，突破政策法律底线等现象依然存在；等等。面对信访工作中的短板和问题，要始终坚持问题导向，下大气力强弱项、补短板、提能力，着力破解工作中的痛点、难点问题，不断提高信访工作人员素质能力，更好地担负起新时代赋予的责任和使命。

一、信访工作人员应具备的素质能力

（一）过硬的政治素质

信访工作是践行党的性质宗旨、推动解决群众诉求、直接服务群众的工作，具有鲜明的政治性、人民性。信访工作的政治性决定了信访干部队伍的政治标准更高、要求更严。只有旗帜鲜明讲政治，做到对党绝对忠诚可靠，才能履行好信访部门为民解难、为党分忧的政治责任。信访工作人员基本政治素质包括：政治坚定，始终坚持正确政治方向；纪律严明，严守政治纪律和政治规矩；办事公道，坚持原则、秉公办事、公道正派；作风优良，坚持实事求是、求真务实；谦虚谨慎，平易近人，善于做群众工作等。

（二）专业的法律知识

“见博则不迷，听聪则不惑。”信访工作人员要勤学习、勤思考，要博览群书、广泛涉猎，既要学习理论政策，也要学习经济、法律、哲学等方面的知识，特别是要全面了解和掌握政策法规，拥有信访工作相关的知识储备，如劳动社保、房屋征收等方面的政策法规，自觉做到学法、知法、懂法、守法、用法，用法治规范信访工作行为。在接待群众来访时，要积极向群众宣传信访法规和有关工作程序，增强信访群众的法治观念，引导群众自觉遵守信访秩序，依法理性表达利益诉求。

（三）熟练的基本业务技能

《信访工作条例》对各级党委和政府信访部门及有关机关、单位受理、办理信访事项提出了明确要求。信访工作人员要熟练掌握信访业务要求和国家信访信息系统操作技能，不断规范受理办理流程，以工作程序规范推动信访问题处理到位。对应当受理的信访事项，要分清建议意见类、检举控告类、申诉求决类事项，分清是否已经进入相关程序、处在哪个环节，分清由哪个地方、哪个部门、哪个层级来负责，做到精准分流、精准转送，让各类信访事项依法有序运转，形成工作闭环。要能熟练应用心理咨询技能，具备心理健康常识，把握上访人的心理和调节自身情绪的能力，对不受理的信访事项，耐心细致做好群众工作，解疑释惑、化解心结，讲清解决问题的路径、应该遵守的秩序等。

（四）善于防范化解矛盾风险

信访工作人员要提高战略思维、历史思维、辩证思维、法治思维和底线思维能力，善于从纷繁复杂的矛盾中把握规律。要强化风险防范意识，科学预见形势发展趋势和隐藏其中的风险挑战，做到未雨绸缪。要提高风险化解能力，透过复杂现象把握本质，抓住要害，找准原因，果断决策，有效予以处理。要提升法律政策运用能力、防控风险能力、群众工作能力、舆论引导能力，对于可能引发信访问题或影响社会稳定的苗头隐患，迅速组织力量展开排查，及时依法依规妥善处理，努力把各类风险隐患化解在萌芽状态。

（五）依法按政策解决信访问题

在实际工作中，信访工作人员要提高依法按政策解决群众诉求的能力，增强信访工作公信力。工作中，需注意把握、正确处理好“三个关系”：一要正确处理维权与维稳的关系。维权是维稳的基础，维稳的实质是维权，要依法维护好、保障好人民群众的知情权、参与权、表达权和监督权。二要正确处理解决诉求和维护秩序的关系。信访工作根本上是要把群众的合理诉求解决到位，同时，也要发挥党的思想政治工作优势、做群众工作的看家本领，引导群众遵守信访秩序、依法理性反映诉求，努力推动形成办事依法、遇事找法、解决问题用法、化解矛盾靠法的良好法治环境。三要正确处理情理法的关系。做信访工作要多管齐下、情理法并重。要以情感人，带着感情去做工作；要以理服人，相信群众是讲道理的；要以法育人，加大对群众法律法规和政策的宣传力度，努力实现政治效果、法律效果、社会效果的统一。

二、建设高素质专业化信访干部队伍

《信访工作条例》第八条规定，“领导建设一支对党忠诚可靠、恪守为民之责、善做群众工作的高素质专业化信访工作队伍，为信访工作提供组织保证”。习近平总书记提出的“对党忠诚可靠、恪守为民之责、善做群众工作”总要求，明确了信访工作队伍加强政治建设、践行根本宗旨、履行职责使命的根本要求，指明了新时代信访工作和队伍建设的前进方向和实践路径。要把提高信访工作人员素质能力贯穿队伍建设始终，坚持“缺什么、训什么、练什么”，不断增强信访干部的群众工作本领、业务工作本领、担当作为本领。

（一）强化提升干部政治素质

在信访干部队伍建设中，要突出政治标准，强化政治把关，注重选拔任用政治素质过硬、全面贯彻执行党的理论和路线方针政策、忠诚干净担当的干部。要加强和改进信访干部政治素质考察，建立健全信访干部政治素质识别和评价机制，强化对信访干部政治忠诚、政治定力、政治担当、政治能力、政治自律等方面的深入考察考核，坚决把政治上的“两面人”挡在门外。要加强政治能力训练和实践锻炼，确保信访干部善于从政治上看待把握信访工作，在履行职责、开展工作过程中始终坚持人民至上。要加强总体国家安全观教育和实践，切实增强风险意识、强化底线思维，坚决防止信访领域风险向民生领域甚至政治领域扩散。

（二）加强信访法治教育培训

把法治教育培训作为提高信访干部工作能力和水平的有效途径。将法治教育纳入信访干部教育培训总体规划，作为初任培训、任职培训的必训内容，提高和强化信访干部的法治思维和法治意识，促进信访干部自觉运用法治方式解决信访问题。通过举办综合性班次、定期视频讲座、信访业务大讲堂等形式，组织开展精准化的理论、政策、业务、法规培训，加大对信息化、大数据等新技术手段应用能力的培训力度，增强信访干部教育的系统性、持续性和针对性。将法治学习教育融入典型宣传，策划开展“寻找最美信访干部”“我在基层做信访”“学习贯彻信访工作条例”等系列活动，教育引导信访干部运用法治思维和法治方式做好工作。

（三）健全日常学法用法制度

把学法用法情况纳入信访部门领导班子和信访干部个人年终考核范围。在信访干部录用、选调、选拔过程中加强法治素养测试和考察。建立信访领导干部应知应会法律法规清单制度，分级分类明确信访领导干部履职应当学习掌握的法律法规和党内法规，完善配套制度，促使知行合一。把法治素养和依法履职情况纳入考核评价信访领导干部的重要内容，让尊法学法守法用法成为信访领导干部的自觉行为和必备素质。采取宪法宣誓、法治讲座等方式，开展日常法治教育，营造良好的学法用法氛围。

（四）充实信访法治工作队伍

加强信访法治工作队伍建设，配齐配强法治工作力量，确保与工作任务相适应。既注重从信访系统、信访部门自身大力发现和培养选拔优秀年轻干部，推动形成数量充足、质量优良的年轻干部梯队，又注重从外部选调熟悉经济、政治、社会、法律等专业知识的人才充实到信访干部队伍之中，不断提高信访干部队伍整体素质。建立公职律师队伍和法律顾问制度，充分发挥公职律师、法律顾问在咨询论证、审核把关等方面的作用，提高依法办事的能力水平，为深入推进信访法治化建设提供队伍保障。将建立健全公职律师制度和法律顾问制度情况纳入信访工作年度考核，推动信访部门普遍建立公职律师、法律顾问制度，为加强信访法治化建设提供力量保障。

（五）持续推进信访业务规范化建设

信访基础业务规范化建设是提升信访工作水平的有效途径。要将信访基础业务规范化建设作为信访法治化建设的重要内容，以信访基础业务规范化推进信访工作法治化。加强信访业务标准制定、业务抽查检查和培训指导，加强对信访事项受理办理操作流程的培训，熟练掌握应用信访信息系统。以推动信访问题解决为导向，建立健全信访基础业务规范化建设与解决群众合理诉求有效衔接的制度机制，通过制定信访业务标准，进一步规范信访问题受理、办理、督办流程，督促指导有权处理行政机关及时解决群众合理诉求。对有关行政机关答复处理不规范的问题进行监督，有效进行复查复核，纠正、完善相关处理意见，并督促做好相关工作，推动信访问题实体解决。

（六）加强信访岗位实践锻炼

把信访岗位作为培养锻炼干部的重要平台和基地，坚持和完善年轻干部和新录用、新提拔干部到信访岗位实践锻炼制度。突出实战实干，让信访干部在群众工作一线真刀真枪磨砺，增长才干，不断提高解决疑难复杂信访问题的能力。坚持把信访干部纳入党政干部交流计划，加强常态化培养性交流，积极安排信访干部到综合部门、地方或基层一线挂职锻炼，丰富阅历、增长见识、提升能力。对政治素质好、群众公认度高、业务能力强、工作实绩突出的信访干部，适时提拔重用或交流使用，持续优化信访干部干事创业环境和氛围。

第三节　增强人民群众信访法治观念

对法治的态度和信念，是法治情感认同与法治思维习惯的融合，是法治规则意识与价值理念、实体观念与程序意识、思想认同与行为服从相统一的结果。提升全体公民法治意识和法治素养，是全面依法治国的基础性工程，是建设法治社会、法治国家的重要内容。习近平总书记强调："要坚持把全民普法和全民守法作为依法治国的基础性工作，使全体人民成为社会主义法治的忠实崇尚者、自觉遵守者、坚定捍卫者。"[①] 要以习近平法治思想为引领，着力增强人民群众法治观念，使人民群众尊法、信法、守法、用法，为实现信访工作法治化奠定坚实基础。

一、增强人民群众信访法治观念是信访工作法治化的迫切要求

公民法治意识是国家法治化水平的重要指标，深刻影响着法治国家建设的进程和建设效果。就信访工作而言，信访人作为信访活动的主体，如果不信法、不守法，相关法律法规制定得再完善也无济于事。因此，培育人民群众办事依法、遇事找法、解决问题靠法的法治文化，不断增强人民群众对法律的内心拥护和真诚信仰，在信访活动中自觉遵守各项法律规定，对实现信访工作法治化具有十分重要的意义。

当前，多数信访人在信访过程中能够自觉遵守法律规定、依法反映诉求，但同时也有少数信访人不知法不懂法，不会运用法律维护自身权益。有的片面强调个人权利，忽视甚至拒绝承担相关义务；有的存在"大闹大解决"等错误思想，采取非正常方式甚至违法手段进行施压，不但未能解决问题，反而

---

① 习近平：《坚持依法治国和以德治国相结合 推进国家治理体系和治理能力现代化》，载《人民日报》2016年12月11日，第1版。

可能因为触犯法律受到制裁。在信访工作中，有关机关、单位应当依法畅通信访渠道、维护群众合法权益，信访人应当依法通过信访渠道反映诉求、维护权益，两者相辅相成，不可偏废。

因此，必须努力增强人民群众法治观念，使人民群众相信只要是合理合法的诉求，通过法律程序就能得到合理合法的结果，引导人民群众有问题依靠法律来解决，培育依法信访的法治观念和法治氛围，形成有利于信访工作的法治风尚和法治环境。

二、当前需要着重培养的信访法治观念

（一）尊法守法意识

习近平总书记深刻指出："只有内心尊崇法治，才能行为遵守法律。只有铭刻在人们心中的法治，才是真正牢不可破的法治。"[①]"要在全社会树立法律权威，使人民认识到法律既是保障自身权利的有力武器，也是必须遵守的行为规范，培育社会成员办事依法、遇事找法、解决问题靠法的良好环境，自觉抵制违法行为，自觉维护法治权威。"[②] 树立法律权威是法治国家的基本前提。法律要得到顺利实施需要全社会的自觉接受、服从、执行，任何组织和个人都必须在法律规定的范围内活动，不能

---

① 习近平：《在省部级主要领导干部学习贯彻党的十八届四中全会精神全面推进依法治国专题研讨班上的讲话》，载中共中央文献研究室编：《习近平关于社会主义政治建设论述摘编》，中央文献出版社 2017 年版，第 97 页。

② 习近平：《加快建设社会主义法治国家》，载《求是》2015 年第 1 期。

凌驾于法律之上。法律权威的树立既需要外在强制力也依赖内在认同感。法律的外在强制力是法律权威的外在条件，主要表现为国家对违法行为的制裁，如果不遵守相关法律规定、实施了违法行为，就会受到法律的惩罚，承担不利后果。同时，仅有外在强制力还不够，还需要努力在全社会树立起法律信仰。人民只有从内心深处真正认同、信任和信仰法律，才会自觉维护法律的权威，并在实际生活中主动遵守法律规定。

（二）权利与义务观念

权利与义务是法律规定的基本内容，也是法治的核心要义。在现代法治社会中，权利与义务是统一的，没有不讲权利的义务，也没有不讲义务的权利，公民既依法享有相应的权利，也应自觉履行相应的义务。因此，在信访活动中，信访人可以充分行使自己的权利，通过法律维护自己的合法权益，同时也必须履行相应的义务，遵守相关行为规范。

根据《信访工作条例》和相关法律法规规定，信访人享有以下权利：（1）知情权。信访人有权查询其提出的信访事项的受理办理情况，要求国家机关及时给予答复。国家机关应当主动公开与信访活动相关的信息并为信访人获取相关信息提供便利条件。（2）获得公正处理的程序保障权。如申请回避权，陈述、申辩权，委托代理权，申请复查复核权等。（3）个人信息保密。在信访活动中，信访人的有关信息应当受到保护，有关单位、工作人员不得将信访人的检举、揭发材料以及有关情况透露或者转给被检举、揭发的人员或者单位，任何组织和个人也不得打击报复信访人，否则将构成违纪违法甚至犯罪，将被依法追究责任。

同时，《信访工作条例》和相关法律法规也规定了信访人必须履行的义务：（1）依照法律、法规的规定进行信访活动。一是按照法律规定的方式提出信访事项，即通过信息网络、书信、电话、传真、走访等形式提出。二是采用走访形式提出信访事项的，应当到有权处理的本级或者上一级机关、单位设立或者指定的接待场所提出，不得为了引起重视到党政机关门口或者重要、敏感地区聚集、上访，也不得在专门设立或者指定的接待场所以外的地点聚集滞留、打横幅、喊口号等。三是多人采用走访形式提出共同的信访事项的，应当推选代表，代表人数不得超过5人。四是不得损害国家、社会、集体的利益和其他公民的合法权利，不得扰乱社会公共秩序和信访秩序等。（2）信访人提出信访事项，应当客观真实，对其所提供材料内容的真实性负责，不得捏造、歪曲事实，不得诬告、陷害他人。同时，还应当配合国家机关对信访事项进行调查、核实和处理，以便于查清事实，作出处理结论。（3）不得泄露、传播、扩散国家秘密、涉及第三方的个人隐私、商业机密等信息和信访活动中承诺保密的有关信息。

（三）程序意识

法律程序是法律规定的重要组成部分，也是实现法律目的的重要手段。按程序办事有利于信访工作规范有序开展，有利于信访人充分主张权利，有利于保障社会公平正义，是推进信访工作法治化的应有之义。《信访工作条例》对信访活动的形式、步骤、期限等作出明确规定。比如，信访人采用走访形式提出信访事项的，应逐级走访；信访人提出涉及诉讼权利救济的信访事项，应当按照法律法规规定的程序向有关政法部门提出；信访人对信访处理意见、复查意见不服的，应当在法定期限内提出等。但从当前实践来看，不少信访人在收到信访处理意见或者复查意见后，未在法律规定的时限内申请复查或者复核，就可能丧失申请上级部门进行复查或复核的权利。此外，信访人对复核意见不服，仍然以同一事实和理由提出投诉请求的，各级党委和政府信访部门和其他机关、单位不再受理。信访人在信访活动中，应认真遵守法律法规有关程序性规定，否则就无法有效实现诉求甚至可能产生对自己不利的后果。

三、多措并举，不断增强人民群众的信访法治观念与能力

法治观念不是自然获得的，增强人民群众信访法治观念、提高人民群众运用法律维护自身合法权益的能力是一项长期系统工程。要通过多种途径，采取科学有效措施，把法治教育与法治实践紧密结合起来，不断提高工作的针对性与实效性。

（一）持续深入开展法治宣传教育

法治宣传教育是提升公民法治意识和法治素养的重要途径。习近平总书记强调：“要坚持把全民普法和守法作为依法治国的

长期基础性工作，采取有力措施加强法制宣传教育。”[①] 近年来，国家把信访法治宣传教育作为一项基础性和长期性的重要工作来抓，纳入全国信访系统开展法治宣传教育第七个、第八个五年规划的核心内容，广泛宣传信访法规制度，弘扬法治信访文化，取得显著成效。下一步，要继续认真落实“谁执法谁普法”普法责任制，提高法治宣传教育的针对性和实效性，引导全体公民掌握法律知识、树立法治意识、提升法律素养、养成守法习惯。

一是在全社会大力开展与信访有关的法治宣传教育。2021年9月，根据《中共中央、国务院转发〈中央宣传部、司法部关于开展法治宣传教育的第八个五年规划（2021—2025年）〉的通知》精神，国家信访局关于全国信访系统开展法治宣传教育的第八个五年规划中，对学习宣传信访工作法律法规政策进行安排部署。各地各部门要加大对《信访工作条例》《治安管理处罚法》《道路交通安全法》《集会游行示威法》《刑法》等与信访活动密切相关的法律法规的宣传教育力度，创新普法方法手段，在充分利用传统有效的普法方式基础上，综合发挥广播、电视、报纸、杂志等传统媒体和微信、微博、客户端等新媒体的作用，通过群众喜闻乐见的宣传形式，增强宣传教育的实效性。

二是在信访工作过程中进行实时精准普法。把宣讲信访法律法规和政策文件、告知信访权利义务作为办理群众来信和网

---

① 习近平：《加快建设社会主义法治国家》，载《求是》2015年第1期。

上信访、接待群众来访的重要内容，利用群众来访接待场所电子显示屏、服务窗口等播放、张贴普法宣传资料，将法治宣传、道德教化、关心关爱、帮扶救助、秩序维护贯穿工作全过程。要根据群众需要，准确告知信访活动的流程、反映事项归属的责任部门等，让群众知道“谁来办”“怎么办”。加大以案普法的力度，充分利用典型案件向信访人进行法律解读，强化舆论引导，使典型案件依法解决的过程成为普法的公开课，增强信访人依法信访的理念。

三是充分发挥律师等专业人士作用。律师等专业人士参与信访工作，有助于提高信访矛盾化解和信访事项办理的专业化与法治化水平。2015 年，中央政法委出台了《关于建立律师参与化解和代理涉法涉诉信访案件制度的意见（试行）》，对律师参与涉法涉诉信访工作作出了规定。律师参与涉法涉诉信访案件的具体任务是：(1) 对原案件处理正确的，帮助信访人准确理解政法机关依法作出的法律处理意见，劝导其服判息诉；(2) 对原案件处理可能存在错误或瑕疵的，向政法机关提出建议，促使问题进入法律程序解决；(3) 对信访人生活困难，符合相关救助规定的，协助申请人开展救助申请工作。2016 年，国家信访局和司法部联合下发《关于深入开展律师参与信访工作的意见》，明确律师在信访工作中的主要任务是参与接待群众来访、参与处理疑难复杂信访事项、服务信访工作决策、参与信访督查等。当前，全国各省、自治区、直辖市和大部分市县都开展了律师参与信访工作，在发挥律师专业优势，引导信访群众通过法定程序表达诉求、依靠法律手段解决纠纷，提高相关部门运用法律思维和法治方式解决问题、化解矛盾的能力方面发挥了重要作用。

（二）严格依法行政与公正司法

法治信仰产生于对法治精神所蕴含的公平、正义等内在价值的追求与实践中，产生于对法治精神的认同感与归依感中，是法治认知、法治情感、法治意识的有机统一。习近平总书记深刻指出："弘扬社会主义法治精神，引导群众遇事找法、解决问题靠法，逐步改变社会上那种遇事不是找法而是找人的现象。……关键是要以实际行动让老百姓相信法不容情、法不阿贵，只要是合理合法的诉求，就能通过法律程序得到合理合法的结果。"① 因此，各级机关、单位和国家工作人员做严格守法的模范，本身就是最好的普法，将有力地带动广大群众学法守法，在全社会形成崇尚法律、遵守法律、维护法律的良好风尚。

所以，要把法治教育与法治实践紧密结合起来，将科学立法、严格执法、公正司法、全民守法一体推进，使立法工作、监督工作、行政执法、司法审判的过程都成为宣传法律、弘扬法治精神的过程，让人民群众在人大每一次立法、政府每一项执法措施、司法机关每一个案件审判中感受到公平正义，引导公民依法维护权益、自觉履行义务。当前最迫切的是推进严格依法行政和公正司法。

---

① 习近平：《严格执法，公正司法》，载中共中央文献研究室编：《十八大以来重要文献选编》（上），中央文献出版社2014年版，第722页。

习近平总书记指出："推进全面依法治国，法治政府建设是重点任务和主体工程，对法治国家、法治社会建设具有示范带动作用，要率先突破。"[①] 在我国，各级政府是国家法律规定的主要实施者，是国家治理体系有效运转的纽带和中枢。只有各级政府成为法治政府，国家才有可能成为法治国家，社会才有可能成为法治社会。要推进严格执法，加强执法监督，规范执法队伍，创新执法方式，切实解决好执法不规范、不严格、不文明、不作为、乱作为等问题，深入推进法治政府建设。

司法公正对社会风气和人心凝聚具有重要的引领作用，司法不公则对社会发展产生很大的破坏作用，可能引起人心混乱、社会失范。各级司法部门要坚持以事实为依据、以法律为准绳，实行办案质量终身负责制和错案责任倒查问责制，确保每个案件都经得起法律和历史的检验，使人民群众在每一个司法案件中感受到公平正义，不断提高司法公信力。

（三）依法受理办理信访事项

信访事项的受理办理作为信访工作法治化要求的直接实践，最容易被人民群众直接感知。因此，在信访工作中，要把法治化要求贯彻到各个方面各个环节，使各项工作成为弘扬社会主义法治精神的有效行动，从而在全社会树立起依法信访能够维护自身合法权益、维护自身合法权益必须依法的观念。

教育引导群众依法理性表达诉求的前提是积极主动、真心

---

① 习近平：《坚定不移走中国特色社会主义法治道路 为全面建设社会主义现代化国家提供有力法治保障》，载《求是》2021 年第 5 期。

实意地帮助解决他们反映的实际问题，全面推进“阳光信访”，解决职责不清、工作随意、办理不透明、效率不高等问题，形成与时代特征、法治要求、群众期待同频共振的信访工作新格局，让人们感受到“合理合法诉求依照法律规定和程序就能得到合理合法的结果”。实践中，大多数群众的信访行为一开始往往是理性守法的，但在多次反映问题得不到解决后，尤其是某些有权处理的机关、单位及其工作人员因官僚主义等原因敷衍推诿，就可能导致信访群众失去耐心，进而采取非理性的诉求表达方式。因此，各级各部门应严格遵守《信访工作条例》和法律法规政策规定，认真按照“三到位一处理”的要求依法及时解决好群众合理合法诉求，维护好群众合法权益。

第四节　推进信访法规制度建设

法治是治国理政的基本方式，在保障权益、化解矛盾、维护稳定上具有明晰权责、稳定预期、不留隐患的优势。在推动信访工作法治化建设中，需要坚持把法治理念和依法治国要求贯彻到信访制度运行之中，建立完备的信访法规制度体系，实现各级机关、单位信访工作职责法定、权责一致。

一、信访法规制度建设的成效

党中央、国务院高度重视信访工作法治化建设，就信访工作出台了一系列法规制度。目前，以《信访工作条例》为主的信访工作法规制度体系基本建成。

（一）在信访工作法治化总体部署方面

2005 年，国务院颁布了新修订的《信访条例》；2007 年，中共中央、国务院印发了《关于进一步加强新时期信访工作的意见》，明确提出推进信访工作的制度化、规范化、法制化；2013 年 12 月，中办、国办印发《关于依法处理涉法涉诉信访问题的意见》，提出实行诉访分离制度，把涉及民商事、行政、刑事等诉讼权利救济的信访事项从普通信访体制中分离出来，由政法机关依法处理；2013 年 12 月，中办、国办印发《关于创新群众工作方法解决信访突出问题的意见》，对进一步畅通和规范群众诉求表达渠道提出要求；2014 年 10 月，党的十八届四中全会强调，“把信访纳入法治化轨道，保障合理合法诉求依照法律规定和程序就能得到合理合法的结果”；2017 年 9 月，中办、国办印发关于进一步加强信访法治化建设的有关文件，进一步明确了信访制度的改革目标和发展方向；2021 年 12 月，中办、国办印发《关于加强新时代网上信访工作的意见》，部署进一步加强新时代网上信访工作，提升信访工作科学化、信息化、规范化水平；2022 年 2 月，党中央、国务院印发了《信访工作条例》，对新时代信访工作改革发展起到了重要的规范、引领和保障作用。

（二）在畅通信访渠道方面

党的十八届三中全会把“实行网上受理信访制度”作为信

访工作制度改革的一项重要内容作出部署。2015 年，国务院制定《关于积极推进“互联网+”行动的指导意见》，要求“深入推进网上信访，提高信访工作质量、效率和公信力”。国家信访局依托互联网建立国家信访信息系统，全国各地区各部门接收的来信、来访和网上投诉事项受理办理全过程在信息系统中流转，群众可以通过互联网进行投诉并查询信访事项受理办理进展和结果、进行满意度评价，上级机关还可以对下级机关受理办理情况进行跟踪和督办。2016 年 7 月，国家信访局开通手机信访客户端，同年 9 月，正式开通运行官方微信公众号，群众可以随时随地通过手机在线进行投诉，实时查询信访事项办理情况并进行满意度评价。2018 年，开展信访业务智能辅助系统应用建设，运用信息化智能化手段，提高信访工作质量和效率。国家信访局将加快信访工作信息化步伐作为信访工作“十四五”规划的重要内容。2021 年 12 月，中办、国办印发《关于加强新时代网上信访工作的意见》，进一步推动网上信访成为群众信访的重要渠道、各级领导干部走好网上群众路线的重要阵地、党和政府联系群众服务群众的重要平台。党的二十大提出“畅通和规范群众诉求表达、利益协调、权益保障通道”，为做好新时代新征程信访工作提出了明确要求、指明了前进方向。

（三）在依法规范受理办理方面

按照党中央决策部署，国家信访局开展了一系列建章立制工作。2014 年，印发《关于进一步规范信访事项受理办理程序引导来访人依法逐级走访的办法》，进一步强化属地责任、引导来访人依法逐级走访；印发《关于进一步加强初信初访办理工作的办法》，规范工作程序，压实首办责任；印发《信访事项办理群众满意度评价工作办法》，以群众满意度评价倒逼信访工作机构和有权处理机关落实责任、工作到位。2015 年，印发《关于进一步加强和规范联合接访工作的意见》，要求整合资源力量，及时就地解决信访问题；印发《信访事项网上办理工作规程（试行）》，要求进一步推动信访事项网上办理工作规范化。2016 年，印发《信访事项简易办理办法（试行）》，要求对诉求简单明了的信访事项，简化程序，缩短时限，更加方便快捷地受理、办理；印发《关于进一步加强和规范信访事项实地督查工作的意见》，规范和提升实地督查效能；印发《中央和国家机关信访事项受理办理工作有关规定（试行）》，规范中央和国家机关信访事项受理办理程序。2019 年，制定信访事项《概况要素及录入规则》等八项业务规则，加强信访基础业务规范化标准化建设。2021 年，制定“十四五”时期信访工作发展规划，明确了信访工作的指导思想、工作目标和任务要求。在诉访分离和依法分类处理信访诉求方面，从 2013 年下半年开始，国家信访局牵头中央有关部委共同推进依法分类处理信访诉求工作，在行政体系内部进一步厘清信访途径与仲裁、行政复议等其他法定途径的界限。2017 年，国家信访局出台《依法分类处理信访诉求工作规则》，进一步推进此项工作。2022 年 2 月《信访工作条例》出台后，国家信访局加强条例配套制度建设，开展文件清理工作，对上述规范性文件进一步修改完善。

（四）在严肃追责问责方面

2016年10月，中办、国办印发《信访工作责任制实施办法》，从制度层面强化了信访工作责任，失责必问、问责必严，树立了及时就地解决群众信访问题的正确工作导向。《信访工作条例》构建起包括监督责任、监督机制、责任追究在内的较为完整的监督体系，与《中国共产党党内监督条例》《中国共产党纪律处分条例》《监察法》《公职人员政务处分法》《治安管理处罚法》《刑法》等党内法规和法律实现有序衔接。一是强化党委和政府监督。要求党委和政府组织专项督查，信访工作联席会议及其办公室、党委和政府信访部门、党委和政府督查部门开展督查，每年对信访工作情况进行考核、通报。二是强化信访部门监督。明确信访部门提出改进工作、完善政策和追究责任“三项建议”的职责，建立信访情况报告制度。三是强化责任追究。明确机关、单位的引发问题责任、登记转送交办责任、受理问题责任、处理问题责任以及其他责任。

（五）在维护信访秩序方面

2019年，最高人民法院、最高人民检察院、公安部印发《关于依法处理信访活动中违法犯罪行为的指导意见》，为维护社会治安秩序，引导信访人合法维权提供了法律保障。对信访活动中违法行为的处理，仍应当适用《治安管理处罚法》《刑法》等相关规定。对信访人滋事扰序、缠访闹访及歪曲事实、诬告陷害他人等行为，构成违反治安管理行为的，依法给予治安管理处罚；构成犯罪的，依法追究刑事责任。《信访工作条例》第四十七条按照权利与义务对等、法律责任与行为相适应的原则，规定了信访人扰乱信访工作秩序、诬告陷害等违法行为的法律后果。

（六）在完善各项配套制度方面

《信访工作条例》是自新中国成立以来党中央、国务院制定出台的第一部全面规范信访工作的法规制度文件，是新时代信访制度改革的标志性成果，是在新的历史起点上推动实现信访工作高质量发展的纲领性文件。制定出台《信访工作条例》是新中国信访工作 70 多年发展史上具有里程碑意义的一件大事，回答了新时代信访工作重大理论和实践问题，体现了党的十八大以来信访工作取得的理论成果、制度成果、实践成果。中央信访工作联席会议办公室、国家信访局专门下发通知，对完善条例配套政策措施作出安排部署，明确提出建成完善的制度体系工作目标，统筹指导推动全国信访法规制度建设，带头对制度规范全面梳理，形成计划清单，分批分期对有关文件进行修订或废止。各地区各部门结合实际，对涉及信访工作的制度规定进行清理、修订和完善。中央和国家机关依据《信访工作条例》，修订完善本级以及本系统本领域信访工作制度规定。

二、关于完善信访法规制度的思考

信访工作是党的群众工作的重要组成部分，是各级机关、单位都在做的一项工作，既涉及公权力机关、单位的内部运行，又涉及公权力机关、单位与个人、其他组织之间的关系，必须构建全覆盖、统一的工作机制和工作程序，特别是要强化信访法规制度建设。

在推进预防法治化方面，《信访工作条例》第十条规定，各级政府要“科学民主决策、依法履行职责”，结合《关于建立健全重大决策社会稳定风险评估机制的指导意见（试行）》《重大行政决策程序暂行条例》等制定实施细则，推动信访部门积极有效参与社会稳定风险评估，更好地推动“事后维稳”向“事前预防”转变，为制定决策、完善政策、源头预防和矛盾化解提供有价值参考。强化矛盾纠纷排查化解，做好《信访工作条例》同中共中央、国务院《关于加强基层治理体系和治理能力现代化建设的意见》的衔接，充分调动各方积极性，特别是整合信访、综治、公安、司法等资源力量，依托城乡社区网格化管理和服务，共同开展矛盾纠纷排查，确保随时了解、发现、掌握各种矛盾纠纷和苗头隐患。全面夯实基层基础，推动各类资源和力量下沉到基层一线，依法、及时、就地化解各类矛盾纠纷，不断提高基层矛盾纠纷化解和信访工作质效，防止向信访问题转化。

在推进受理法治化方面，按照《信访工作条例》和关于进一步加强信访法治化建设的有关文件要求，进一步规范信访部门和有权处理的机关、单位受理信访事项的范围、流程、时限等，把事项层级区分清楚、把问题性质区分清楚、把是否受理区分清楚，做到精准导入、精准分流，并完善告知制度，细化完善告知单、交办单等配套文书表格。对应该受理的信访事项认真审核、准确分类、严格把关，确保精准转交到有权处理的机关、单位；明确不受理的情形，各级信访部门和有关机关、单位应严格执行，并耐心细致做好群众工作，解疑释惑、化解心结，讲清解决问题的路径、应该遵守的秩序；健全完善本地区本领域依法分类处理信访诉求清单和办理时限制度，并向社会公布。同时，进一步修订完善信访数据统计工作办法，准确界定各项数据的内涵、外延，统筹数据统计，确保数据准确。

在推进办理法治化方面，研究制定处理意见书、复查意见书、复核意见书等具备法律效力的制度和规定，相关文书、协议出具、签订前必须经过法律审查，进一步增强其合法性、约束力。协调处理“三跨三分离”信访事项，进一步建立完善沟通协调机制，认真听取涉事各方意见，在充分沟通协商的基础上，明确责任主体及各方责任、解决问题思路方法和相关工作要求，形成协调意见，调动地方和部门解决问题的主动性、积极性，并跟踪落实，推动问题解决。落实“三到位一处理”要求，进一步完善针对性、可操作性强的实施意见，细化具体工作标准、方式方法，为各地区各部门处理信访问题提供依据，把群众合法合理的利益诉求解决好，坚决防止以“一处理”代替“三到位”，千方百计为群众排忧解难。研究制定完善房地产开发管理、集资融资等领域疑难复杂信访问题处理办法和工作机制，更有效地推动相关领域信访突出问题化解。进一步制定完善处理诉访相关配套制度规定，准确区分涉法涉诉信访事项的“诉”与“访”，解决好涉法涉诉信访依法终结制度落实难、终结事项解释疏导和帮扶救助的责任落实难等问题。进一步完善信访事项复查复核制度，不断提升复查复核工作的有效性、权威性、公信力，建立相关工作机制和对信访人的有效约束机制，引导信访人按程序申请复查复核，充分运用复查复核结论，实现已经复查复核事项有序退出信访程序。

在推进监督追责法治化方面，信访部门会同纪检监察机关结合《中国共产党纪律处分条例》《中国共产党问责条例》《监察法》等，进一步研究完善信访工作纪律方面的法规制度，对追责问责情形、方式等细化相关规定，增强针对性、实用性、操作性。研究完善信访部门与纪检监察、组织部门定期沟通协作机制，建立线索移交、处理、反馈等工作机制。修订完善信访部门提出“三项建议”的具体实施办法，加强对信访事项受理、办理、引发信访问题责任的追究。建立健全督查与提出改进工作、完善政策、追究责任建议相贯通的工作机制，对贯彻落实党中央决策部署和要求不及时不到位的限期整改，对发现的普遍性、典型性信访突出问题督促化解，对严重侵害群众合法权益的依法问责，对发现的党员干部涉嫌违纪违法问题线索移送纪检监察机关或主管部门处理。严格按照“五个法治化”“四个到位”要求，进一步改进信访工作考核，充分考虑各地区人口、经济发展情况差异，科学设置考核指标，客观评价信访工作成效，特别是通过强化监督问责，督促相关职能部门履职尽责，及时解决群众急难愁盼问题，维护人民群众根本利益，树立以依法依规解决群众合理诉求为重点的信访工作考核导向。

在推进维护秩序法治化方面，《信访工作条例》明确规定了信访人“六个不得”，工作中还需要进一步完善信访人违法行为处理具体办法，明确缠访闹访行为具体认定标准，尤其是对法、理、情都无合理成分且长期缠访闹访的信访人和借助信访问题煽动、策划、组织上访的，由公安机关介入，固定证据，依法打击。各级政法机关应会同信访部门，对关于依法处理信访活动中违法犯罪行为的指导文件执行情况进行“回头看”，依法维护信访秩序。推动信访部门同公安机关、人民检察院、人民法院加强交流，建立定期工作沟通机制；政法部门之间做好内部协作，积极引导群众依法维权。对信访人滋事扰序、缠访闹访及歪曲事实、诬告陷害他人等行为，构成违反治安管理行为的，依法给予治安管理处罚；构成犯罪的，依法追究刑事责任。通过典型案例加强宣传引导，让信访群众明白既有依法反映诉求的权利，也有遵守法律法规、服从依法处理结论的义务，自觉摒弃以闹求解决，以访谋私利、无理缠访闹访等行为。

第五节　加强信访工作信息化建设

随着信息技术不断创新、信息产业持续发展、信息网络广泛普及，信息化成为全球经济社会发展的显著特征。党的十八大以来，全国信访系统深入贯彻落实中央有关部署要求，紧紧围绕提升信访工作效能和公信力，大力推动信访工作信息化建设，为信访工作法治化提供了有力支撑。

一、信访工作信息化建设取得显著成效

依托互联网建立的国家信访信息系统，构建了“信息网上录入、流程网上管理、活动网上督查、绩效网上考评”的信访工作新模式，依法按流程登记、受理、办理、督办、评价，将业务流程通过信息技术实现再造，有效促进了信访工作规范化、法治化。

（一）建设统一平台，畅通信访渠道

建设国家信访信息系统是党的十八届三中全会作出的重要部署。自2015年1月1日国家信访信息系统正式上线投入使用以来，各地先后开通了门户网站网上信访、手机信访APP和微信信访，打造从“网上”到“掌上”的网上信访平台，方便群众随时随地提出信访诉求和建议；依托门户网站、手机端应用和12303短信平台，为信访群众自动推送信访事项办理情况，方便群众对办理情况、处理结果进行满意度评价，实现了信访事项网上办理、网上回复；通过对门户网站、手机端应用进行适老化改造，进一步提升网上信访的便民性、易用性。群众动动手指就可以随时反映信访问题、查询办理情况、评价办理结果，实现“数据多跑路、群众少跑腿”，在提高信访事项办理效率的同时，还降低了群众信访成本，极大地方便了信访群众。网上信访在全国信访总量中的占比稳步提升，逐渐成为群众信访重要渠道。

（二）扩大应用覆盖，促进互通互享

国家信访信息系统依托国家电子政务外网建设，截至2023年底，与全国31个省（区、市）和新疆生产建设兵团信访局（办），中央和国家机关66个部门实现了信访业务信息互通，各地各级职能部门接入量已突破35万家，不少地方已经延伸到了街道、社区和村居，各地网上信访和领导信箱接入量持续增加，已超过5万个。系统覆盖"横向到边、纵向到底"的框架已基本形成，为推进信访业务协同与跨层级、跨地域、跨部门信访数据共享应用工作提供了平台。

（三）统一业务标准，推动工作规范

国家信访信息系统实行信访业务全口径网上流转，信访事项的登记、受理、办理、督办全过程公开，严格遵循统一的业务标准和操作规程，以标准的统一规范，推动信访业务工作的规范化、法治化。

一是统一信访业务术语和数据交换标准，同时按照信访工作法治化的要求，统一对受理、调解、仲裁、行政办理、法院审判、法律监督、监督追责、维护秩序各方面数据进行精细化统计。全面覆盖信访形式、业务流程、工作范围，使每一个信访事项在系统中的数据信息，无论是在国家信访局、中央国家机关信访工作机构，还是在各省、市、县三级信访工作机构包括乡镇街道都一样，保证了信访业务数据的一致性。

二是动态调整信访业务数据标准，以适应信访业务的发展

变化。国家信访信息系统自 2015 年上线以来，每年都会根据行政区划、组织机构、信访业务以及重点专项工作的调整进行相应的修订。比如，2020 年修订《信访事项内容分类》，以适应我国经济社会发展新形势新任务，增强工作的针对性有效性；2023 年修订《信访业务术语》，紧扣信访部门职能，反映信访工作实际，准确界定相关业务术语。

三是对信访业务数据进行标准化定义的同时兼顾开创性，即只对基础数据的基础项目进行定义，为地方预留了创新和拓展的空间，各地在设计开发信访信息系统时可以充分考虑本地实际，因地制宜组织实施，最大限度地保证了系统的生命力。

四是稳定高效开展信访数据交换。通过统一的数据交换标准实现数据共享，将下行数据和上行数据分时段进行交换，以保证全国信访数据的集中共享，最大限度降低数据交换对系统资源的占用，减少对日常工作中受理办理信访事项的影响。

（四）丰富拓展功能，提升工作效果

国家信访信息系统功能设计聚焦服务信访群众、服务业务办理、服务领导决策三方面，充分发挥移动互联、人工智能、信访大数据优势，以便捷、高效、公开、透明的特点，为打造网上信访主渠道提供有力技术支撑。

在服务信访群众方面，顺应“互联网+”发展趋势，持续优化完善网上投诉、网上建议受理平台，推进适老化和易用性改造，为信访群众提供信访事项办理情况查询和满意度评价服务；顺应新媒体、新技术的发展趋势，搭建群众诉求表达新平台，

2016年相继开通了手机信访和微信信访，方便群众随时随地提出诉求、了解动态、查询结果、评价工作，在便民快捷高效上实现新突破，进一步拓宽了信访渠道，为打造网上信访主渠道提供了有力保障。

在服务业务办理方面，国家信访信息系统实现了信访事项从登记、判重、转送交办、督查督办、查询评价、统计分析，到出具处理意见书、复查复核意见书等信访业务全流程网上流转，并积极探索应用人工智能技术，研发上线了智能辅助业务办理组件，实现了信访事项智能判重和要素信息智能采集，为信访事项办理提供了更为高效智能的应用平台。系统覆盖了全部的信访形式和业务流程工作范围，形成了信访网上投、事项网上办、结果网上评、问题网上督、形势网上判的全新信访工作模式。从群众信访开始，到信访事项办结，业务流程清晰、标准，每个环节都可追踪，明确了各个部门的责任，信访群众可随时查询，为信访群众和工作人员都提供了强大的保障。

在服务领导决策方面，通过信访数据图形化展示，直观反映全国信访总量、昨日信访、绩效考核等数据情况，积极探索科学运用信访大数据的有效途径，充分发挥其在社会矛盾源头预防与治理工作中的重要作用。在关注信访总量的同时，聚焦重点领域信访问题，研发了信访数据智能分析平台，先后上线了城乡建设、农业农村、教育、劳动社保等重点领域专题分析系统，进一步提升了数据分析的深度和准确度；聚焦系统聚类热词问题、政策关联分析研发了大数据监测功能，及时发现苗头性、倾向性问题，提升系统研判能力，为特定领域的分析研判提供更为全面精准的数据支撑。

二、不断提升信访工作信息化水平

国家信访信息系统将以实现信访工作更高水平信息化为目标，在互联互通、标准体系建设、功能发挥等方面实现新突破，更好服务于信访工作法治化建设。

（一）大力抓好推广使用

一是扩大覆盖面，加强互联互通。加快推进国家信访信息系统与中央各有关部门互联互通、全面应用，并接入矛盾纠纷多元化解平台。建立政法部门、纪检监察部门与信访部门的信息共享机制，打破部门界限和数据壁垒。加快各级信访信息系统的建设联通、功能优化和深度应用，促进上下贯通、左右协同。二是加强信息化培训，使一线信访干部能够熟练使用信访信息系统。将信息化教育纳入信访干部尤其是一线信访干部教育培训总体规划，加强对信访事项受理办理操作流程的培训，不断提高信访干部运用现代信息技术的能力。三是严格实行网上登记办理，实现业务工作全面信息化。做到全部信访事项从登记到办理全流程在信访信息系统中操作，从源头上确保信访基础数据真实、准确、全面。

（二）加强信访信息系统标准体系建设

随着经济社会发展以及信访工作实际变化，修订完善信访信息系统应用标准。进一步统一规范业务术语、内容分类、公文格式、分析指标、统计口径以及信息交换等标准，修订完善信访行业数据标准，包括业务标准规范、数据交换标准规范、网络基础设施标准规范、管理标准规范、应用标准规范、应用支撑标准规范等，构建以信访事项为基本单元的标准体系。开展依法分类处理信访诉求工作标准化试点。选择部分行业或领域，将处理信访诉求的法定途径程序性要求嵌入国家信访信息系统，形成上下贯通的规范约束，保障依法分类处理的工作要求在市县两级落地落细落实，适时推广标准化应用。对照“预防法治化、受理法治化、办理法治化、监督追责法治化、维护秩序法治化”要求，增加、完善不同业务模块，改进、更新业务流程，不断满足信访法治化工作需求。

（三）充分发挥信访信息系统功能

一是有效服务信访工作规范开展。不断健全完善网上流转、部门办理、全程监督的信访事项受理办理机制，通过业务全覆盖、信息全录入，确保每件信访事项在网上全程留痕迹、实时可跟踪，为信访事项的及时受理办理、压实各环节责任以及责任追究提供技术支撑，以信息化助力信访工作法治化。二是强化信访大数据分析利用。鼓励有条件的地方引入高校、科研院所等开展大数据分析，进一步提升分析研判的深度和精度，加强重点问题、重点领域、重点地区等方面信访问题分析预测预警，为制定完善政策、成批解决信访问题、科学督查督办、防范化解风险提供辅助和参考。

附　录

信访工作条例

（2022 年 1 月 24 日中共中央政治局会议审议批准
2022 年 2 月 25 日中共中央、国务院发布）

第一章　总　　则

第一条　为了坚持和加强党对信访工作的全面领导，做好新时代信访工作，保持党和政府同人民群众的密切联系，制定本条例。

第二条　本条例适用于各级党的机关、人大机关、行政机关、政协机关、监察机关、审判机关、检察机关以及群团组织、国有企事业单位等开展信访工作。

第三条　信访工作是党的群众工作的重要组成部分，是党和政府了解民情、集中民智、维护民利、凝聚民心的一项重要工作，是各级机关、单位及其领导干部、工作人员接受群众监督、改进工作作风的重要途径。

第四条　信访工作坚持以马克思列宁主义、毛泽东思想、邓小平理论、“三个代表”重要思想、科学发展观、习近平新时代中国特色社会主义思想为指导，贯彻落实习近平总书记关于加强和改进人民信访工作的重要思想，增强“四个意识”、坚定“四个自信”、做到“两个维护”，牢记为民解难、为党分忧的政治责任，坚守人民情怀，坚持底线思维、法治思维，服务党和国家工作大局，维护群众合法权益，化解信访突出问题，促进社会和谐稳定。

第五条　信访工作应当遵循下列原则：

（一）坚持党的全面领导。把党的领导贯彻到信访工作各方面和全过程，确保正确政治方向。

（二）坚持以人民为中心。践行党的群众路线，倾听群众呼声，关心群众疾苦，千方百计为群众排忧解难。

（三）坚持落实信访工作责任。党政同责、一岗双责，属地管理、分级负责，谁主管、谁负责。

（四）坚持依法按政策解决问题。将信访纳入法治化轨道，依法维护群众权益、规范信访秩序。

（五）坚持源头治理化解矛盾。多措并举、综合施策，着力点放在源头预防和前端化解，把可能引发信访问题的矛盾纠纷化解在基层、化解在萌芽状态。

第六条　各级机关、单位应当畅通信访渠道，做好信访工作，认真处理信访事项，倾听人民群众建议、意见和要求，接受人民群众监督，为人民群众服务。

第二章　信访工作体制

第七条　坚持和加强党对信访工作的全面领导，构建党委统一领导、政府组织落实、信访工作联席会议协调、信访部门推动、各方齐抓共管的信访工作格局。

第八条　党中央加强对信访工作的统一领导：

（一）强化政治引领，确立信访工作的政治方向和政治原则，严明政治纪律和政治规矩；

（二）制定信访工作方针政策，研究部署信访工作中事关党和国家工作大局、社会和谐稳定、群众权益保障的重大改革措施；

（三）领导建设一支对党忠诚可靠、恪守为民之责、善做群众工作的高素质专业化信访工作队伍，为信访工作提供组织保证。

第九条 地方党委领导本地区信访工作，贯彻落实党中央关于信访工作的方针政策和决策部署，执行上级党组织关于信访工作的部署要求，统筹信访工作责任体系构建，支持和督促下级党组织做好信访工作。

地方党委常委会应当定期听取信访工作汇报，分析形势，部署任务，研究重大事项，解决突出问题。

第十条 各级政府贯彻落实上级党委和政府以及本级党委关于信访工作的部署要求，科学民主决策、依法履行职责，组织各方力量加强矛盾纠纷排查化解，及时妥善处理信访事项，研究解决政策性、群体性信访突出问题和疑难复杂信访问题。

第十一条 中央信访工作联席会议在党中央、国务院领导下，负责全国信访工作的统筹协调、整体推进、督促落实，履行下列职责：

（一）研究分析全国信访形势，为中央决策提供参考；

（二）督促落实党中央关于信访工作的方针政策和决策部署；

（三）研究信访制度改革和信访法治化建设重大问题和事项；

（四）研究部署重点工作任务，协调指导解决具有普遍性的信访突出问题；

（五）领导组织信访工作责任制落实、督导考核等工作；

（六）指导地方各级信访工作联席会议工作；

（七）承担党中央、国务院交办的其他事项。

中央信访工作联席会议由党中央、国务院领导同志以及有关部门负责同志担任召集人，各成员单位负责同志参加。中央信访工作联席会议办公室设在国家信访局，承担联席会议的日常工作，督促检查联席会议议定事项的落实。

第十二条 中央信访工作联席会议根据工作需要召开全体会议或者工作会议。研究涉及信访工作改革发展的重大问题和重要信访事项的处理意见，应当及时向党中央、国务院请示报告。

中央信访工作联席会议各成员单位应当落实联席会议确定的工作任务和议定事项，及时报送落实情况；及时将本领域重大敏感信访问题提请联席会议研究。

第十三条 地方各级信访工作联席会议在本级党委和政府领导下，负责本地区信访工作的统筹协调、整体推进、督促落实，协调处理发生在本地区的重要信访问题，指导下级信访工作联席会议工作。联席会议召集人一般由党委和政府负责同志担任。

地方党委和政府应当根据信访工作形势任务，及时调整成员单位，健全规章制度，建立健全信访信息分析研判、重大信访问题协调处理、联合督查等工作机制，提升联席会议工作的科学化、制度化、规范化水平。

根据工作需要，乡镇党委和政府、街道党工委和办事处可以建立信访工作联席会议机制，或者明确党政联席会定期研究本地区信访工作，协调处理发生在本地区的重要信访问题。

第十四条 各级党委和政府信访部门是开展信访工作的专门机

构，履行下列职责：

（一）受理、转送、交办信访事项；

（二）协调解决重要信访问题；

（三）督促检查重要信访事项的处理和落实；

（四）综合反映信访信息，分析研判信访形势，为党委和政府提供决策参考；

（五）指导本级其他机关、单位和下级的信访工作；

（六）提出改进工作、完善政策和追究责任的建议；

（七）承担本级党委和政府交办的其他事项。

各级党委和政府信访部门以外的其他机关、单位应当根据信访工作形势任务，明确负责信访工作的机构或者人员，参照党委和政府信访部门职责，明确相应的职责。

第十五条 各级党委和政府以外的其他机关、单位应当做好各自职责范围内的信访工作，按照规定及时受理办理信访事项，预防和化解政策性、群体性信访问题，加强对下级机关、单位信访工作的指导。

各级机关、单位应当拓宽社会力量参与信访工作的制度化渠道，发挥群团组织、社会组织和“两代表一委员”、社会工作者等作用，反映群众意见和要求，引导群众依法理性反映诉求、维护权益，推动矛盾纠纷及时有效化解。

乡镇党委和政府、街道党工委和办事处以及村（社区）“两委”应当全面发挥职能作用，坚持和发展新时代“枫桥经验”，积极协调处理化解发生在当地的信访事项和矛盾纠纷，努力做到小事不出村、大事不出镇、矛盾不上交。

第十六条　各级党委和政府应当加强信访部门建设，选优配强领导班子，配备与形势任务相适应的工作力量，建立健全信访督查专员制度，打造高素质专业化信访干部队伍。各级党委和政府信访部门主要负责同志应当由本级党委或者政府副秘书长〔办公厅（室）副主任〕兼任。

各级党校（行政学院）应当将信访工作作为党性教育内容纳入教学培训，加强干部教育培训。

各级机关、单位应当建立健全年轻干部和新录用干部到信访工作岗位锻炼制度。

各级党委和政府应当为信访工作提供必要的支持和保障，所需经费列入本级预算。

第三章　信访事项的提出和受理

第十七条　公民、法人或者其他组织可以采用信息网络、书信、电话、传真、走访等形式，向各级机关、单位反映情况，提出建议、意见或者投诉请求，有关机关、单位应当依规依法处理。

采用前款规定的形式，反映情况，提出建议、意见或者投诉请求的公民、法人或者其他组织，称信访人。

第十八条　各级机关、单位应当向社会公布网络信访渠道、通信地址、咨询投诉电话、信访接待的时间和地点、查询信访事项处理进展以及结果的方式等相关事项，在其信访接待场所或者网站公布与信访工作有关的党内法规和法律、法规、规章，信访事项的处理程序，以及其他为信访人提供便利的相关事项。

各级机关、单位领导干部应当阅办群众来信和网上信访、定期接待群众来访、定期下访，包案化解群众反映强烈的突出问题。

市、县级党委和政府应当建立和完善联合接访工作机制，根据工作需要组织有关机关、单位联合接待，一站式解决信访问题。

任何组织和个人不得打击报复信访人。

第十九条 信访人一般应当采用书面形式提出信访事项，并载明其姓名（名称）、住址和请求、事实、理由。对采用口头形式提出的信访事项，有关机关、单位应当如实记录。

信访人提出信访事项，应当客观真实，对其所提供材料内容的真实性负责，不得捏造、歪曲事实，不得诬告、陷害他人。

信访事项已经受理或者正在办理的，信访人在规定期限内向受理、办理机关、单位的上级机关、单位又提出同一信访事项的，上级机关、单位不予受理。

第二十条 信访人采用走访形式提出信访事项的，应当到有权处理的本级或者上一级机关、单位设立或者指定的接待场所提出。

信访人采用走访形式提出涉及诉讼权利救济的信访事项，应当按照法律法规规定的程序向有关政法部门提出。

多人采用走访形式提出共同的信访事项的，应当推选代表，代表人数不得超过 5 人。

各级机关、单位应当落实属地责任，认真接待处理群众来访，把问题解决在当地，引导信访人就地反映问题。

第二十一条 各级党委和政府应当加强信访工作信息化、智能化建设，依规依法有序推进信访信息系统互联互通、信息共享。

各级机关、单位应当及时将信访事项录入信访信息系统，使网上信访、来信、来访、来电在网上流转，方便信访人查询、评价信访事项办理情况。

第二十二条　各级党委和政府信访部门收到信访事项，应当予以登记，并区分情况，在15日内分别按照下列方式处理：

（一）对依照职责属于本级机关、单位或者其工作部门处理决定的，应当转送有权处理的机关、单位；情况重大、紧急的，应当及时提出建议，报请本级党委和政府决定。

（二）涉及下级机关、单位或者其工作人员的，按照“属地管理、分级负责，谁主管、谁负责”的原则，转送有权处理的机关、单位。

（三）对转送信访事项中的重要情况需要反馈办理结果的，可以交由有权处理的机关、单位办理，要求其在指定办理期限内反馈结果，提交办结报告。

各级党委和政府信访部门对收到的涉法涉诉信件，应当转送同级政法部门依法处理；对走访反映涉诉问题的信访人，应当释法明理，引导其向有关政法部门反映问题。对属于纪检监察机关受理的检举控告类信访事项，应当按照管理权限转送有关纪检监察机关依规依纪依法处理。

第二十三条　党委和政府信访部门以外的其他机关、单位收到信访人直接提出的信访事项，应当予以登记；对属于本机关、单位职权范围的，应当告知信访人接收情况以及处理途径和程序；对属于本系统下级机关、单位职权范围的，应当转送、交办有权处理的机关、单位，并告知信访人转送、交办去向；对不属于本机关、单位或者本系统职权范围的，应当告知信访人向有权处理的机关、单位提出。

对信访人直接提出的信访事项，有关机关、单位能够当场告知的，应当当场书面告知；不能当场告知的，应当自收到信访事项之日起 15 日内书面告知信访人，但信访人的姓名（名称）、住址不清的除外。

对党委和政府信访部门或者本系统上级机关、单位转送、交办的信访事项，属于本机关、单位职权范围的，有关机关、单位应当自收到之日起 15 日内书面告知信访人接收情况以及处理途径和程序；不属于本机关、单位或者本系统职权范围的，有关机关、单位应当自收到之日起 5 个工作日内提出异议，并详细说明理由，经转送、交办的信访部门或者上级机关、单位核实同意后，交还相关材料。

政法部门处理涉及诉讼权利救济事项、纪检监察机关处理检举控告事项的告知按照有关规定执行。

第二十四条 涉及两个或者两个以上机关、单位的信访事项，由所涉及的机关、单位协商受理；受理有争议的，由其共同的上一级机关、单位决定受理机关；受理有争议且没有共同的上一级机关、单位的，由共同的信访工作联席会议协调处理。

应当对信访事项作出处理的机关、单位分立、合并、撤销的，由继续行使其职权的机关、单位受理；职责不清的，由本级党委和政府或者其指定的机关、单位受理。

第二十五条 各级机关、单位对可能造成社会影响的重大、紧急信访事项和信访信息，应当及时报告本级党委和政府，通报相关主管部门和本级信访工作联席会议办公室，在职责范围内依法及时采取措施，防止不良影响的产生、扩大。

地方各级党委和政府信访部门接到重大、紧急信访事项和信访信息，应当向上一级信访部门报告，同时报告国家信访局。

第二十六条　信访人在信访过程中应当遵守法律、法规，不得损害国家、社会、集体的利益和其他公民的合法权利，自觉维护社会公共秩序和信访秩序，不得有下列行为：

（一）在机关、单位办公场所周围、公共场所非法聚集，围堵、冲击机关、单位，拦截公务车辆，或者堵塞、阻断交通；

（二）携带危险物品、管制器具；

（三）侮辱、殴打、威胁机关、单位工作人员，非法限制他人人身自由，或者毁坏财物；

（四）在信访接待场所滞留、滋事，或者将生活不能自理的人弃留在信访接待场所；

（五）煽动、串联、胁迫、以财物诱使、幕后操纵他人信访，或者以信访为名借机敛财；

（六）其他扰乱公共秩序、妨害国家和公共安全的行为。

第四章　信访事项的办理

第二十七条　各级机关、单位及其工作人员应当根据各自职责和有关规定，按照诉求合理的解决问题到位、诉求无理的思想教育到位、生活困难的帮扶救助到位、行为违法的依法处理的要求，依法按政策及时就地解决群众合法合理诉求，维护正常信访秩序。

第二十八条　各级机关、单位及其工作人员办理信访事项，应当恪尽职守、秉公办事，查明事实、分清责任，加强教育疏导，及时妥善处理，不得推诿、敷衍、拖延。

各级机关、单位应当按照诉讼与信访分离制度要求，将涉及民事、行政、刑事等诉讼权利救济的信访事项从普通信访体制中分离出来，由有关政法部门依法处理。

各级机关、单位工作人员与信访事项或者信访人有直接利害关系的，应当回避。

第二十九条 对信访人反映的情况、提出的建议意见类事项，有权处理的机关、单位应当认真研究论证。对科学合理、具有现实可行性的，应当采纳或者部分采纳，并予以回复。

信访人反映的情况、提出的建议意见，对国民经济和社会发展或者对改进工作以及保护社会公共利益有贡献的，应当按照有关规定给予奖励。

各级党委和政府应当健全人民建议征集制度，对涉及国计民生的重要工作，主动听取群众的建议意见。

第三十条 对信访人提出的检举控告类事项，纪检监察机关或者有权处理的机关、单位应当依规依纪依法接收、受理、办理和反馈。

党委和政府信访部门应当按照干部管理权限向组织（人事）部门通报反映干部问题的信访情况，重大情况向党委主要负责同志和分管组织（人事）工作的负责同志报送。组织（人事）部门应当按照干部选拔任用监督的有关规定进行办理。

不得将信访人的检举、揭发材料以及有关情况透露或者转给被检举、揭发的人员或者单位。

第三十一条 对信访人提出的申诉求决类事项，有权处理的机关、单位应当区分情况，分别按照下列方式办理：

（一）应当通过审判机关诉讼程序或者复议程序、检察机关刑事立案程序或者法律监督程序、公安机关法律程序处理的，涉法涉诉信访事项未依法终结的，按照法律法规规定的程序处理。

（二）应当通过仲裁解决的，导入相应程序处理。

（三）可以通过党员申诉、申请复审等解决的，导入相应程序处理。

（四）可以通过行政复议、行政裁决、行政确认、行政许可、行政处罚等行政程序解决的，导入相应程序处理。

（五）属于申请查处违法行为、履行保护人身权或者财产权等合法权益职责的，依法履行或者答复。

（六）不属于以上情形的，应当听取信访人陈述事实和理由，并调查核实，出具信访处理意见书。对重大、复杂、疑难的信访事项，可以举行听证。

第三十二条 信访处理意见书应当载明信访人投诉请求、事实和理由、处理意见及其法律法规依据：

（一）请求事实清楚，符合法律、法规、规章或者其他有关规定的，予以支持；

（二）请求事由合理但缺乏法律依据的，应当作出解释说明；

（三）请求缺乏事实根据或者不符合法律、法规、规章或者其他有关规定的，不予支持。

有权处理的机关、单位作出支持信访请求意见的，应当督促有关机关、单位执行；不予支持的，应当做好信访人的疏导教育工作。

第三十三条 各级机关、单位在处理申诉求决类事项过程中，可以在不违反政策法规强制性规定的情况下，在裁量权范围内，经争议双方当事人同意进行调解；可以引导争议双方当事人自愿和解。经调解、和解达成一致意见的，应当制作调解协议书或者和解协议书。

第三十四条 对本条例第三十一条第六项规定的信访事项应当自受理之日起60日内办结；情况复杂的，经本机关、单位负责人批准，可以适当延长办理期限，但延长期限不得超过30日，并告知信访人延期理由。

第三十五条 信访人对信访处理意见不服的，可以自收到书面答复之日起30日内请求原办理机关、单位的上一级机关、单位复查。收到复查请求的机关、单位应当自收到复查请求之日起30日内提出复查意见，并予以书面答复。

第三十六条 信访人对复查意见不服的，可以自收到书面答复之日起30日内向复查机关、单位的上一级机关、单位请求复核。收到复核请求的机关、单位应当自收到复核请求之日起30日内提出复核意见。

复核机关、单位可以按照本条例第三十一条第六项的规定举行听证，经过听证的复核意见可以依法向社会公示。听证所需时间不计算在前款规定的期限内。

信访人对复核意见不服，仍然以同一事实和理由提出投诉请求的，各级党委和政府信访部门和其他机关、单位不再受理。

第三十七条 各级机关、单位应当坚持社会矛盾纠纷多元预防调处化解，人民调解、行政调解、司法调解联动，综合运用法律、政策、经济、行政等手段和教育、协商、疏导等办法，多措并举化解矛盾纠纷。

各级机关、单位在办理信访事项时，对生活确有困难的信访人，可以告知或者帮助其向有关机关或者机构依法申请社会救助。符合国家司法救助条件的，有关政法部门应当按照规定给予司法救助。

地方党委和政府以及基层党组织和基层单位对信访事项已经复查复核和涉法涉诉信访事项已经依法终结的相关信访人，应当做好疏导教育、矛盾化解、帮扶救助等工作。

第五章 监督和追责

第三十八条 各级党委和政府应当对开展信访工作、落实信访工作责任的情况组织专项督查。

信访工作联席会议及其办公室、党委和政府信访部门应当根据工作需要开展督查，就发现的问题向有关地方和部门进行反馈，重要问题向本级党委和政府报告。

各级党委和政府督查部门应当将疑难复杂信访问题列入督查范围。

第三十九条 各级党委和政府应当以依规依法及时就地解决信访问题为导向，每年对信访工作情况进行考核。考核结果应当在适当范围内通报，并作为对领导班子和有关领导干部综合考核评价的重要参考。

对在信访工作中作出突出成绩和贡献的机关、单位或者个人，可以按照有关规定给予表彰和奖励。

对在信访工作中履职不力、存在严重问题的领导班子和领导干部，视情节轻重，由信访工作联席会议进行约谈、通报、挂牌督办，责令限期整改。

第四十条 党委和政府信访部门发现有关机关、单位存在违反信访工作规定受理、办理信访事项，办理信访事项推诿、敷衍、拖延、弄虚作假或者拒不执行信访处理意见等情形的，应当及时督办，并提出改进工作的建议。

对工作中发现的有关政策性问题，应当及时向本级党委和政府报告，并提出完善政策的建议。

对在信访工作中推诿、敷衍、拖延、弄虚作假造成严重后果的机关、单位及其工作人员，应当向有管理权限的机关、单位提出追究责任的建议。

对信访部门提出的改进工作、完善政策、追究责任的建议，有关机关、单位应当书面反馈采纳情况。

第四十一条 党委和政府信访部门应当编制信访情况年度报告，每年向本级党委和政府、上一级党委和政府信访部门报告。年度报告应当包括下列内容：

（一）信访事项的数据统计、信访事项涉及领域以及被投诉较多的机关、单位；

（二）党委和政府信访部门转送、交办、督办情况；

（三）党委和政府信访部门提出改进工作、完善政策、追究责任建议以及被采纳情况；

（四）其他应当报告的事项。

根据巡视巡察工作需要，党委和政府信访部门应当向巡视巡察机构提供被巡视巡察地区、单位领导班子及其成员和下一级主要负责人有关信访举报，落实信访工作责任制，具有苗头性、倾向性的重要信访问题，需要巡视巡察工作关注的重要信访事项等情况。

第四十二条 因下列情形之一导致信访事项发生，造成严重后果的，对直接负责的主管人员和其他直接责任人员，依规依纪依法严肃处理；构成犯罪的，依法追究刑事责任：

（一）超越或者滥用职权，侵害公民、法人或者其他组织合法权益；

（二）应当作为而不作为，侵害公民、法人或者其他组织合法权益；

（三）适用法律、法规错误或者违反法定程序，侵害公民、法人或者其他组织合法权益；

（四）拒不执行有权处理机关、单位作出的支持信访请求意见。

第四十三条 各级党委和政府信访部门对收到的信访事项应当登记、转送、交办而未按照规定登记、转送、交办，或者应当履行督办职责而未履行的，由其上级机关责令改正；造成严重后果的，对直接负责的主管人员和其他直接责任人员依规依纪依法严肃处理。

第四十四条 负有受理信访事项职责的机关、单位有下列情形之一的，由其上级机关、单位责令改正；造成严重后果的，对直接负责的主管人员和其他直接责任人员依规依纪依法严肃处理：

（一）对收到的信访事项不按照规定登记；

（二）对属于其职权范围的信访事项不予受理；

（三）未在规定期限内书面告知信访人是否受理信访事项。

第四十五条 对信访事项有权处理的机关、单位有下列情形之一的，由其上级机关、单位责令改正；造成严重后果的，对直接负责的主管人员和其他直接责任人员依规依纪依法严肃处理：

（一）推诿、敷衍、拖延信访事项办理或者未在规定期限内办结信访事项；

（二）对事实清楚，符合法律、法规、规章或者其他有关规定的投诉请求未予支持；

（三）对党委和政府信访部门提出的改进工作、完善政策等建议重视不够、落实不力，导致问题长期得不到解决；

（四）其他不履行或者不正确履行信访事项处理职责的情形。

第四十六条 有关机关、单位及其领导干部、工作人员有下列情形之一的，由其上级机关、单位责令改正；造成严重后果的，对直接负责的主管人员和其他直接责任人员依规依纪依法严肃处理；构成犯罪的，依法追究刑事责任：

（一）对待信访人态度恶劣、作风粗暴，损害党群干群关系；

（二）在处理信访事项过程中吃拿卡要、谋取私利；

（三）对规模性集体访、负面舆情等处置不力，导致事态扩大；

（四）对可能造成社会影响的重大、紧急信访事项和信访信息隐瞒、谎报、缓报，或者未依法及时采取必要措施；

（五）将信访人的检举、揭发材料或者有关情况透露、转给被检举、揭发的人员或者单位；

（六）打击报复信访人；

（七）其他违规违纪违法的情形。

第四十七条 信访人违反本条例第二十条、第二十六条规定的，有关机关、单位工作人员应当对其进行劝阻、批评或者教育。

信访人滋事扰序、缠访闹访情节严重，构成违反治安管理行为的，或者违反集会游行示威相关法律法规的，由公安机关依法采取必要的现场处置措施、给予治安管理处罚；构成犯罪的，依法追究刑事责任。

信访人捏造歪曲事实、诬告陷害他人，构成违反治安管理行为的，依法给予治安管理处罚；构成犯罪的，依法追究刑事责任。

第六章　附　　则

第四十八条　对外国人、无国籍人、外国组织信访事项的处理，参照本条例执行。

第四十九条　本条例由国家信访局负责解释。

第五十条　本条例自 2022 年 5 月 1 日起施行。

图书在版编目（CIP）数据

信访工作法治化学习读本 / 中央全面依法治国委员会办公室，国家信访局编 .—北京：中国法制出版社，2024. 6

ISBN 978-7-5216-3401-3

Ⅰ. ①信… Ⅱ. ①中… ②国… Ⅲ. ①信访工作-法规-中国-学习参考资料 Ⅳ. ①D922. 182. 04

中国国家版本馆 CIP 数据核字（2023）第 233694 号

责任编辑：黄丹丹 封面设计：蒋　怡

信访工作法治化学习读本

XINFANG GONGZUO FAZHIHUA XUEXI DUBEN

编者/中央全面依法治国委员会办公室　国家信访局

经销/新华书店

印刷/保定市中画美凯印刷有限公司

开本/710 毫米×1000 毫米　16 开　　印张/ 22　字数/ 198 千

版次/2024 年 6 月第 1 版　　2024 年 6 月第 1 次印刷

中国法制出版社出版

书号 ISBN 978-7-5216-3401-3　　定价：59. 00 元

北京市西城区西便门西里甲 16 号西便门办公区

邮政编码：100053　　传真：010-63141600

网址：http：//www. zgfzs. com　　**编辑部电话：010-63141812**

市场营销部电话：010-63141612　　**印务部电话：010-63141606**

（如有印装质量问题，请与本社印务部联系。）